JN308631

おいしい料理にはおいしいなりの〝科学〟がある

腕の立つ料理人は、きのうも、きょうも、明日も、いつでも同じように料理を仕上げ、いつでも同じレベルのおいしさを維持できるものです。調理が単に、長年の修業を通して身についた勘や昔から語り伝えられているコツだけに頼るものであれば、料理に「いつでも」という再現性は存在しないはずです。けれども、現に「いつでも」という再現性が存在するということは、調理における勘やコツが、科学的な根拠にもとづいていることを物語っています。腕の立つ料理人は、調理の過程で起こるさまざまな現象を目の前にして、「なぜ?」と考えながら、調理を科学的な視点でとらえる感覚を身につけています。この「なぜ?」の答えが、料理をおいしくする理由なのです。

調理の過程では、いろいろな化学反応や物理現象が複雑にからみ合い、さまざまな現象が起こっています。調理を科学的な視点でとらえると、これらの現象を意識的にある程度コントロールできるようになり、使う食材に適した調理操作や、料理をよりいっそうおいしく仕上げるために欠かせない調理操作、あるいは根拠のない無意味な調理操作なども見えてきます。もちろん、科学的な視点を持つことだけでおいしい料理をつくれるようになるわけではありませんが、その視点こそが、これまで先人が工夫と努力で築き上げてきた調理の技術や文化を、早く、そしてより深く習得するのに役立ち、さらには新しい発想で新たな料理を創造するきっかけになることでしょう。「なぜ？」という疑問を持つことが、調理を科学的な視点でとらえるための第一歩なのです。

本書は、さまざまな調理現象のうち、特に加熱にかかわる現象に焦点をあて、実際の調理現場から出てきた疑問に答える形をとっています。本書で取り上げた疑問以外にも、調理の現場では日々さまざまな疑問があふれていることでしょう。本書で直接的な答えが見つからなくても、「なぜ？」に対する答えが少しでも導き出せるようにと、ここでは加熱調理によって引き起こされる現象や熱の伝わり方について私なりの解説を試みました。本書が少しでも「おいしい料理にはおいしいなりの〝科学〟がある」ということを伝えられ、みなさんの新たな「なぜ？」を考えるきっかけになれば幸いです。

二〇〇七年八月

佐藤秀美

おいしさをつくる「熱」の科学——目次

調理科学の基本　料理の熱には三種類ある

第一章　加熱機器と熱の関係

第二章　鍋と熱の関係

第三章　ゆでると熱の関係

第四章 煮る・炊くと熱の関係

第五章　焼くと熱の関係

第六章　揚げると熱の関係

第七章　蒸すと熱の関係

装幀・イラスト　鈴木道子
写真　長瀬ゆかり
企画　土田美登世
編集　美濃越かおる

調理科学の基本

料理の熱には三種類ある

Q.1

なぜ加熱すると食品が熱くなるのでしょう？

ある場所に温度差があった場合、熱は温度の高い方から低い方へ移動し、同じ温度になろうとします。この熱の伝わり方には、**伝導熱**、**対流熱**、**輻射熱**《ふくしゃ》**(放射熱)**の三種類があります。実際に食品へ熱が伝わるときには、これら三種類の熱が複雑に組み合わさった状態で伝わります。

●対流熱

対流熱は、「ゆでる」「煮る」「揚げる」「沸かす」「蒸す」などの調理にみられる熱の伝わり方で、動いている気体(空気や水蒸気)や液体(水や味のついた汁、油など)と、これに接触している固体(食品)の間での熱の伝わり方です。食品は熱い気体や液体から伝わる熱で加熱されていきますが、「熱い」ということは、分子レベルでみると、空気や水などの分子が激しく動いている状態を意味します。激しく動いている液体の分子が食品にぶつかると、その勢いを受けて食品の分子が動き出して熱くなります。つまり、玉突きのような状態で食品に熱が伝わるのです(図1)。

●伝導熱

伝導熱とは、鍋やフライパンで「焼く」「炒める」「煎る」などにみられる熱の伝わり方で、静止した物体中に温度差がある場合に、高温側から低温側に伝わる熱です。調理では、熱せられた鍋から鍋に接触している食品へと伝わる熱の形であり、また、食品の表面から徐々に内部へと伝わる熱の形などを指します。熱の伝わり方を分子レベルでみると、伝導熱も対流熱と同じように、高温側の激しく動いている分子の動きを低温側の分子に伝えることで熱を伝えます(図2)。

●輻射熱(放射熱)

輻射熱とは、炭火などに食品をかざす「直火焼き」、あるいは輻射式オーブンや魚焼きグリルで食品を「焼く」などの調理にみられる熱の伝わり方で、赤外線によって食品に熱が伝えられます。これは、対流熱や伝導熱のように気体(空気)や液体(水など)、固体(食品や鍋)

のような物体を介して伝わる熱とは伝わり方がまったく違います。赤外線とは、波長が〇・七五～千ミクロンくらいの電磁波のことです（Q3参照）。炭火、オーブンのヒーター（発熱体）など、温度の高い熱源は、いずれも赤外線を放射しています。赤外線が食品表面に当たると、食品のその部分の分子が動き出します（図3）。つまり赤外線は食品表面で吸収されてはじめて熱に変わるのです。炭火や焚き火、オーブンの近くに立つと、直接触れていないのに熱く感じるのは、そこから放射されている赤外線が体に当たって吸収され、熱に変わっているからです。

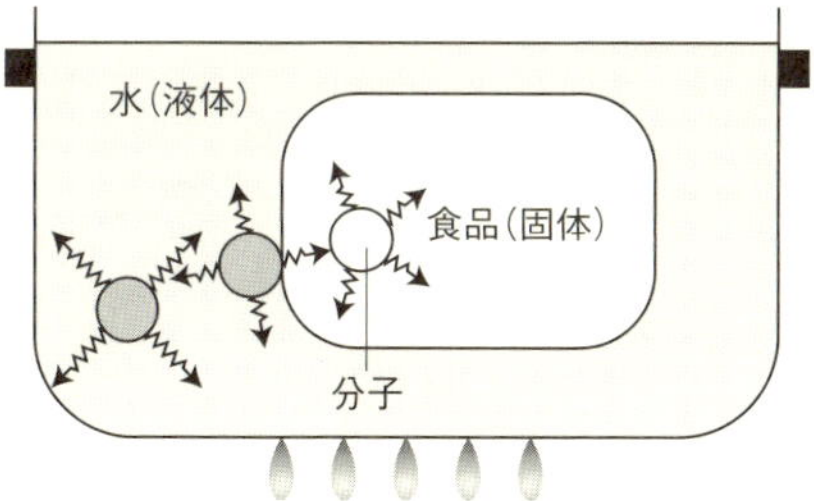

図1　対流熱の伝わり方

対流している高温の液体分子が固体の食品に当たって動きが伝わる。

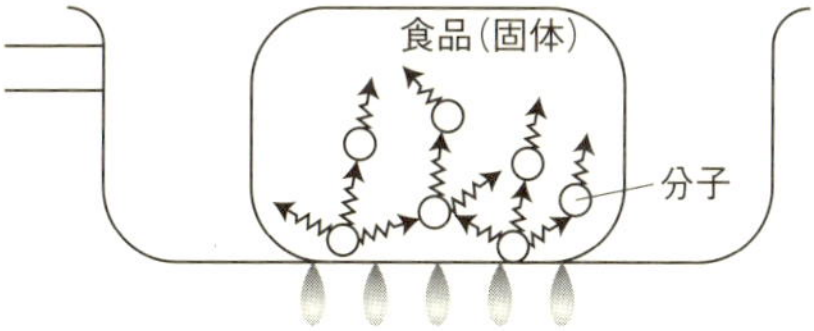

図2　伝導熱の伝わり方

高温分子の動きが隣の分子に伝わる。

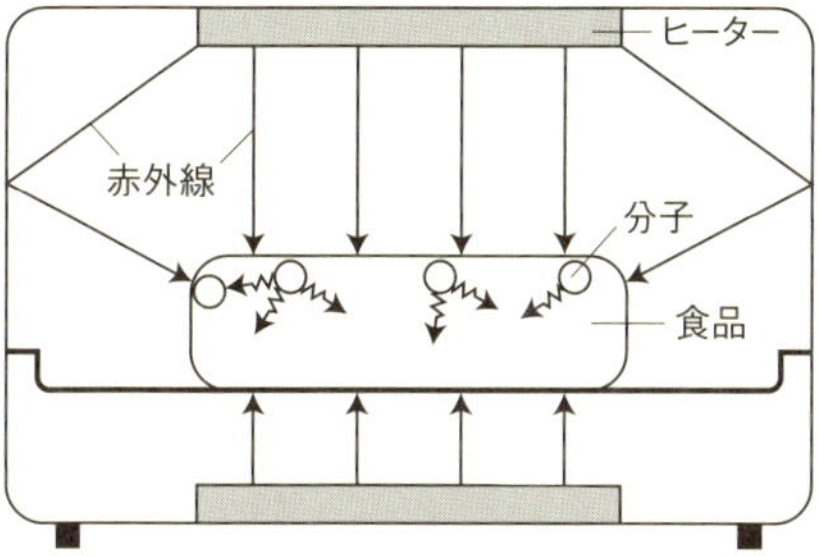

図3　輻射熱（放射熱）の伝わり方

赤外線が食品分子を振動させる。

Q.2

調理法によって熱の伝わり方は違うのですか？

●「ゆでる」「煮る」の熱の伝わり方（図1）

「ゆでる」「煮る」という調理法では、「ゆでる」ときには水を使い、「煮る」ときには調味された汁を使うなど、食品に接している液体の種類に違いはあるものの、食品への熱の伝わり方はいずれも対流熱です。鍋を火にかけ、液体の温度が高くなると自然に対流が起こり、この対流熱で食品は加熱されていきます。液体の対流が激しくなるほど食品に伝わる熱は多くなり、早く加熱されることになります。液体が沸騰するとボコボコと気泡が勢いよく出てきますが、こういう状態になると、自然対流で加熱されるときよりも百倍以上もの熱が食品に伝わるようになります。

●「焼く」「炒める」「煎る」の熱の伝わり方（図2）

フライパンや鍋の上に食品をのせて熱すると、熱くなった鍋底からの伝導熱で食品は加熱されていきます。

●「オーブン焼き」の熱の伝わり方（図3）

オーブンで焼くときは、天板（オーブンプレート）の上に食品を置きます。食品は、天板に接触している部分は天板からの伝導熱で、天板に接触していない部分は対流式（コンベクション）オーブンなら主に対流熱で、輻射（放射）式オーブンなら主にヒーターからの輻射熱で加熱されます。また、加熱が進むと食品に含まれる水分が蒸発し、オーブン庫内には水蒸気が閉じ込められた状態になり、この水蒸気の凝縮熱[*1]も食品の加熱に寄与します。

●「直火焼き」の熱の伝わり方（図4）

直火焼きでは、熱源として炭火、ガス火、焚き火、魚焼きグリルのヒーターなどを使います。食品へは、主に熱源からの輻射熱によって熱が伝えられ、食品を熱源の近くに置いた場合には、熱源の周囲で熱くなった空気の対流熱からも熱が伝わります。

＊1　凝縮熱　水蒸気は百℃以下の食品に接すると水に変わり、その際一g当たり五百三十九カロリーの熱を放出する。この熱を凝縮熱と呼ぶ。

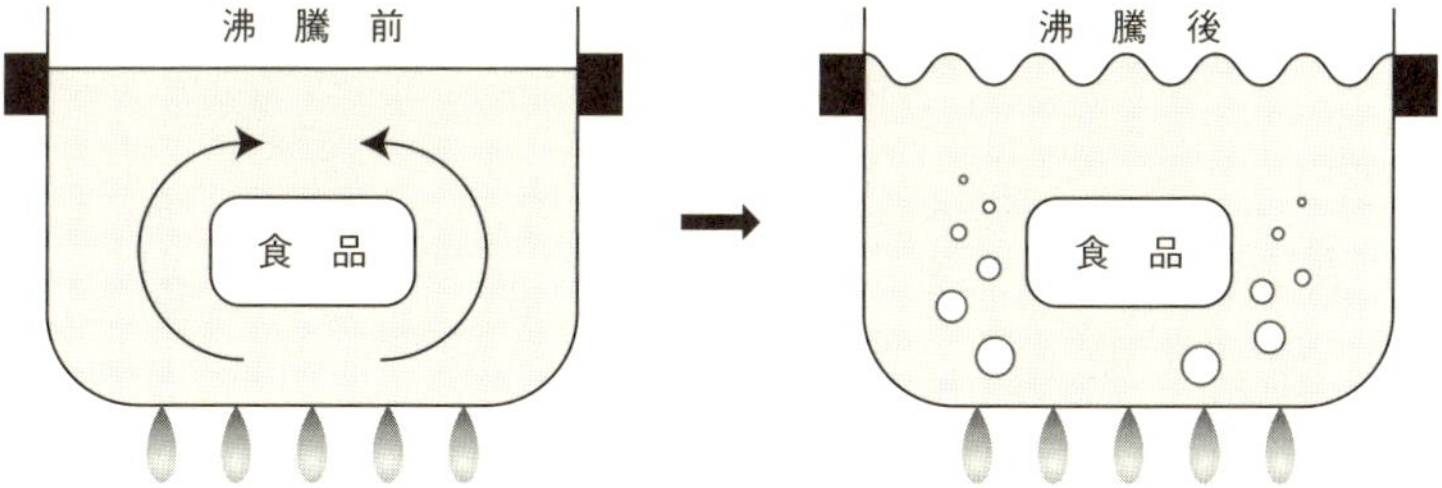

図１　「ゆでる」「煮る」の熱の伝わり方

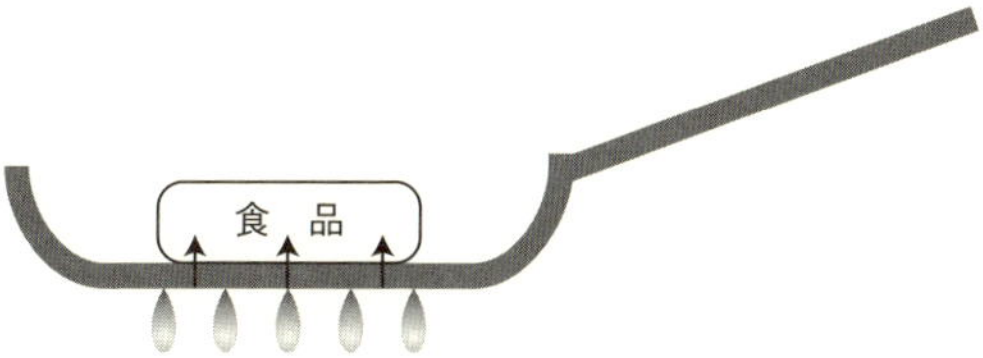

図２　「焼く」「炒める」「煎る」の熱の伝わり方

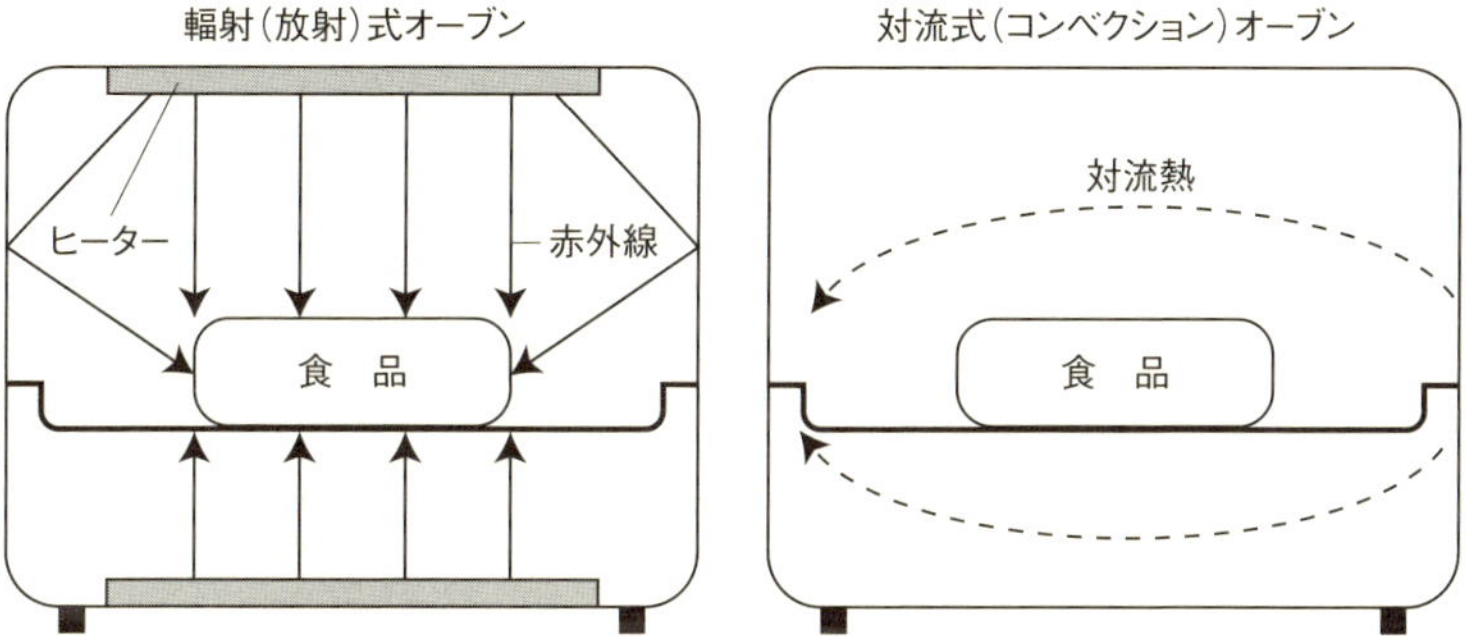

図３　「オーブン焼き」の熱の伝わり方

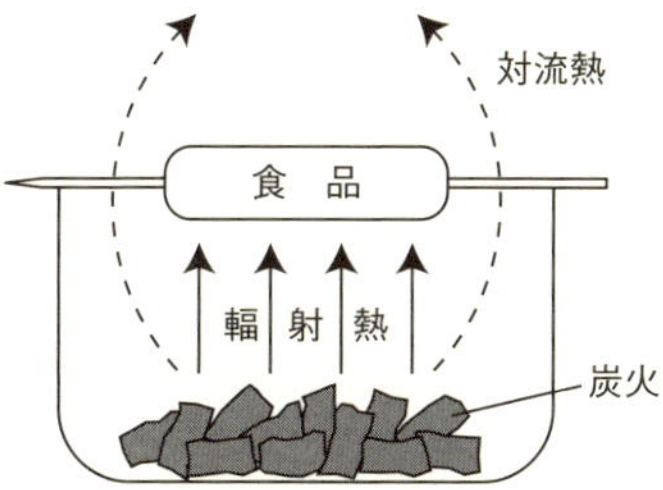

図４　「直火焼き」の熱の伝わり方

甘み、塩味、酸味、苦み、うまみ
――「味」は生命を維持する意味深い信号

唾液や水に溶けた化学物質が舌などの表面にある「味《み》蕾《らい》」という小さな器官に接することで、人間は味を感じます。味蕾は舌以外にも上あごの奥や喉《のど》の付近にも存在します。味には、甘み、塩味、酸味、苦み、うまみの五つがあり、これらは基本味と呼ばれています。基本味以外にも、渋み、辛み、えぐみ、金属味、アルカリ味などがありますが、これらは味蕾を通して感じられる味ではありません。たとえば、辛みは粘膜にある痛覚や温覚が、辛みを示す物質によって刺激されることで感じられる味で、渋みやえぐみはこれらの味を示す物質が口中の粘膜に接触し、粘膜が縮むことで感じられる味なのです。基本味以外は、主に皮膚感覚からの情報を「味」として表現したものです。

●味の持つ意味

味は、生物にとって生命を維持するための意味深い信号です。味を口にしたことのない生後間もない赤ん坊の反応を調べた研究で、人間は本能的に甘みやうまみを好み、酸味や苦みを避けることが確かめられています。甘みを示す糖は、体内で素早く吸収されてエネルギーに変わります。このため、甘みは生命を保つために欠かせない「エネルギー源を示す味」として無意識のうちに好まれるのです。うまみを示す物質の代表はアミノ酸やイノシン酸で、タンパク質はアミノ酸がたくさん結合したものです。また、タンパク質食品にはイノシン酸が多く含まれています。このため、うまみは生命を保つために欠かせない「タンパク質源を示す味」として好まれます。

一方、酸味は食べ物が腐敗していることを示す信号、苦みは植物に含まれるアルカロイドなどの毒を示す信号ともなるので、生命を維持するためには注意しなければならない味です。赤ん坊は生後百～百二十日くらいまでは塩味に反応しないので確かめられていませんが、塩味は人間の体に欠かせない「ミネラル源を示す味」として好まれます。おいしいと感じる味は、そのとき、その人の体にとって必要な成分を含む食べ物である場合が多いのかもしれません。

第一章　加熱機器と熱の関係

Q.3

遠赤外線ってなんですか?

遠赤外線効果を謳う生活用品は多種多様にあり、調理機器・器具にもこの効果を利用したものがあります。

そもそも遠赤外線とは、電磁波の中の一分類であり(図1)、さらに詳しく言えば、波長が〇・七五～千ミクロンくらいの電磁波を赤外線と呼び、赤外線のうち波長が〇・七五～三ミクロンくらいまでを近赤外線、三～千ミクロン程度を遠赤外線と呼び分けることが多いようです。遠赤外線の波長領域は三～千ミクロンと広いものの、実際に食品の加熱に利用されるのは波長三～三十ミクロン程度の遠赤外線です。

赤外線は、食品の表面で吸収されて熱に変わることで食品の温度を上昇させます。波長によって食品内部に入り込む距離が違い、波長が短いほど食品に深く入り込みます。もっとも、深くといっても赤外線が入り込めるのは表面からせいぜい数ミリ程度にすぎず、遠赤外線よりも波長の短い近赤外線であっても直接加熱されて温度が高くなるのは食品の表面から数ミリまでの層であり、遠赤外線にいたっては、食品内部にほとんど入り込まず、表面で吸収されてしまいます。つまり、遠赤外線で加熱された食品は、ほぼ表面部分の温度のみが高くなります(図2)。

遠赤外線で加熱すると、食品の表面温度が早く高くなり、表面の水分が蒸発するので、焼き色が早くつき、表面がカラッと乾燥した仕上がりになります。一方、内部は表面からの伝導熱でゆっくり加熱されるため、内部は水分が保たれてしっとりした仕上がりになります。

遠赤外線加熱の特徴が生かせる調理の代表例は、肉や

図1　電磁波の波長区分

波　長(m)	名　称	用　途
10^{5}		
10^{4}		
10^{3}(1km)	中波	ラジオ放送
10^{2}		
10^{1}	短波	短波放送
10^{0}(1m)	超短波	FM・テレビ放送
10^{-1}		電子レンジ
10^{-2}(1cm)	マイクロ波	レーダー
10^{-3}(1mm)		衛星通信
10^{-4}	赤外線	
10^{-5}	├遠赤外線 └近赤外線	
10^{-6}(1ミクロン)	可視光線	
10^{-7}	紫外線	
10^{-8}		
10^{-9}(1ナノ)	X線	レントゲン
10^{-10}		

魚の焼き物です。遠赤外線による加熱機器（炭火、魚焼きグリルなどによる直火焼き）で肉や魚を焼くと、表面を素早く熱で固めることができるため、内部のうまみ成分の流出が抑えられ、ジューシーに仕上がります。その他、スポンジケーキなども遠赤外線加熱のオーブンで焼けば、内部にゆっくりと熱が伝わるため、気泡があまり大きくならず、きめの細かいしっとりした食感になり、焼き色が濃く仕上がります（図3）。さらに、食品産業界では、厚みの薄い食品の乾燥に遠赤外線を用いることも多いようです。

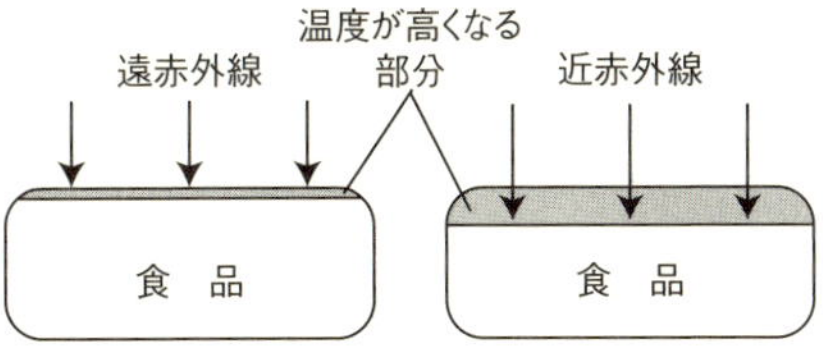

図2　遠赤外線と近赤外線の食品への浸透の違い

遠赤外線は食品表面付近で熱に変わり、近赤外線は数ミリ程度内部まで浸透して熱に変わる。

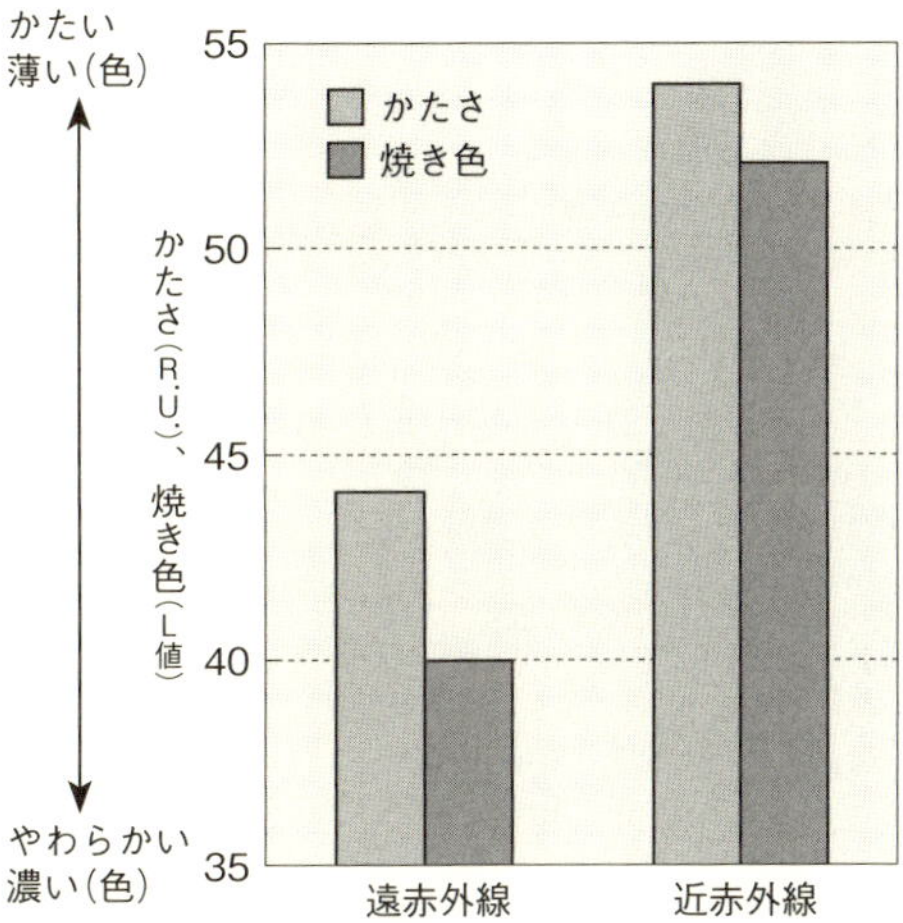

図3　遠赤外線、近赤外線のヒーターで焼いたスポンジケーキの仕上がりの違い

遠赤外線で焼いた方がスポンジケーキはやわらかく、焼き色が濃く仕上がる。

佐藤秀美ほか, 日本家政学会誌, 40, 987-994（1989）より

Q.4

遠赤外線はどんな料理でもおいしく仕上げることができるのですか？

「遠赤外線が食品内部まで深く浸透し、早く、おいしく仕上げます」というような謳い文句を以前よく耳にしました。これは本当でしょうか？

少なくとも「遠赤外線が食品内部まで深く浸透し」という点はまったくの間違いです。Q3で述べたように、遠赤外線は食品のごく表面で吸収されて熱に変換されるため、食品内部にはあまり浸透しないことが明らかにされています。

「遠赤外線が食品を早く加熱できる」かどうかは、赤外線の波長の問題ではなく、食品に伝わる熱量の大きさで決まります。消費電力が小さい遠赤外線ヒーターを使うのであれば、食品を早く加熱することはできません。

「遠赤外線が食品をおいしく仕上げる」かどうかは、食品の種類や調理法によって違います。たとえば焼き魚なら、おいしい条件として、適度な焼き色、表面がカラッと乾燥していること、内部は水分やうまみ成分を保ちジューシーであることなどがあげられます。このような仕上がりを得るためには遠赤外線が適しています。けれども、シフォンケーキのように表面にあまり焼き色をつけず、内部をフカフカに膨らませるためには、遠赤外線よりも近赤外線の方が適しています。なぜなら、近赤外線の方が食品内部に浸透しやすいからです。

遠赤外線効果を謳った煮物用の鍋や釜、フライパンなどもよく見かけますが、遠赤外線の効果は、食品を輻射熱で加熱する場合に現れます。鍋や釜など液体の対流熱を利用する器具や、フライパンなどのように高温に熱せられた金属板から直接伝わる伝導熱を利用する器具に遠赤外線を放射する材質を使ったとしても、その効果は期待できないでしょう。

Q.5

真空調理法ってなんですか？

真空調理法は肉を低温で長時間加熱できる方法として、一九七〇年代にフランスで開発されました。これは、新鮮な食品を生のまま、あるいはフライパンやグリルなどで表面に焼き色をつけるなどの下処理をし、特殊フィルムに入れて空気を抜いて密封してから、湯煎やスチームオーブンで加熱する調理法です。特殊フィルムが食品に密着しているので、食品には特殊フィルムを介して湯、あるいはスチームから熱が伝わります。このため、食品の表面部分と中心部分はともに、基本的に湯煎では湯の温度、スチームオーブンでは庫内の温度と同じになります。つまり真空調理法では、食品の表面と内部との間に温度差がなく、同じ温度でずっと加熱し続けることができるのです。「真空」と名づけられてはいますが、特殊フィルムの中は厳密には真空ではなく、余分な空気が抜かれて減圧されている状態です。気圧が低いほど液体の沸点は低くなります。つまり、真空調理法では加熱温度がある程度低くても、特殊フィルム内では沸騰が起こっているため、味がしみ込みやすいといわれています。加熱温度や加熱時間は、食品や料理の種類によって異なります（表1）。

真空調理法の主な特徴は、①低温・長時間で加熱するので肉類はやわらかく仕上がり、肉汁などの損失が少ない、②食品が密封されているので風味やうまみが逃げず、また味が均一にしみ込む、③調理後に0～三℃で保存すれば、調理した状態のまま一週間程度保つことができるため、流通・サービス産業で一定の品質の料理を簡単に提供できる、などです。なお、②の密封により食品の持ち味を逃がさないという特徴は、裏返せば、食品にアクや臭みがある場合には、真空調理法ではそれが残るということです。アクや臭みのあるものを真空調理法で調理する際には、前もってアクや臭みを抜くなどの工夫が必要となるでしょう。

実際に、真空調理法で加熱した食品の仕上がりが、従来法の蒸し加熱やゆで加熱と比較されています。鶏ささみ肉やイカを低温（六十～六十二℃）で真空調理したものは、蒸し加熱やゆで加熱にくらべて調理による重量の損失がかなり小さく、肉質がやわらかいことが確かめられ

表1　真空調理法における加熱温度と時間

素材					庫内湯煎温度	素材の中心温度	時間
肉	赤身	セニャン(レア)	牛肉	フィレ	58℃	58℃	25分
				ロース	58℃	58℃	2時間
			仔羊	背肉	58℃	54～55℃	35分
				鞍下肉	58℃	58℃	1時間15分
		ブレゼ(蒸し煮)、ブイイ(ゆでる)、ソーテ	牛肉		66℃	66℃	72時間
			仔羊		66℃	66℃	48時間
	白身	ロティ(ロースト)	仔牛		66℃	66℃	2時間
			豚		66℃	66℃	2時間
			鶏の胸肉		62℃	62℃	30分
			鶏のロティ		62℃	62℃	1時間
		ソーテ	仔牛		66℃	66℃	48時間
		ブイイ(ゆでる)	豚		66℃	66℃	18時間
			鶏		66℃	60℃	8時間
魚			サケ		62℃	58℃	6分
			舌ビラメ1尾		62℃	58℃	7分
			ヒラメ		62℃	60℃	8分
野菜			アーティチョークの花托		95℃	95℃	35分(大きなもの)
			アンディーヴ		95℃	95℃	20分
			アスパラガス		95℃	95℃	15分
			ニンジン		85℃	85℃	45～60分

脇雅世, 調理科学, 22, 190-195(1989)より

図1　真空調理法で加熱した鶏ささみ肉の好ましさ

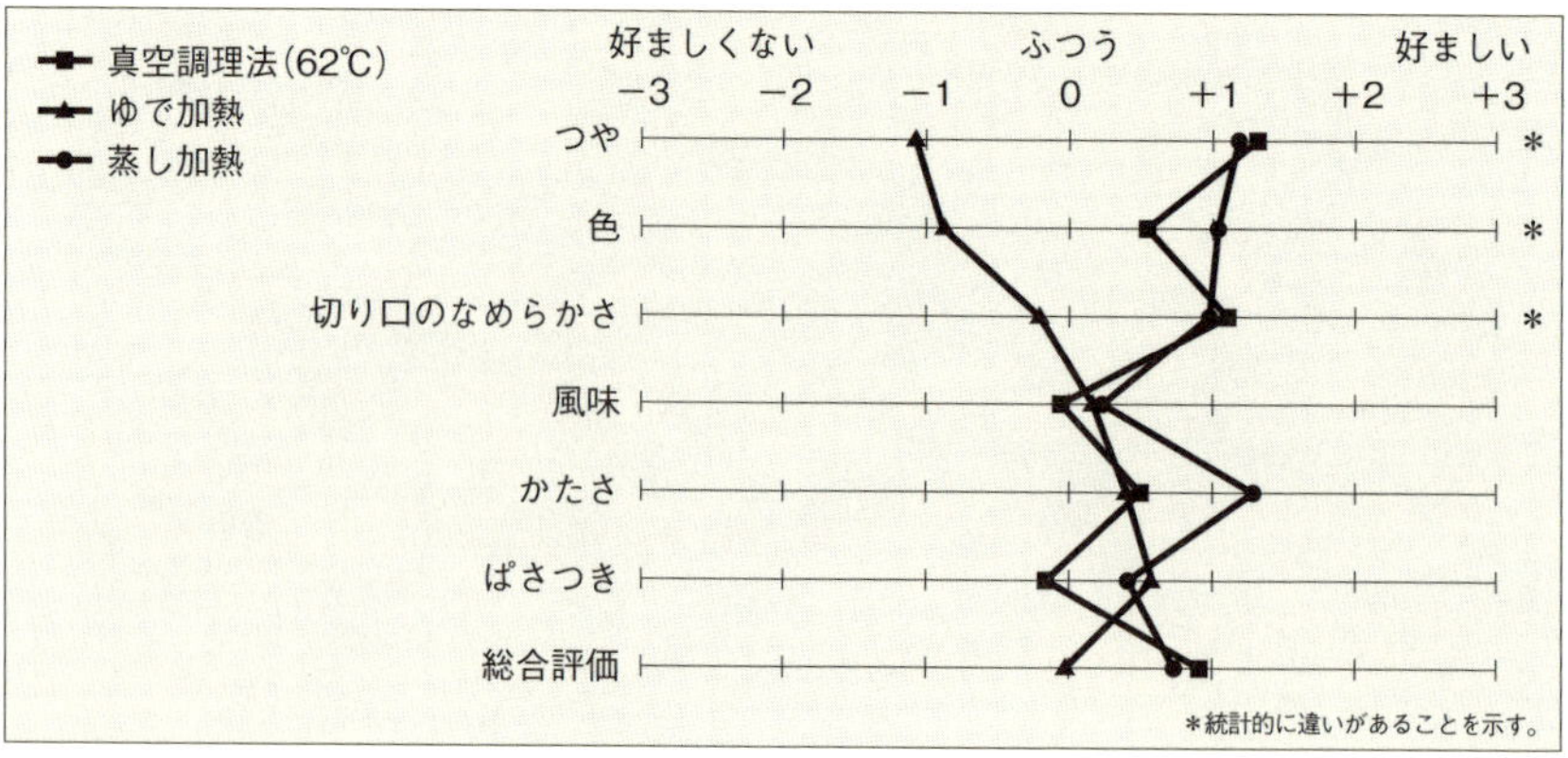

高橋節子ほか, 日本家政学会誌, 45, 123-130(1994)より

ています。これは低温で加熱することで、筋肉の繊維を束ねているコラーゲンの収縮が抑えられるからです。コラーゲンが収縮しなければ肉はかたくなりません（Q80参照）。実際に食べて評価した結果をみると、鶏ささみ肉では、真空調理法はゆで加熱よりも高く評価されています（図1）。ただし、蒸し加熱と真空調理法ではほとんど差がないようです。イカの仕上がりは、真空調理法と従来の加熱法ではほとんど変わらないことが報告されています。

動物性食品を真空調理法で加熱する場合には、特に加熱温度が仕上がりに大きく影響します。加熱温度が高くなれば、真空調理法であっても従来法と同じように重量の損失は大きくなり、肉はかたくなるのです。なお、加熱時間は仕上がりにほとんど影響しないことが実験によって確かめられています。

一方、野菜などの植物性食品は、五十〜六十℃の低温で加熱すると酵素の作用によりかたくなりますが、七十℃以上の高温で加熱するとやわらかくなります。つまり、野菜をかたく仕上げたい場合には真空調理法での低温・長時間加熱は効果を現しますが、野菜調理はほとんどの場合やわらかくすることが主な目的なので、動物性食品にくらべて真空調理法のメリットはそれほど大きくありません。

Q.6

ガスコンロの炎が赤くなったり青くなったりするのはなぜですか？

「ガスが燃える」とは、ガスと空気中の酸素が激しく化学反応を起こし、熱と光を発生する現象です。私たちの目には、この光が炎として映るのです。炎の色はガスと空気の混じり合う割合で変わります。空気が十分にあってガスが完全燃焼しているときには、炎の中心部が透き通った水色、外側が薄紫色で、いわゆる青い炎になります。ところが、空気の量が少なく、酸素が不足しているときにはガスがうまく燃えずに不完全燃焼を起こし、炎の色が赤くなり、ボワーッと大きくなります。赤く見えるのは、不完全燃焼によって発生する煤《すす》が輝いて見えるためです。

調理用のガスコンロには、一般に図1に示したブンゼン式と呼ばれるバーナーが使われています。ブンゼン式では、ノズルから噴出されたガスは混合管の中で空気と混じり合い、炎口《えんこう》と呼ばれるコンロのガス噴き出し穴から出てきて、さらに周辺の空気と混じり合いながら燃えます。炎口が何らかの原因で目詰まりを起こすと、ガスと空気の混じり合う割合が変わるので、不完全燃焼を起こします。煮物の最中に煮汁がこぼれたり、洗った鍋を水滴がついたままコンロに置いたときに炎が赤くなるのは、炎口が煮汁や水滴でふさがれているためです。炎が赤くなったときには、有毒な一酸化炭素が発生して一酸化炭素中毒の原因にもなるので気をつけましょう。

炎の色は燃える材料によっても変わります。純粋なガスだけの場合には青色ですが、鍋底に塩や醤油などの塩分がついている場合や煮こぼれた汁に塩分が含まれる場合には、塩の成分であるナトリウムがガスと一緒に燃えるので、きれいなオレンジ色になります。銅が混じった場合には緑色になります。

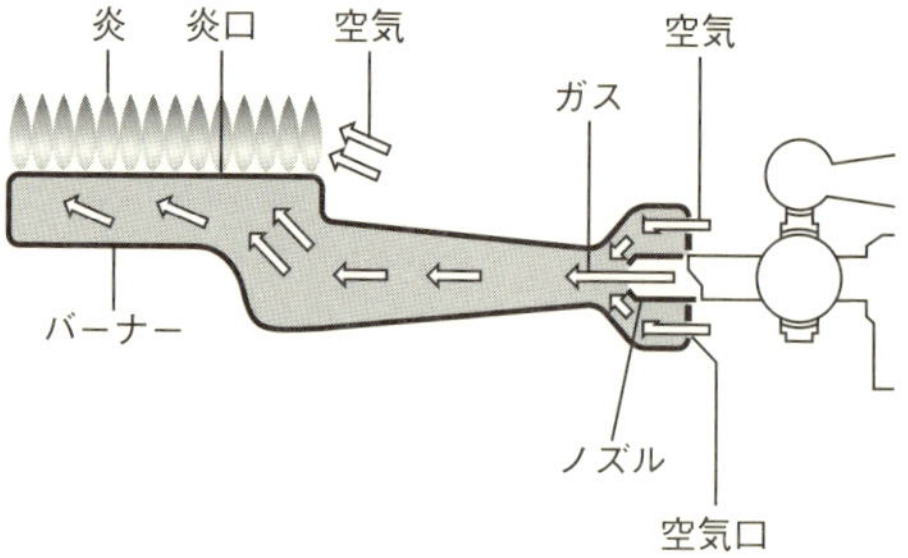

図1　ガスコンロの基本的な構造（ブンゼン式バーナー）

Q.7

電気とガス、どちらが早く湯が沸きますか？

湯の沸く早さは、熱源から鍋ややかんに伝えられる熱量によって決まります。熱源が電気であれガスであれ、熱源から伝わる熱量が同じなら、湯の沸く早さは同じになります。とはいえ実際に調理するときには、電気とガスでは湯の沸く早さに違いがあるように感じることがしばしばあります。これは電気機器とガス機器では、機器として提供できる熱量にもともと差があり、さらに機器が提供する熱量と鍋ややかんが実際に受け取る熱量に違いがあるためです。

機器が鍋に伝えられる熱量は、ガスの場合にはガス消費量で表され、電気の場合には消費電力量で表されており、単純に比較することはできません。では、機器から提供される熱量と、鍋が実際に受け取る熱量の割合を表す熱効率でくらべてみてはどうでしょう。ガスコンロを使った場合の熱効率は四〇％前後と低く、電気コンロでは五〇％前後、ＩＨ調理器では八〇〜九〇％と高くなっています（図1）。ただし、ガスは熱効率が低いといっても、提供される熱量が大きければ鍋への伝熱量が大きくなるので湯は早く沸き、熱効率が高いＩＨ調理器でも、機器から提供される熱量が小さければ鍋への伝熱量が小さくなるので湯の沸く速度は遅くなります。やはり熱効率だけでも、湯の沸く早さを比較することはできないのです。

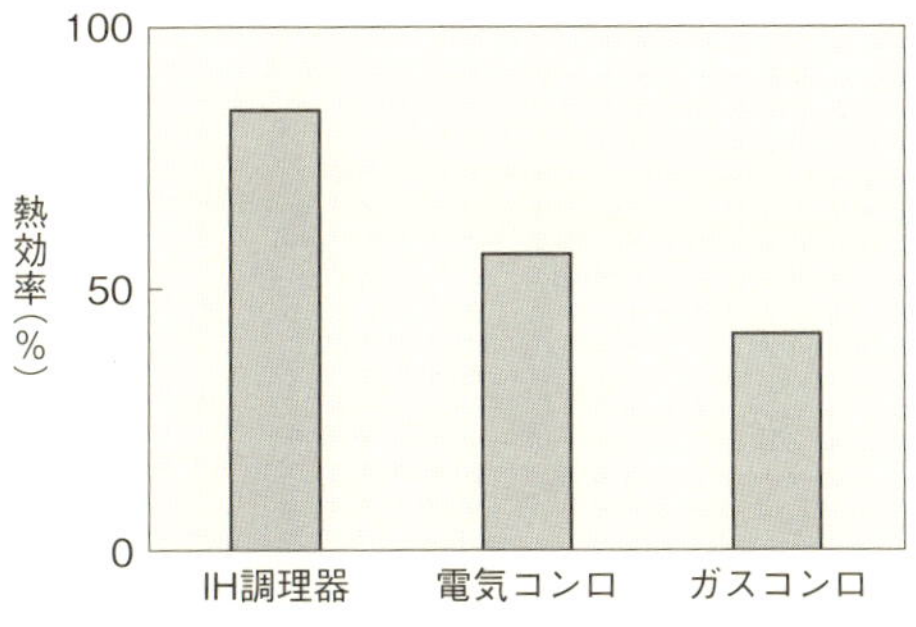

図1　加熱調理器別の熱効率

香川県消費生活センター「商品テスト情報」より

Q.8

都市ガスとプロパンガスは火力の強さが違うのですか？

ガスには、都市ガスとプロパンガスの二種類があります。都市ガスはガス管で供給されるガスの総称で、都市ガスが供給されていない地域ではプロパンガスが使われています。

都市ガスの主な原料は、地下で発生する天然ガスを冷やして液体にした液化天然ガス（ＬＮＧ＝Liquefied natural gas）で、メタンという物質が主成分です。その他、石炭ガスなども原料として使われます。一方、プロパンガスは液化石油ガス（ＬＰＧ＝Liquefied petroleum gas）を指す商用語で、通常ＬＰガスと呼ばれるものです。この主成分はプロパンという物質で、常温でも圧力をかけることで簡単に液化できるため、一般にボンベに詰めて使われています。

都市ガスとプロパンガスの発熱量をくらべると、プロパンガスの方が都市ガスよりも二倍以上大きいのですが、発熱量が大きいからといってプロパンガスを使ったコンロの火力が強いわけではありません。調理用コンロの火力は、都市ガス、プロパンガスといったガスの種類にかかわりなく、コンロの構造によって決まるからです。ガスコンロの火力の強さは、機器のガス消費量（単位・キロワット）で表示されており、この数値が大きいほど火力が強いことになります。

ガス機器は、適応するガスの種類があらかじめ決められています。これはガスの種類が違うと、燃えるために必要な空気の量が違ってくるためです。都市ガス用とプロパンガス用では機器の構造が違うので、ガスの種類に合わない機器を使うと、火災や不完全燃焼などを起こす場合があるので危険です。

都市ガスとプロパンガスでは比重が大きく違い、都市ガスは空気より軽く、プロパンガスは空気より重いのです。このためガス漏れしたときには、都市ガスではガスが上へ上がるので、火気に注意しながら窓や扉を開けて拡散させます。プロパンガスの場合には、逆にガスが下に沈むので、ほうきなどで戸外に掃き出して拡散させます。

Q.9

ガスコンロで魚を直火焼きすると、ガスのにおいがつくって本当ですか？

ガスには本来においはなく、ガス漏れ事故を防ぐために人工的に硫黄《いおう》成分を含むにおいがつけてあります。これがガス臭と呼ばれるものの正体です。ガスが完全に燃焼したときに発生するのは二酸化炭素と水蒸気のみですが、この気体ににおいはありません。ところが、魚から脂肪などが流れ出て炎の噴出口(炎口)が詰まったときには不完全燃焼を起こすため、一酸化炭素や煤《すす》が発生すると同時に、燃焼しなかったガスも漏れ出てきます。一酸化炭素や煤にはにおいがありませんが、ガスにはガス臭があります。魚にガス臭がつくことが気になるのは、不完全燃焼の状態で魚を焼いたときでしょう。

ハンディータイプのガスバーナーで上から魚を炎であぶる場合も、同様の理由でガス臭が気になることがあるかもしれません。このタイプのガスバーナーに使われるガスはプロパンガスなので、都市ガスよりも比重が大きく、不完全燃焼で漏れ出した場合には、ガスが下に沈んでいきます。沈んだガスが魚に触れればガス臭がつく可能性もあります。

それよりも、魚をガスの直火で焼いたときに気になることが二つあります。一つは、魚から溶け出た脂肪が炎で燃えて煤になり、魚に付着することです。煤がつけば、魚の風味が損なわれてしまいます。もう一つは、ガスが燃焼する際に発生する水蒸気です。水蒸気が魚の表面に触れると、そこで凝縮して水滴になり、それが加熱されて再び蒸発する際に蒸発熱[*1]として大きな熱エネルギーを奪うことになります。こうなると、魚の表面温度が上がりにくくなります。つまり、ガスの直火で焼いた場合、魚の表面温度は期待するほどには高くならないのです。焼き魚の香ばしい香り成分(ピラジン類など)は、タンパク質や脂肪が熱で分解されてできる物質です。魚の表面温度が高くならなければ、これらの香り成分はあまりつくられません。香ばしい香りがしない魚を食べると、ガス臭と同じ硫黄成分を含む魚の生臭み(トリメチルアミンなど)を感じます。

＊1　蒸発熱　水が水蒸気になる際に奪う熱。奪う熱量は、水一g当たり五百三十九カロリー。

Q.10

「炭火焼きはおいしく焼ける」といわれるのはなぜですか？

肉や魚などを炭火で焼くと、表面にこんがりした焼き色がついて独特の香ばしさがあり、中は肉汁を保ってていてジューシーに仕上がります。「炭火焼きはおいしく焼ける」とは、このような仕上がりをすべて含み込んだ表現なのでしょう。

炭火で焼くとおいしく焼けるのは、食品を主に輻射熱で加熱しているからであり、ガス火による直火焼きや魚焼きグリルのヒーターにくらべると、炭火は遠赤外線を放射していること、熱量が大きいことなどが理由としてあげられます。

炭火から食品に伝わる熱の約七割は、赤外線による輻射熱です。炭火とガス火、電気ヒーターから放射される赤外線の内訳をくらべると、炭火の方が波長の長い遠赤外線を多く放射しています。遠赤外線で加熱すると、Q3で述べたように焼き色が早くつき、表面をカラッとさせることができます。このため、遠赤外線を多く放射する炭火焼きでは、食品がこんがり焼けるのです。

「こんがり」した仕上がりには、さらに食品に伝わる熱量が大きく影響します。熱量は、熱源の表面温度によって左右されます。炭火と電気ヒーターの表面温度をくらべると、炭火ではおよそ八百～千二百℃、電気ヒーターでは六百℃前後と、炭火の方がかなり高いのです。このため、炭火焼きの方が食品に伝わる熱量が三～十数倍大きくなります。炭火焼きのおいしさの理由として、とかく遠赤外線効果が注目されがちですが、本当は遠赤外線効果以上に、食品に伝わる熱量の大きさが炭火焼きのおいしさに貢献しているのです。

なお、炭火で焼いた肉や魚は、電気ヒーターやガスの直火で焼くよりも香ばしいといわれます。けれども、炭火で焼いたからといって、他とは違った特別な香ばしい成分がつくられているわけではありません。焼いている間に生じる香り成分の種類は、炭火で焼いても、電気ヒーターやガスの直火で焼いても同じなのです。違いはその比率です。炭火焼きでは、好ましくない香り成分(脂肪族アルデヒド類)が少なく、香ばしい香りの成分(ピラジン類やピロール類)が多いことが実験で確かめられています。

Q.11

コークスは炭火よりも火力が強いのですか？

コークスの原料は石炭であり、石炭は植物の化石が炭化したものです。一方、備長炭などの炭の原料は木材です。ここでは後者を木炭と呼ぶことにします。コークスも木炭も、千℃以上の高温の炉で蒸し焼きにしてつくられます。発熱量はコークスの方が木炭の二倍以上大きく（表1）、その分、コークスの方が火力も強くなります。

コークスは火力の強さもさることながら、その強い火力を長い時間維持できる点でも、木炭にくらべて魅力的な燃料です。火力を長時間維持できるのは、コークスの比重[*1]が木炭よりも三割近く大きいためです。比重が三割大きいということは、たとえば同じ大きさの器を二つ用意して、一つにはコークス、もう一つには木炭をぎっしり詰め込んだ場合、コークスを詰め込んだ器の方が木炭を詰め込んだ器よりも、燃料が三割多く入っていることを意味します。燃料タンクに燃料が多く入っていれば、その分だけ長い時間燃やし続けることができることと同じなのです。ただし、空気の供給の仕方によって燃え方が変わってくるので、コークスの方が木炭よりもどれくらい長い時間燃え続けられるかは単純に計算で求めることができません。コークスの火力の強さや強い火力を長時間持続できる点を利用して、すっぽん鍋などにコークスを使う店もあるようです。

表1　各種燃料の比重と発熱量

	比重	発熱量 (kcal/kg)
都市ガス（13A）	―	13,017
灯　油	0.79	11,000
コークス	1.87	7,549
石　炭	1.53	6,149
木　材	0.8	3,832
木　炭	1.45	3,266

＊1　比重　ある物質の重さとそれと同体積を持つ水の重さとの比。

Q.12

熱風が吹き出すオーブンとヒーターで加熱するオーブンとでは火の通り方が違いますか？

オーブンは、加熱方法の違いで大きく二タイプに分けられます。一つはオーブン庫内に熱風が吹き出す**対流式(コンベクション)オーブン**、もう一つは庫内にヒーター(発熱体)が固定された**輻射(放射)式オーブン**です。

対流式(コンベクション)オーブンでは、庫内の高温空気を強制的に循環させて食品に当てることで主に加熱が進みます。厳密に言えば、高温になっている壁面から放射される赤外線や天板(オーブンプレート)から伝わる熱も食品の加熱に貢献していますが、食品に伝わる熱の七〇%くらいは対流熱によります。食品をのせた天板を二枚以上入れても、天板と天板の間に熱風が入り込んで加熱するので、一度にたくさんの食品を加熱することができます。

一方、**輻射(放射)式オーブン**では、主に発熱しているヒーターや高温に温められた壁面から放射する赤外線によって食品は加熱されます。こちらも厳密に言えば、輻射熱によって食品に伝わる熱は全体の約七〇%で、残りは庫内で自然に対流している空気から伝わる熱です。食品は赤外線が直接当たっている部分で加熱が早く進み、赤外線の届かなかった部分ではあまり進みません。このため、輻射式オーブンで天板を二枚使うと、上の天板にのせたものは赤外線で加熱されて表面に焼き色がつきますが、下の天板には赤外線が届かず、焼き色はあまりつ

対流式(コンベクション)オーブンの熱の伝わり方

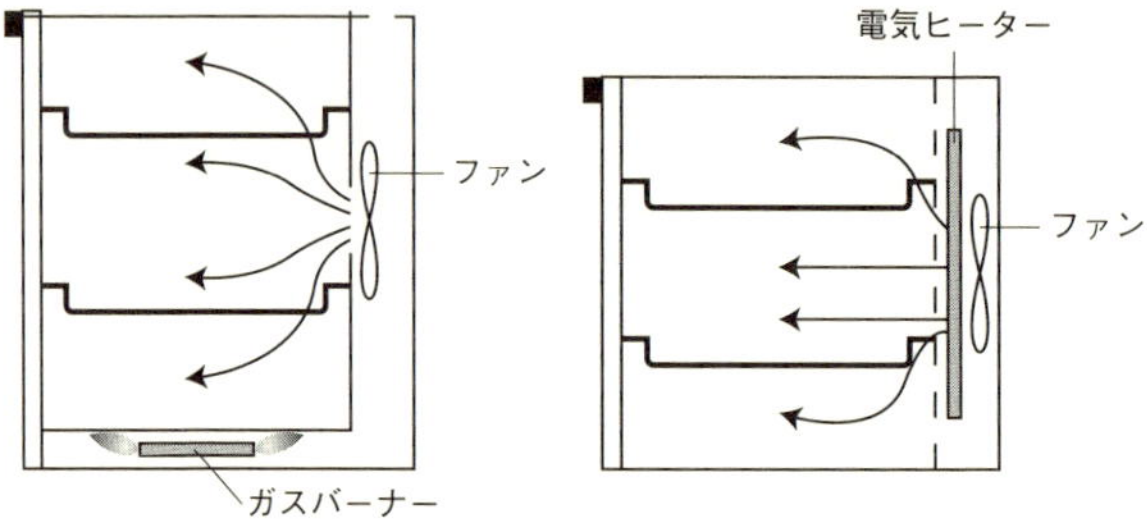

ガス強制対流式オーブン　電気強制対流式オーブン

輻射(放射)式オーブンの熱の伝わり方

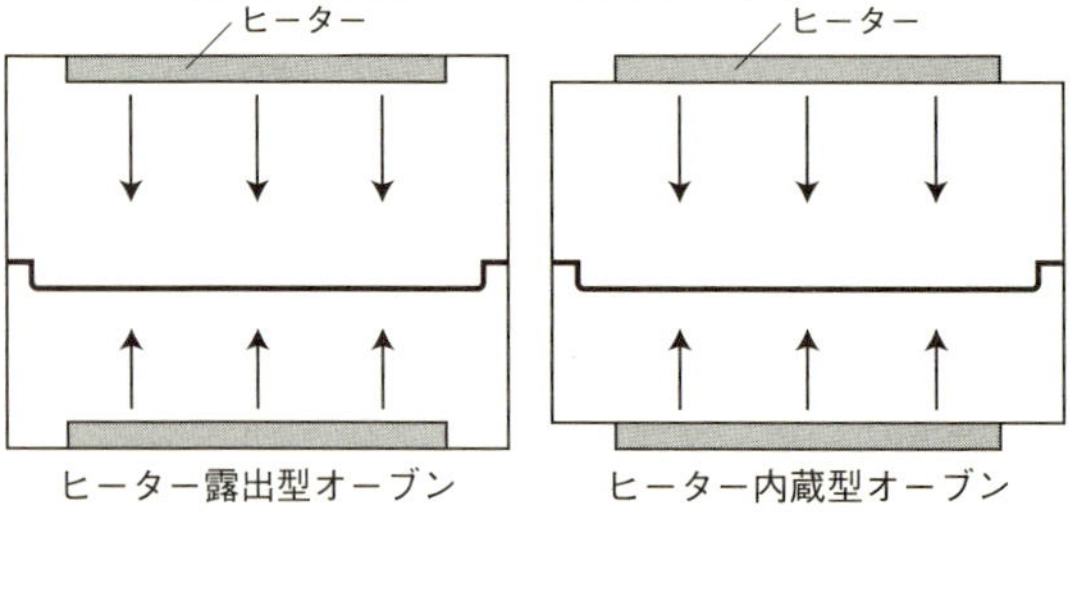

ヒーター露出型オーブン　ヒーター内蔵型オーブン

きません。つまり、一度にたくさんの食品を加熱するのには向いていないのです。

なお以前は、ガスオーブンといえば、ガスで加熱した高温空気の対流を利用して食品を加熱する対流式オーブンを指し、電気オーブンといえば、電気ヒーターから放射される赤外線を利用して食品を加熱する輻射式オーブンを指し、熱源の違いがそのまま食品へ熱を伝える方式の違いを意味していました。しかし、最近では、ガスオーブンでも輻射熱を利用して加熱する輻射式タイプ、電気オーブンでも対流熱を利用して加熱する対流式タイプが登場しています。

Q.13

オーブンで焼くと なぜ焼きむらができるのですか？

オーブンで加熱するとき、食品を置く位置によって焼き色が濃い部分と薄い部分ができるなど、仕上がりがむらになることがあります。これはオーブンの構造などによって庫内で熱が多く伝わる部分とそうでない部分があるために起こる現象です。

対流式(コンベクション)オーブンで焼きむらが現れる部分は、熱風の吹き出し口の近くと、吹き出し口から遠い部分です。対流熱では熱風の温度が高いほど、また熱風の勢い(風速)が強いほど、食品に伝わる熱量は大きくなります。つまり食品に伝わる熱が最も多い場所は、熱風の吹き出し口になります。また、庫内の四隅では逃げ場のない熱風が渦《うず》を巻いているので、ここでも食品に伝わる熱量は大きくなり、焼き色が濃くなります(図1)。

対流式オーブンの焼きむらを少なくするには、熱風がどのように庫内を巡っているかを考え、熱風の通る道をあけてやるように食品や天板の置き方を工夫すれば、焼きむらも少なく、効率よく食品を加熱することができます。たとえば、同じ天板上に二本のパウンド型を並べる場合には、吹き出し口から出てくる熱風を一本のパウンド型で遮らないように、熱風の流れる方向にそって平行に置いたり、熱風を遮りがちな天板の代わりに焼き網を使うなどの工夫で、焼きむらはずいぶん抑えられるようになります(図2)。

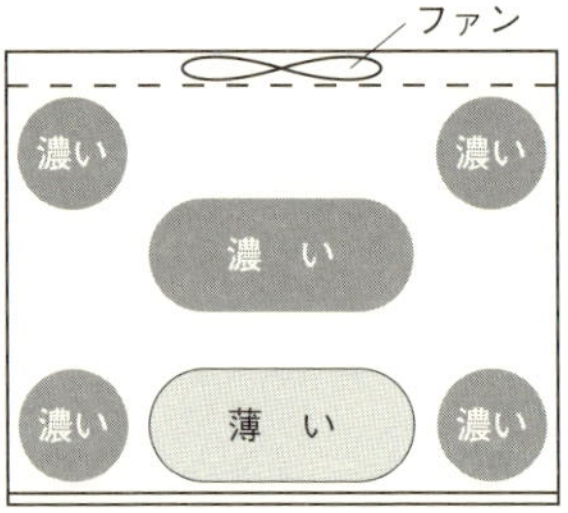

図1　対流式(コンベクション)オーブン庫内の天板上の焼き色のむら

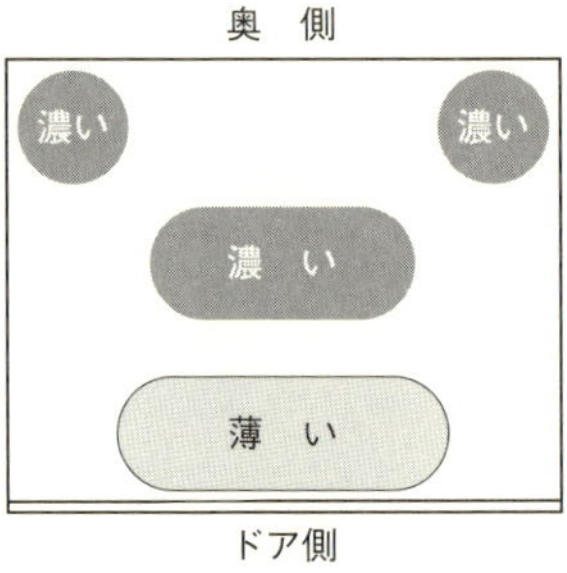

図3　輻射(放射)式オーブン庫内の天板上の焼き色のむら

一方、**輻射（放射）式オーブン**では、庫内の場所によって赤外線が多く当たる部分と当たらない部分があり、これが焼きむらとして現れます。庫内の構造にもよりますが、一般的には、ヒーターの真下と奥側の両隅には壁面から放射される赤外線が集中しやすいうえ、赤外線の逃げ場がないので、食品に当たる赤外線の量が多くなります。この部分では加熱が早く進み、焼き色も濃くなります。反対に、ドアにガラスが入っている場合、赤外線がガラスを通り抜けて外へ逃げるため、ドア付近では食品に当たる赤外線の量は少なくなります。このため、ガラスドア付近に置いた食品の焼き色は薄くなります（図3）。オーブンの前に立つと体が暖かく感じますが、これは赤外線がガラスを通して逃げている証拠です。ガラス面にアルミ箔などをはりつけると、アルミ箔に当たった赤外線が反射して庫内に戻って食品に当たるため、温度むらや焼き色のむらを抑えることができます。

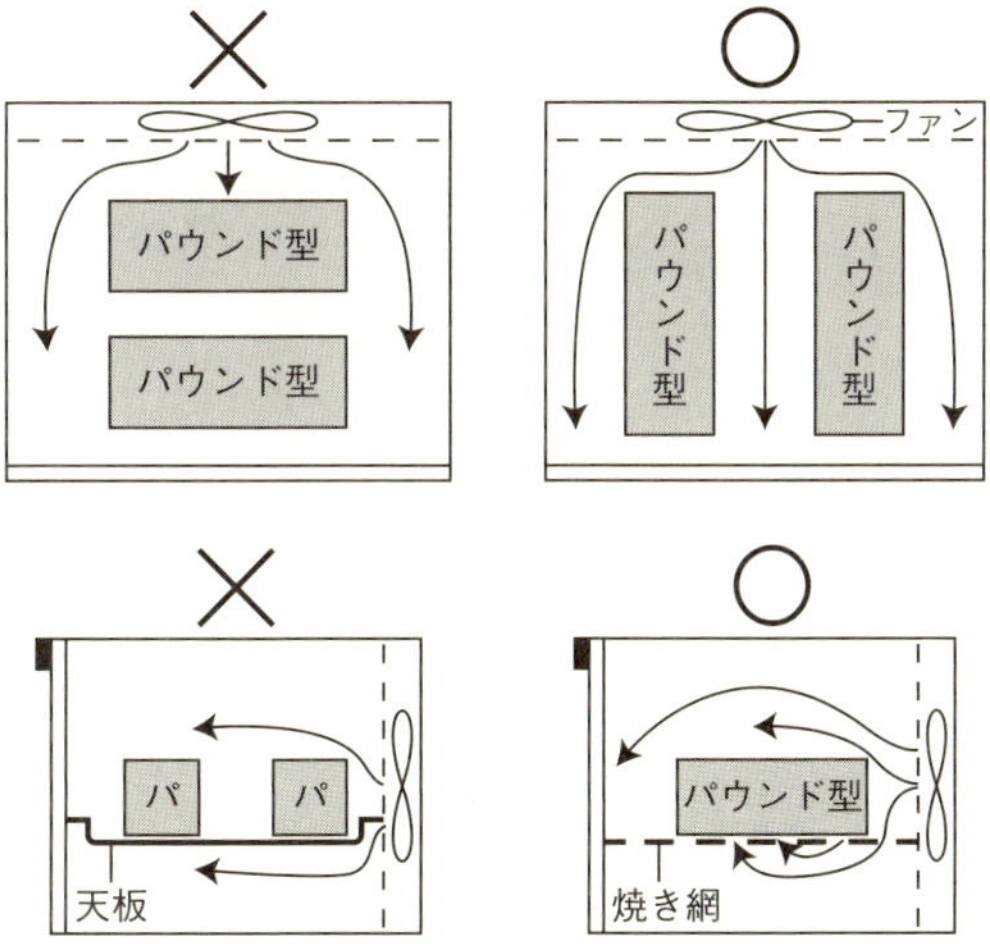

図2　対流式（コンベクション）オーブンでの食品の効果的な置き方
上：熱風の通り道を考えて食品を置く。
下：熱風を通しやすいように焼き網を使う。

Q.14

「オーブンは機種によってくせがある」とはどういう意味ですか？

オーブンは使用機種によって、設定温度・時間を同じにしても、焼き色のつき方や仕上がりが違ってくることがあります。この違いを引き起こす原因はさまざまですが、それをひとまとめにしてオーブンの「くせ」、と表現しているのでしょう。

「くせ」に最も大きく関係するのは食品への熱の伝わり方の違い、つまりオーブンのタイプの違いです（Q12参照）。次いでヒーター（発熱体）の種類、あるいは熱風の吹き出す勢い、さらに庫内寸法や天板や壁面の素材などの違いも「くせ」を生む原因になります。こうした原因がある程度つかめれば、温度や焼き時間を調整したり、食品を置く場所を工夫することなどで、ある程度仕上がりをコントロールすることができるでしょう。

●対流式（コンベクション）オーブンの「くせ」

対流式オーブンで、機種により「くせ」が生じる要因は、庫内に噴き出される熱風の勢い（風速）が機種によって異なることです。風速が早くなるほど食品にはより多くの熱が伝えられ、その分加熱時間が短くなります。ただし風速が早いほど、食品表面で蒸発した水分が空気の流れにのってどんどん飛んでしまうので、乾燥が進み、よりぱさついた仕上がりになります。

●輻射（放射）式オーブンの「くせ」

輻射式オーブンで、機種により「くせ」が生じる原因は、主にヒーターや壁面から放射される赤外線の波長（Q3参照）の違いです。ヒーターの種類が違うと、ヒーターから放射される赤外線の波長が異なるので仕上がりが違ってきます。また、庫内の壁面が温まると壁面からも赤外線が放射されるようになります。壁面の材質によっても赤外線の波長は異なり、黒く塗装された壁面であれば遠赤外線が放射され、ピカピカ光るステンレス製の壁面であれば、ヒーターから放射される赤外線がそのまま反射されます。つまり、壁面の色によっても食品の焼き色や仕上がりが変わってくるのです。

庫内の寸法やヒーターの設置のされ方も「くせ」を生じる原因になります。オーブンの消費電力量が同じでも、庫内の高さが低いオーブンの方が食品の受ける熱量は大きくなります。また庫内をのぞき込んでみて、ヒーターが見えるタイプのオーブンの方が、ヒーターが見えないタイプのオーブンよりも、食品の受ける熱量は大きくなります。熱量を多く受けるほど食品は早く加熱されます。

●天板の違いで生じる「くせ」

天板の上に置かれた食品には、天板からの伝導熱も伝わります。このため、天板の色の違いが「くせ」となって現れる場合もあります。対流式オーブンでは天板の色の違いはあまり影響しませんが、輻射式オーブンではかなり影響してきます。輻射式オーブンでは、黒っぽい天板を使うと、白っぽい天板のときよりも食品底面の焼き色が濃くなります。クッキーなどのように厚みの薄い食品の場合には、加熱時間も短くなります。これは、天板の色が黒い方が赤外線を多く吸収するため、天板の温度が高くなるからです。夏に着る洋服は、白いものの方が黒いものよりも太陽光線を反射するために涼しいといわれますが、これと同じことが天板についてもいえるのです。ただし、黒い天板を使っても、その上にピカピカ光るアルミ箔などを敷くと、赤外線がアルミ箔で反射されるので天板温度はそれほど高くならず、食品底面の焼き色もそれほど濃くはなりません。

Q.15

ウォーターオーブンはどうして水で焼けるのですか？

　業務用オーブンでは、すでにスチームコンベクションオーブンが普及していますが、家庭用にも水蒸気を利用するタイプのウォーターオーブンなどが登場しています。家庭用ウォーターオーブンなどは「水で焼く」というイメージが強いのですが、加熱の仕組みは業務用のスチームコンベクションオーブンと同様で、過熱蒸気を利用して食品を焼いています。過熱蒸気とは、水を沸騰させて発生した水蒸気を、さらに百℃以上に加熱したもののことで、空気と同様、無色透明の気体です。

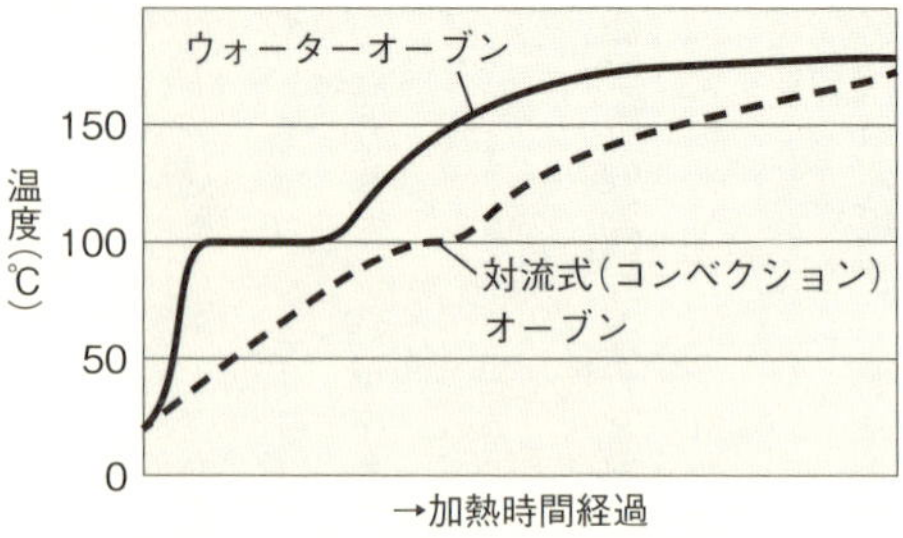

図1　ウォーターオーブンと対流式（コンベクション）オーブンで加熱したときの食品表面温度の上がり方

ウォーターオーブンでは食品の表面温度が100℃に達するまでは急激に高くなる。対流式オーブンでは食品表面温度はゆっくり上昇する。100℃を超えた後の温度の上がり方は両オーブンともほぼ同じ。

　対流式（コンベクション）オーブンでは高温の空気、ウォーターオーブンでは過熱蒸気と、それぞれ気体の種類は違うものの、食品にしてみれば、熱い気体の対流で熱が伝えられる点では同じです。ただし、気体として過熱蒸気を利用したウォーターオーブンが空気を利用した対流式オーブンと大きく異なる点は、凝縮熱[*1]が食品の加熱に大きく貢献することです。このため、食品の表面温度が百℃に達するまでは、ウォーターオーブンの方が、対流式オーブンよりも食品の温度を早く上昇させることができるのです（図1）。そして食品の表面温度が百℃を超えると、対流式オーブンと同様に食品は加熱され、食品の表面温度が焼き色のつく温度に達すれば、これも同様に焼き色がつきます。

　なお、業務用スチームコンベクションオーブンで、百℃以上でスチームを使って加熱する際の仕組みも、このウォーターオーブンの加熱の仕組みとほぼ同じです。

＊1　凝縮熱　水蒸気が百℃以下の食品に接触して水に戻る際に放出する熱。放出する熱量は水蒸気一g当たり五百三十九カロリーにもなる。

Q.16

ＩＨ調理器は触っても熱くないのに どうして加熱できるのですか？

ＩＨ調理器とは、電磁誘導を利用した加熱法である「誘導加熱」の英語訳、Induction heating の頭文字をとった呼び名で、ＩＨクッキングヒーターなどとも呼ばれています。

ＩＨ調理器の発熱原理は図１に示す通りです。トッププレートの下にある磁力発生コイルに電流が流れると磁力線が発生します。この磁力線が鉄製の鍋などを通るときに、鍋の底で渦《うず》電流に変わります。鉄などの金属には電気抵抗があるため、渦電流が流れると金属が発熱する――つまり、渦電流が流れた鉄製の鍋は熱くなるのです。ただし発熱するのは鍋全体ではなく、磁力発生コイルの真上の、渦電流が発生する鍋底の部分だけです。ちょうど鍋底が電気コンロのヒーターの役割を果たしているのです。ちなみに、電気コンロのニクロム線などのヒーターが発熱するのは、ヒーターの素材に電気抵抗の大きい金属が使われているからですが、磁力発生コイルに使われる金属は電気抵抗の少ない金属なので、電流が流れても発熱しません。また、トッププレートにはセラミックスなどのように電流が流れない、つまり基本的に発熱しない素材が使われているので、加熱中や加熱後にＩＨ調理器を触っても熱くないのです。鍋の中に入れた食品や水は、鍋底からの伝導熱で加熱されます。

ＩＨ調理器では鍋底が直接発熱するため、熱効率が非常に高く、食品を早く加熱することができます（図２）。熱効率はおよそ、ＩＨ調理器が八〇～九〇％、電気コンロが五〇％前後、ガスコンロが四〇％前後です。

ＩＨ調理器の加熱法は「誘導加熱」、電子レンジのマイクロ波を利用する加熱法は「誘電加熱」とそれぞれ呼ばれることから、ＩＨ調理器と電子レンジの加熱の仕組

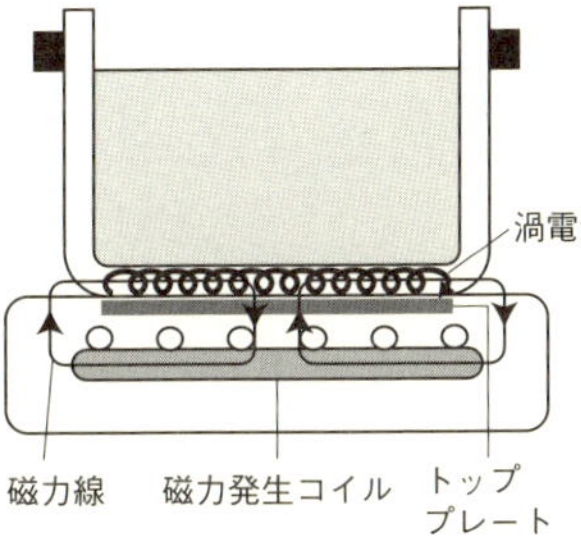

図１　IH調理器の発熱原理

磁力発生コイルに電流を流すと磁力線が発生する。この磁力線が鍋底を通るとき渦電流が発生する。渦電流は鍋の持つ電気抵抗によって熱を発生させる。つまり鍋底そのものが発熱する。

みを混同することもあるようですが、ＩＨ調理器と電子レンジでは加熱の方式がまったく違います。

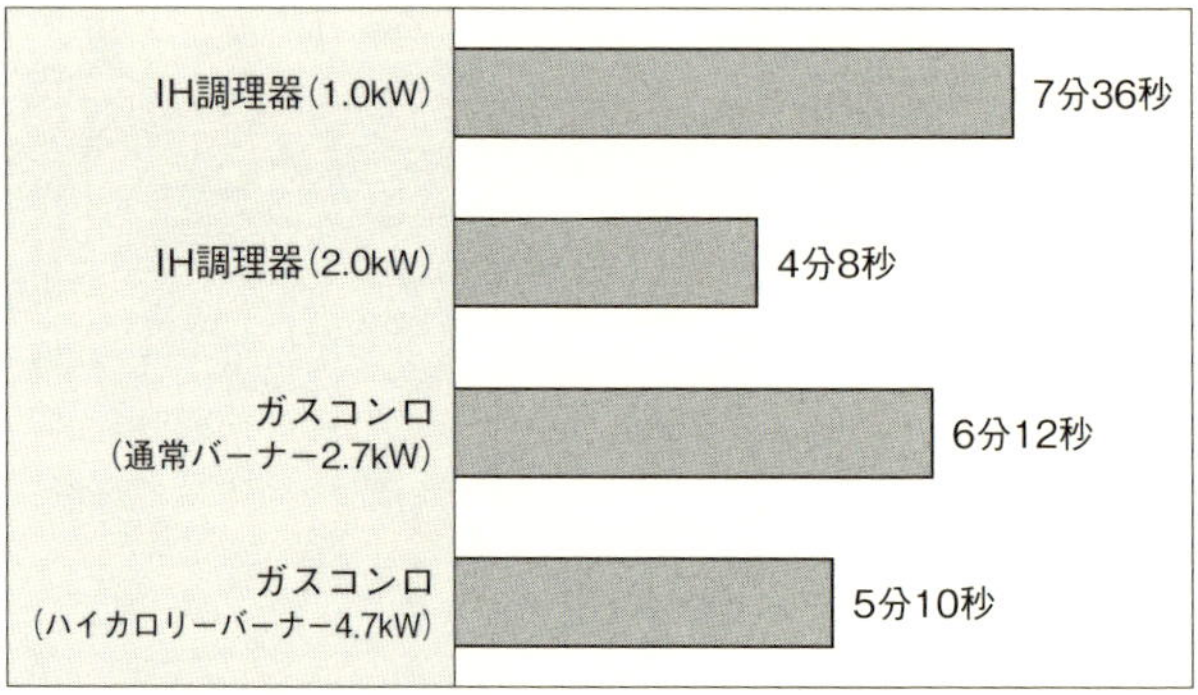

図2　加熱機器による湯の沸き時間の比較

直径16cmのステンレス製鍋に21℃の水道水を1ℓ入れ、沸騰するまでの時間を測定。

著者測定

Q.17

ＩＨ調理器を使うとき、どんなことに注意すればいいですか？

ＩＨ調理器は磁気を使って鍋底を発熱させ、食品を加熱する機器です（Ｑ16参照）。このため、鍋底の材質や形、大きさなどが合わないと、熱効率が悪かったり、加熱できなかったりします。

ＩＨ調理器に使える材質かどうかは、磁気の作用を受けるか受けないかで決まります（表１）。磁気の作用を受ける材質、たとえば鍋底が鉄、鉄ホーロー、鉄鋳物、ステンレスなどでできた鍋は使えますが、磁気の作用をまったく受けないガラス、陶磁器は基本的に使えません。磁気の作用を受けにくいアルミニウム、銅などの材質を底に使った鍋もＩＨ調理器にはあまり向いていません。最近ではアルミニウムや銅などを使ったものでも使用できるＩＨ調理器も登場していますが、鉄などにくらべて熱効率が劣ります。鍋を購入する際には、鍋底に磁石がつくかつかないかで判断するのが簡便です。磁石がつくものがＩＨ調理器で使える鍋です。

鍋底が平らであることも重要です。中華鍋のように底

表１　IH調理器に適した材質の鍋、適さない材質の鍋

鍋の材質		適・不適	不適な理由
鉄鍋		○	
鉄焼き網		×	IH調理器のトッププレートに接する部分が少ない
鉄鋳物鍋		○	
鉄ホーロー鍋		○	
アルミニウム鍋		△～×*1	磁気の作用をほとんど受けないので非常に発熱しにくい
ステンレス鍋	(18−0)*2	○	
	(18−8)*2	△～×*1	磁気の作用を比較的受けにくいので発熱しにくい
	(18−10)*2	△～×*1	磁気の作用を比較的受けにくいので発熱しにくい
多層鍋	鉄を挟んだもの	○	
	アルミ・銅を挟んだもの	△～×*1	磁気の作用をほとんど受けないので非常に発熱しにくい
銅鍋		△～×*1	磁気の作用をほとんど受けないので非常に発熱しにくい
耐熱ガラス鍋		×	磁気の作用をまったく受けないので発熱しない
陶磁器・土鍋など		×	磁気の作用をまったく受けないので発熱しない

＊1　火力が弱かったり、加熱できない場合もある。
＊2　ステンレスとは、鉄を主成分として約12％以上のクロムを含む合金を指す。さらに、鉄の欠点を補うためにニッケルを加えているものもある。（　）内の左の数値はクロムの含有割合（％）を、右の数値はニッケルの含有割合（％）を示す。

に丸みがある鍋や、鍋底が内側に反り返っているような鍋は、ＩＨ調理器のトッププレートと鍋底の接触する面積が小さく、それだけ発熱部分が小さくなるため、ＩＨ調理器には不向きです（図1）。トッププレートの下にあるコイルの大きさとのバランスから、鍋底の直径が約十二〜二十六cmの鍋が効率よく加熱できるといわれており、この範囲内で底を平らにつくってあるものなら、鍋でなくてもステンレス製のボウルやバットなども使えます。

ＩＨ調理器では炎が出ないため、鍋の脇に紙を置いても燃える心配はありません。けれども、アルミ箔など磁気の作用を多少なりとも受けるものを置くと、焼けて溶けてしまう場合があるので注意しましょう。

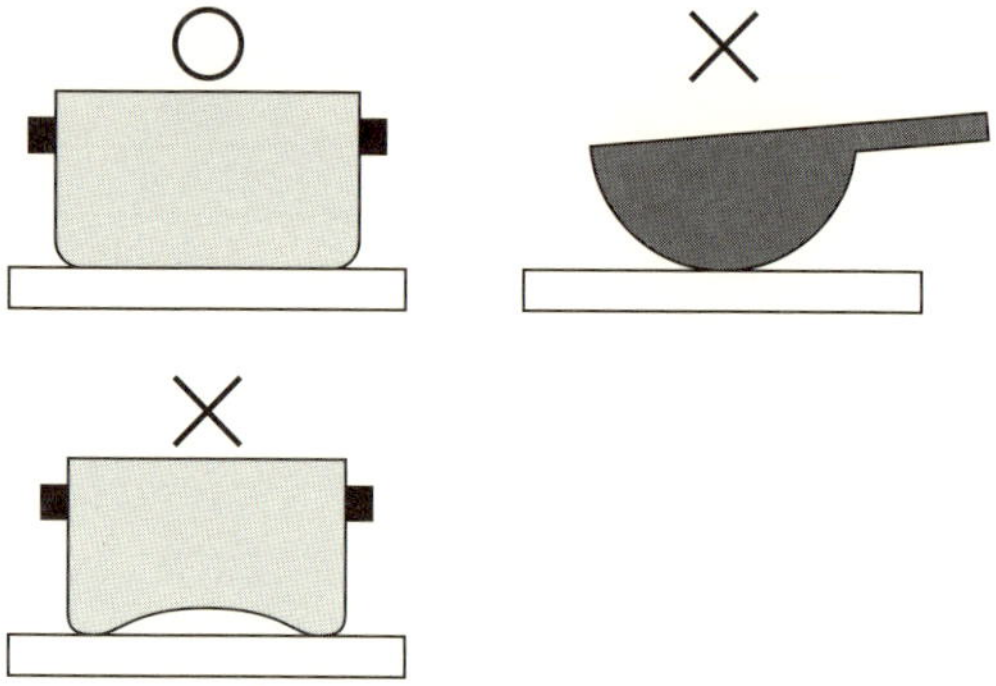

図1　IH調理器に適した鍋底の形、適さない鍋底の形
○：底が平らな鍋で直径12〜26cm程度の鍋が適している。
×：底が丸い鍋や内側に反り返っている鍋は適さない。

Q.18

電子レンジはどうやって食品を加熱しているのですか？

電子レンジは、マグネトロンという装置で発生させたマイクロ波を食品に吸収させ、食品自身を発熱させて加熱する調理機器です。

マイクロ波とは、一㎜から一ｍの波長を持つ電磁波（Q３・図1参照）のことです。現在、日本で電子レンジに使われているマイクロ波は、周波数が二千四百五十メガヘルツの電磁波です。二千四百五十メガヘルツとは、一秒間に二十四億五千万回振動するということです。ほとんどの食品の主成分は水で、マイクロ波が食品に吸収されると、食品中の水分子が一秒間に二十四億五千万回も振動します。水分子が激しく振動すると、食品は熱くなるのです。

電子レンジ以外の加熱法は、熱源からの熱を外から食品に伝えるものですが、（Q１参照）。電子レンジのマイクロ波加熱は、食品自身を発熱させるため、食品の温度が素早く上昇するのです。ただし温度が上昇するといっても、食品中の水分を発熱させているので、温度は基本的に百℃までしか上がりません。このため、電子レンジでは表面に焼き色がつかないのです。

ジャガイモなどの小ぶりな食品をマイクロ波で過度に加熱すると、表面はちょうどよく加熱されているのに、中心部分が加熱されすぎて乾燥していたりすることがあります。反対に、キャベツのような大きなものを丸ごと一個加熱すると、表面はクタクタにやわらかくなっているのに、中心部には火が通っていないことがあります。食品の大きさによってこのような違いが現れるのは、食品の表面から六〜七㎝ぐらいの深さまでしかマイクロ波が浸透しないからです。マイクロ波は、ほとんどの食品の内部に浸透でき、発熱は表面だけでなく、表面から六〜七㎝内部でも同時に起こります。ジャガイモのように半径が六〜七㎝よりも小さい食品を加熱すると、表面から浸透してきたマイクロ波が中心部で重なって集中するために、表面よりも中心の発熱が大きくなって中心の温度が上昇します。逆に、キャベツ丸ごと一個のように半径が六〜七㎝よりも大きい食品を加熱すると、マイクロ波が中心部までは浸透しないので、表面から六〜七㎝ぐらいまでが発熱し、中心は発熱しないのです。

Q.19

電子レンジはどうしてあんなに早く食品を温められるのですか？

ガスや電気コンロ、ＩＨ調理器、オーブンなどを使った加熱法よりも、電子レンジ加熱の方が食品を早く温められるのは、マイクロ波が直接食品に吸収され、そのエネルギーのほとんどが食品の温度上昇のために使われるからです（Q18参照）。

たとえば、ガスコンロを使って鍋で食品をゆでる場合、熱は熱源から鍋へ、さらに鍋の中の水へ、そしてようやく食品表面に到達し、表面から内部に伝わって食品中心の温度が高くなっていきます（図1）。鍋から食品表面までは対流熱で、表面から中心までは伝導熱で伝わります。熱源がガスの場合、コンロで発生する熱エネルギーのうち、鍋に伝わる熱エネルギーは四割程度です。この四割の熱エネルギーの大部分が鍋と水の温度上昇に使われてしまい、実際に食品の温度上昇に使われるエネルギーはかなり少なくなります。つまり、熱源から食品に熱が伝わるのに時間がかかるうえ、食品に伝わる熱の量もかなり少ないために、加熱時間が長くかかるのです。ところが、電子レンジで食品を直接加熱する場合は、マイクロ波は容器をほぼ素通りして食品に直接吸収され、エネルギーのほとんどが食品の温度上昇に使われます。だから食品を早く加熱することができるのです。

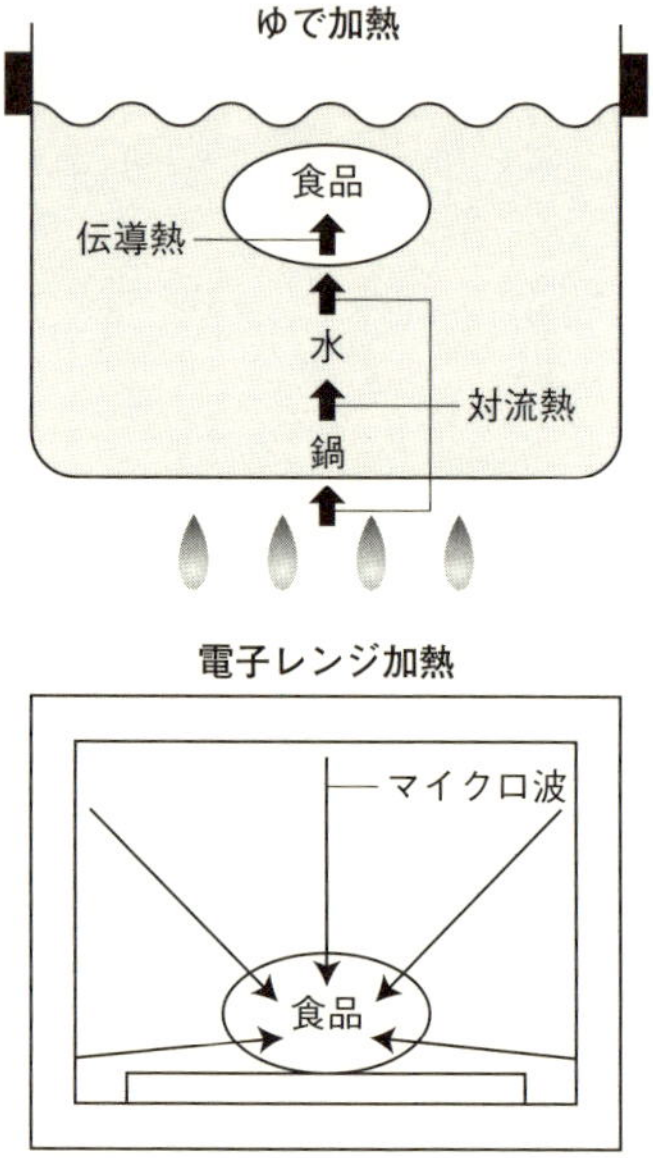

図１　ゆで加熱と電子レンジ加熱の違い

Q.20

電子レンジで加熱すると器が温まらないって本当ですか？

マイクロ波が食品に吸収されると食品が温まることはQ18で述べた通りです。もしマイクロ波が当たっても、マイクロ波が吸収されなければ発熱しないので温まりません。物質の種類によって、マイクロ波の吸収のされ方は大きく違います。表1に示したのは、マイクロ波の吸収されやすさの目安となる値で、この値が大きいほどマイクロ波が吸収されやすく、温まりやすいことを意味します。また、この数値が大きい物質ほど、つまりマイクロ波を吸収しやすい物質ほど、マイクロ波が内部に浸透する距離は短くなります。

たとえば、空気の数値は0なので、マイクロ波は空気には吸収されず透過します。つまり、電子レンジの庫内ではマイクロ波は空気中を直進して、食品に直接向かいます。磁器製の食器や紙皿なども数値がきわめて小さく、ほとんどマイクロ波を吸収しないので、温度は高くなりません。

けれども、食品の加熱後に食器まで温まっていることを経験された方も多いことでしょう。これは熱くなった食品からの伝導熱で食器に熱が伝わったためで、マイクロ波の加熱効果によるものではありません。その証拠に、空の器を加熱しても、ほとんど熱くなりません。

表1　物質別マイクロ波の吸収されやすさ

物　質　名	マイクロ波の吸収されやすさ*
空気	0
フッ素樹脂・石英・ポリプロピレン	0.0005〜0.001
氷・ポリエチレン・磁器	0.001〜0.005
紙・塩化ビニール・木材	0.1〜0.5
油脂類・乾燥食品	0.2〜0.5
パン・米飯・ピザ生地	0.5〜5
ジャガイモ・豆・おから	2〜10
水	5〜15
肉・魚・スープ・レバーペースト	10〜25
食塩水	10〜40
ハム・かまぼこ	40前後

＊誘電損失係数

Q.21

電子レンジで冷凍食品を解凍すると、熱い部分と凍った部分ができるのはなぜですか？

冷凍食品などを電子レンジで解凍すると、すごく熱い部分があるかと思えば凍ったままの部分が残っているなど、加熱むらが大きく現れることがあります。これは、水と氷とではマイクロ波の吸収されやすさ（Q20・表1参照）が千倍以上も違うためです。冷凍食品の氷が溶けて水になった部分は、マイクロ波を吸収してどんどん温度が高くなります。けれども、凍った状態の部分では、マイクロ波はほとんど吸収されずに透過するので凍ったままなのです。冷凍食品を電子レンジで加熱する場合には、冷凍庫から出したらすぐに加熱した方がよいでしょう。そうしないと、放置している間に解凍されて水になった部分と凍ったままの部分の両方ができてしまい、加熱むらが大きく現れます。

なお、電子レンジの解凍専用モードのマイクロ波のエネルギー量は、マイクロ波出力百～二百ワットで、通常の加熱モード（マイクロ波出力五百～千ワット）よりもかなり小さく設定されています。マイクロ波のエネルギー量が小さければ、解凍されて水になった部分の温度が極端に高くなることはありません。また、解凍に要する時間が長くなるので、その間に温度の高い部分から低い氷の部分へと伝導熱で熱が伝わるため、冷凍食品全体が比較的均一に解凍されていきます。

Q.22

電子レンジで肉をレアに加熱できますか？

イギリスでは、ローストビーフを焼く手段として電子レンジが使われることもあるようです。ローストビーフといえば、肉の表面には完全に火が通り、中心にはあまり火が通っていない料理です。電子レンジで肉をそのまま加熱すると、肉の内部から温度が高くなり、ローストビーフとは呼び難い仕上がりになってしまいます。けれども、肉の表面に塩を多めにすり込めば、内部の温度を上昇させずに、表面付近の温度だけを高くすることができるのです。

肉の表面に塩をすり込むと、表面付近から肉汁がしみ出てきて、肉は濃い食塩水で覆われた状態になります。食塩水はマイクロ波をよく吸収するので（Q20・表1参照）、肉の表面付近の温度は急激に上昇します。表面でマイクロ波が吸収されれば、その分、内部にはマイクロ波があまり浸透していかないため、オーブンで加熱するのと同じように、中心の温度は表面からの伝導熱でゆっくり上がっていきます。食塩水は濃度が高いほどマイクロ波を吸収しやすいので、肉の表面に塩を多めにすり込めば、肉の表面付近には完全に火が通り、中心にはあまり火が通っていない、レアなローストビーフをつくることができます。ただし、電子レンジの場合には、オーブンで焼いたローストビーフのような表面の焼き色はつきません。

醤油や味噌など、塩分の濃い調味料を肉の表面にぬった場合も、加熱のされ方は塩をすり込んだときとほぼ同じになります。表面に塩分のある調味料をしっかりつければ、電子レンジで肉をレアに加熱することができるでしょう。

Q.23

電子レンジで加熱したご飯がすぐにかたくなるのはなぜですか？

電子レンジによる加熱では、食品に含まれる水が直接発熱するので、水分が蒸発して乾燥しやすいという特徴があります。ご飯を電子レンジで加熱するとすぐにかたくなってしまう原因の一つは、水分の蒸発が盛んに起こって乾燥することです。これに加えて、米飯中のデンプン粒がマイクロ波によって部分的に破壊されることも原因の一つといわれています。

米飯中には、水分を吸って十分にα化《アルファ》（糊状になること）して膨れたデンプン粒と、α化が十分ではなく、あまり膨らんでいないデンプン粒が入り混じって存在しています。マイクロ波が当たると、膨れた方のデンプン粒の一部が破裂して、中からデンプンが流れ出てきます（図1）。こうなると、流れ出たデンプンが糊のような役割をして、膨らんでいないデンプン粒どうしをくっつけてしまいます。それがそのまま乾燥すると、ただ単に乾燥する以上にかたくなるのです。ちょうどセメントを固めるときに、砂利を入れると強度が増すのと同じ現象が、電子レンジでご飯を加熱したときに起こっていると考えられています。

このようなデンプンの硬化現象は、米飯に限らず、パンなど他のデンプン性食品にも共通してみられることが確かめられています。ただし、同じデンプン性食品でも、イモ類の場合、サツマイモのようにかたくなる現象が激しく起こるものや、ジャガイモや長イモのようにあまりかたくならないものがあります。イモの種類によって電子レンジ加熱の影響の現れ方が違うのは、デンプン粒の性質がイモの種類によって違うことが原因であると考えられています。

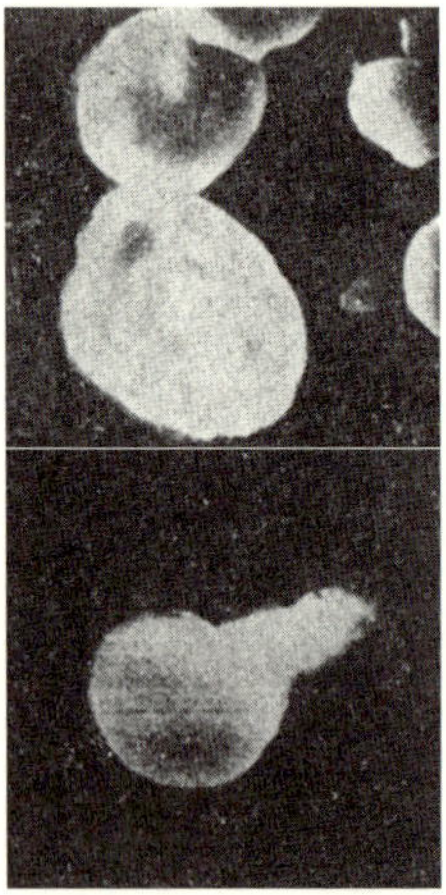

図1　電子レンジ加熱によるデンプン粒の破壊
（走査電子顕微鏡、1000倍）
上：蒸して再加熱した米飯のデンプン粒は破壊されていない。 下：電子レンジで再加熱した米飯のデンプン粒からはデンプンが溶け出している。
肥後温子ほか, 家政学雑誌, 32, 185-191（1981）より

Q.24

電子レンジではアルミ箔を使ってはいけないのでしょうか？

電子レンジでアルミ箔を使うと、火花がパチパチと飛び散ったり、アルミ箔が発熱して溶けたりすることがあるので、アルミ箔を使ってはいけないとよくいわれます。その一方で、マイクロ波が金属に当たると反射して金属の内側に侵入できない性質を利用して、「茶碗蒸しをつくるときに、すが入るのを防ぐために器の上にアルミ箔をかぶせる」とか、「焼き魚を温め直すときに身の薄い尾付近をアルミ箔で覆って乾燥を防ぐ」といったようなアルミ箔の活用方法も紹介されています。結論からいうと、電子レンジでアルミ箔を絶対に使ってはいけないというわけではなく、使い方には注意が必要だということです。

マイクロ波には、金属のとがった凸部分に集中する性質があります。アルミ箔の場合にも、とがった凸部分があるとマイクロ波がそこに集まって電気がたまり、電圧が高くなり、それが電子レンジ庫内の壁との間でスパーク（放電）を起こすので、火花がパチパチと飛び散るのです。その際、アルミ箔表面に電流が流れ、電気抵抗の大きい箇所が発熱して溶けることもあります。金・銀の絵柄のついた皿を電子レンジで加熱すると、火花が飛び散り黒く焦げますが、これも同じ現象です。

ですから、アルミ箔を使うときにはとがった凸部分をつくらないことです。クシャッとしわを寄せるようにすると、とがった凸部分ができてしまうし、かぶせた端の部分がヒラヒラと反り返った状態も、とがった凸部分に相当します。

もう一つ注意したいのは、アルミ箔を庫内の壁面に接触させないことです。アルミ箔と壁面の金属が接触すると、この間でスパークが起こりやすくなります。スパークが起こると、マイクロ波の発生装置であるマグネトロンが損傷を受け、電子レンジの寿命が縮まることもあります。たとえスパークが起こらなくても、アルミ箔で反射されたマイクロ波がマグネトロンに当たって、故障の原因になることもあります。

茶碗蒸しの器にかぶせて「す」が入るのを防ぐ

焼き魚の尾付近を覆って乾燥を防ぐ

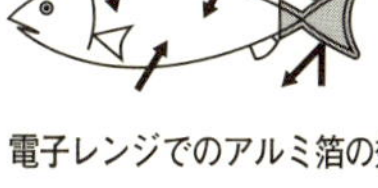

電子レンジでのアルミ箔の効果的使用法

Q.25

石窯はどうしてあんなに高温になるのですか？

　一般的なオーブンでは、庫内温度は三百五十℃程度までしか上げることができません。けれども、石窯では窯内の温度を四百五十～五百℃の高温に保つことができるものがあります。石窯がそのような高温に保たれるのは、使っているレンガが熱の伝わりにくい材質なので断熱効果が高く、窯内の熱が外に逃げないためです。一般のオーブンでも断熱を工夫すれば、理論上は石窯並に高温を維持することができます。

　石窯にしてもオーブンにしても、内部を高温に保つには、熱収支のバランスが問題になります。入ってくる熱量が大きくても、庫内から逃げていく熱量が大きければ高温を維持できません。逆に、入ってくる熱量が小さくても、逃げていく熱量がさらに小さければ高温を維持できるのです。実際には、設備上投入できる熱量には限界があることから、逃げていく熱量を小さくする方が現実的です。オーブンの外側を触ったときに熱いと感じますが、これは庫内の熱が外に逃げている証拠です。このようなオーブンでも断熱して熱が外に逃げないようにすれば、庫内の設定可能な最高温度をさらに上げることができるのです。

　石窯に使われるレンガは熱伝導率が低く、熱が伝わりにくい素材です。また厚みもあるため、窯内の熱が壁を通して外へ逃げにくいことが特徴です。数ある断熱材の中でも、厚みのあるレンガは断熱効果がきわめて高い素材だといえます。また窯内の温度が高温であれば耐熱性も必要になりますが、レンガは高温に熱せられてもほとんど変形せず、千℃以上の温度にも耐えられます。石窯は、食品を出し入れする入口部分に扉がなく、そこから冷たい外気が入り込める構造ですが、厚みのあるレンガは熱を蓄える力も大きいので、冷たい外気が入り込んでも窯内の温度がそれほど下がらず、高温を維持できるのです。

第二章　鍋と熱の関係

Q.26

熱の伝わりがいい鍋、熱の伝わりが悪い鍋、何が違っているのでしょう？

熱の伝わりがいい鍋は、①熱が食品に早く伝わる、②熱が食品に均一に伝わる、という二つの要素を兼ね備えていると考えることができます。

①の「熱が食品に早く伝わる」とは、熱源で発生した熱が鍋の中の食品に素早く伝えられるということです。湯を沸かすことを例にするなら、単に鍋内の水の温度を早く上昇させればよいのです。このような場合には、鍋の材質によって決まる熱伝導率（熱の伝わる早さ・図1）が関係してきます。鍋の材質には、アルミニウム、鉄、ステンレス、銅、耐熱ガラス、陶器、石などがあります。この中で熱が伝わりやすい材質は、図1に示したように熱伝導率が大きい金属、たとえば銅やアルミニウムなどです。逆に、耐熱ガラスや陶器、ステンレスは熱が伝わりにくい材質だといえます。つまり、湯を早く沸かしたいときには、アルミ鍋や銅鍋を使えばよいのです。ただし、熱伝導率が大きい鍋でも鍋厚が厚ければ、鍋自体の温度上昇のために熱が使われてしまい、その分、食品に伝わる熱が少なくなってしまいます。鍋内の食品に早く熱を伝えようと思えば、厚みの薄い鍋であることもポイントです。

②の「熱が食品に均一に伝わる」ためには、鍋底の温度が均一でなければなりません。鍋底の温度が均一になるかどうかには、鍋の厚みが大きく影響します。鍋底に生じる温度むらは、鍋底が厚いほど小さくなります。そ

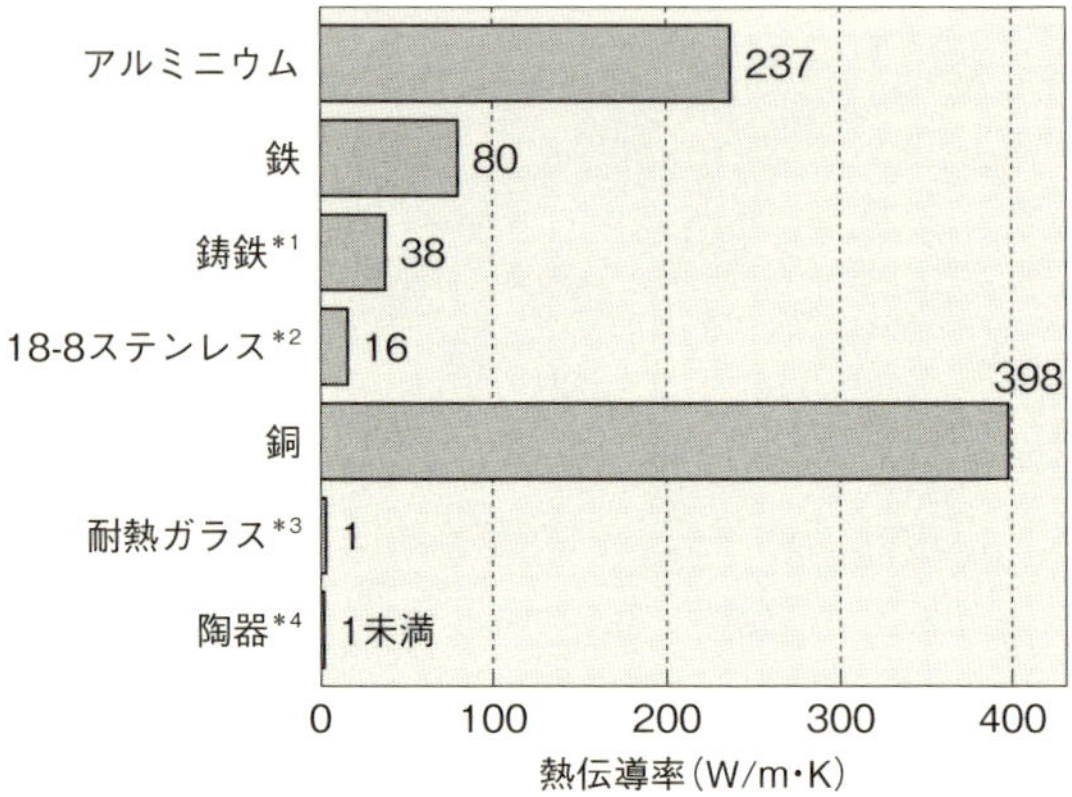

図1　材質別熱伝導率

＊1 鉄の強度を高めるために炭素を2.0％以上混ぜ込んだもの。
＊2 ステンレスとは耐食性に優れた合金鋼の総称。鉄にクロムを合わせたものや鉄にニッケルとクロムを合わせたものに大別される。「18-8」はクロム18％とニッケル8％を含むことを意味し、これが代表的なステンレス。
＊3 代表的なものにパイレックスがある。
＊4 代表的なものに土鍋がある。

の理由は、鍋底が厚いほど、ガス火の炎や電気ヒーターなどの熱源から受けた熱が鍋底外面から鍋底内面へと垂直方向に伝わるまでに時間がかかり、その間に水平方向にも熱が広がり、熱が内面に伝わる頃には、鍋の温度の高い部分と低い部分の差が縮まるためです。つまり、フライパンや鍋では鍋厚が厚いほど、鍋内の食品に均一に熱が伝わるのです。例として、薄い鉄製フライパンと焼き肉用の重くて厚い鉄板で肉を焼く場合を考えてみましょう。薄手のフライパンでは、肉の表面に均一な焼き色をつけるために、頻繁にフライパンを動かして、鍋底に当たる炎の位置や鍋内の肉の位置を変えながら焼くことになります。これに対し、厚手の焼き肉用鉄板では、鉄板も肉も動かさなくてもほぼ均一に焼き色がつきます。

厚手の銅鍋が、「食品にしっかりと熱が伝わり、しかも温度むらが少ない」と高く評価されている理由は、銅という素材の熱伝導率の大きさ、そして熱の伝わりを均一にする鍋底の厚さ、この両方を兼ね備えているからです。

Q.27

冷めにくい鍋、冷めやすい鍋、違いはどこにありますか？

同じ形状の鍋を同じように火にかけたとき、なかなか温まらないけれども、いったん温まれば火から下ろしても冷めにくい鍋もあれば、すぐに温まるけれどもすぐに冷める鍋もあり、鍋によって加熱時の温度の上がり方や加熱後の温度の下がり方は大きく違います。これは、鍋の材質と重さによって決まる熱容量、つまり熱を蓄える力が鍋によって異なるためです。

鍋を火から下ろせば、鍋の温度よりも室内の温度の方が低いので熱がどんどん奪われていきます。熱を蓄える力のない熱容量の小さい鍋だと、鍋の温度はすぐに下がり、続いて鍋の中の食品の温度が下がっていきますが、熱容量の大きい鍋では、鍋に熱がたくさん蓄えられているため、火から下ろした後もしばらくは鍋の中はぐつぐつと煮立っています。鍋の温度が下がりにくいので、鍋の中にある食品も冷めにくいのです。これはつまり、保温性があるということです。これを逆からみれば、保温性のある鍋は、中の食品に熱を伝える前に鍋自体が熱を蓄えてしまうため、鍋の温度を上げるのに時間がかかり、食品はなかなか温まりません。

保温性の有無を知るには、湯を沸かしてみるとよいでしょう。沸くのに時間がかかる鍋は、保温性のある鍋だといえます。もっと簡単な方法は、鍋の重さを目安にする見分け方です。保温性のある鍋は往々にして重いのです。たとえば、同じ大きさの鉄鍋とアルミ鍋をくらべると、鉄鍋の方がずっと重く、保温性があります。また、同じ材質の鍋でも、厚手のものほど重くなるので、その分保温性が高くなります。

Q.28

丸底の鍋と平底の鍋、熱の伝わり方は違いますか？

ガスや電気を熱源とする加熱では、鍋底の形が変わると、鍋に伝わる熱量や鍋底と鍋側面の温度差に違いが生じるため、食品への熱の伝わり方が違ってきます。

熱源がガスコンロの場合、丸底の鍋では、鍋底の丸みにそって炎や高温の空気がまわるので、底面と側面の温度の違いは比較的小さいといえます。平底の鍋の場合、基本的に、底面は炎が当たることで高温になり、側面は高温の空気がまわることで加熱されるので、底面の方が側面よりも温度がかなり高くなります。つまり、底面と側面では温度に大きな差が生じるのです。火力が弱い場合、あるいは鍋の直径がガスコンロの火口の直径よりも大きい場合には、底面と側面の温度の差は一段と大きくなります。鍋に供給された熱は、丸底鍋では底面と側面の両方、つまり鍋全体の温度上昇に使われますが、平底鍋では基本的に底面の温度上昇に使われるため、平底の方が丸底よりも底面の温度は高くなります。

熱源が電気コンロやＩＨ調理器の場合には、熱源と直に接している鍋底のみが加熱されます。丸底の場合には、熱源と接触する面積がとても小さいので、熱源から鍋に伝わる熱量はきわめて小さくなります。平底鍋では、鍋底が平らな分、熱源と接触する面積も広いので、鍋に伝わる熱量は丸底よりもはるかに大きくなります。ちなみに、側面は鍋底から伝わる熱や温められた食品から伝わる熱で温度が上がります。

丸底鍋と平底鍋の形状や熱の受け方の違いが、食品への熱の伝わり方にどのように影響するかは、料理の種類によって違ってきます。煮物や煮込み、鍋料理などのように汁の中で材料を煮る場合には、丸底鍋の方が少ない汁で材料全体を覆うことができ（図１）、また鍋の側面か

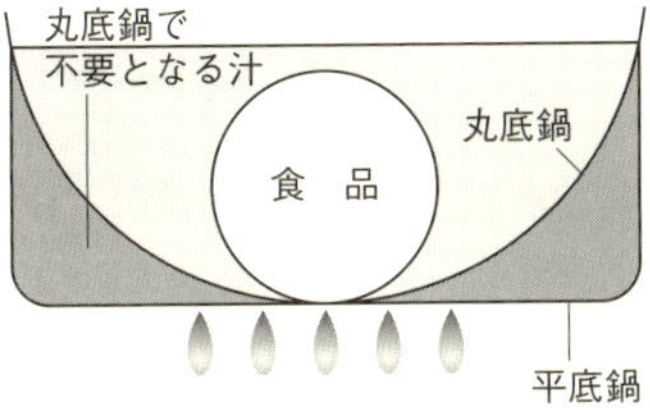

図１　汁の深さを同じにしたときの平底鍋と丸底鍋の中の様子

汁の深さを同じにした場合、平底鍋の方が余分に汁が必要になる。

らも材料に熱を伝えられるので均一に熱を与えることができ、味も全体にむらなくまわります。また、炒め物をする場合、中華鍋のように底が丸ければ、鍋を前後に振ることで鍋のカーブにそって食品全体を素早く回転させることができます(下図)。つまり、食品に短時間で均一に熱を加えることができるようになるのです。鍋を振らずにヘラなどでかき混ぜる場合でも、丸底なら鍋肌のカーブが材料の回転を自然にうながすため、手早くかき混ぜられます。

一方、厚みが薄い材料に早く熱を伝えたいソテーなどには、鍋底の温度がより高くなる平底鍋の方が早く、均一に熱を伝えることができます。煮魚など形を崩さずに仕上げたい料理にも、材料を平らに入れられる平底鍋が適しています。

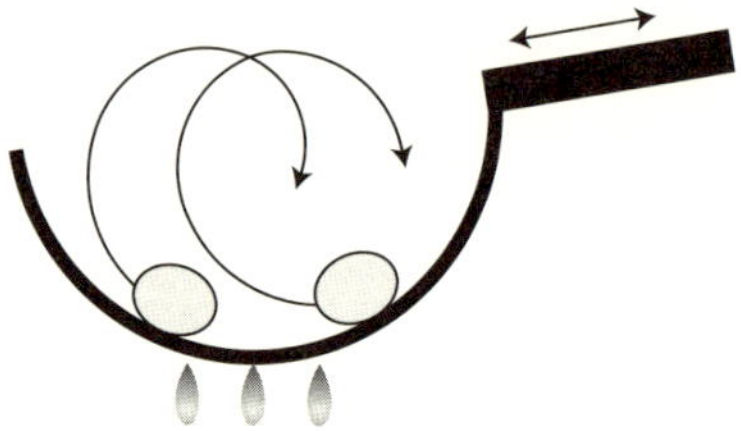

丸底鍋は、前後に振ると材料が鍋のカーブにそって回転するため混ぜやすい。

Q.29

フッ素樹脂などで表面加工した鍋は、どうして食品がくっつきにくいのですか？

　鉄、ステンレス、アルミニウム、銅などの金属の表面は、吸着水と呼ばれる肉眼では見えない薄い水の膜で覆われています。この吸着水があるために、金属は水になじみやすい性質(親水性)を持っています。金属製鍋で食品を加熱すると鍋肌にくっつきやすいのは、この吸着水があるためです。これに対し、フッ素樹脂やシリコン樹脂、セラミックスなどで表面加工した鍋は、これらの素材には吸着水がほとんどないため、食品がくっつきにくいのです。

　ほとんどの食品の主成分は水です。鍋に食品を置くと、食品中の水分が鍋の吸着水と接触し、吸着水を通して食品中の水溶性の成分が鍋の金属と直に触れることになります。鍋にくっつきやすい食品の代表といえば、卵や肉、魚などのタンパク質食品です。タンパク質の一部は水溶性なので、吸着水に水溶性のタンパク質が溶け込んだ状態で加熱すると、タンパク質が熱で固まります。つまり、吸着水に溶け込んだタンパク質が食品と金属をくっつける糊のような役割を果たすので、タンパク質食品は鍋にくっつきやすいのです。糊のような役割をするのはタンパク質だけではなく、デンプン、糖などの炭水化物も同じです。ほとんどの食品にタンパク質や炭水化物が含まれているので、金属製鍋に食品がくっつくことが多いのです。

　同じ金属製鍋でも、鍋を完全に乾燥させて油を引いてから食品を入れるとくっつきにくくなります。これは、油を入れると金属の表面が油の膜で覆われて、食品と金属とが直には触れ合わなくなるからです。油を引いてもくっつく場合は、金属表面の吸着水が完全に取り除かれていなかったということです。吸着水は普通の水と違って、金属表面に水素結合という化学結合によって強く結びついているので、鍋の表面温度が百℃になっても蒸発せず、二百五十℃を超えるとようやく蒸発します。中国料理の料理人は中華鍋を煙が立つほど空焼きしてから油を注ぎますが、これは吸着水を完全に蒸発させ、鍋表面に油の膜をつくっているのです。

　表面加工した鍋は、金属の表面が樹脂やセラミックスで覆われており、金属と食品が直には触れ合わないようになっています。樹脂やセラミックスには吸着水がほとんどないのでくっつくことはまずないのです。ただし、それら加工素材の膜の厚みは二十〜六十ミクロン（一ミクロンは千分の一㎜）ときわめて薄く、使っているうちにしばしばはがれてしまうことがあります。そうなると、はがれた下から顔を出した金属と食品が触れることになるため、鍋と食品がくっつきやすくなります。表面加工した鍋を使うときには膜に傷をつけないよう、金属製のヘラでかき混ぜたり、金属タワシで洗ったりすることは避けましょう。

Q.30

フッ素樹脂などで表面加工した鍋は、熱が伝わりにくくなるのでしょうか？

焦げない、油を使わなくても食品がこびりつかないなどの理由から、表面を樹脂やセラミックスで加工したフライパンが普及しています。表面加工に使われている材質は、主に耐熱性のあるフッ素樹脂やシリコン樹脂、セラミックスなどで、アルミニウムや鉄、ステンレスなどの金属でつくられたフライパンの表面にコーティングされています。

フライパンの熱の伝わりやすさは、厳密にいえば表面加工の有無で若干の違いがあることがわかっており、加工したものの方が、加工していないものよりも鍋底の温度上昇がわずかに遅いのです。これは、樹脂やセラミックスは熱伝導率がとても小さく、熱を伝えにくい性質だからです。そうはいうものの、たとえばフライパンの表面に施されている樹脂膜の厚みは二十〜六十ミクロン（一ミクロンは千分の一㎜）と非常に薄いので、実用上、加工の有無による温度上昇速度の違いはそれほど気にならないはずです。表面加工した鍋の熱の伝わり方は、基本的に鍋本体の金属の性質（Q26参照）をそのまま受け継いでいると考えてよいでしょう。

野菜炒めやチャーハンなどの強火で炒める調理に表面加工したフライパンを使うと、仕上がりが期待通りにならないと感じる方も多いようです。これは、表面加工が問題というよりも、表面素材の耐熱温度が低いことを気にして、食品を鍋に入れる前にフライパンの温度を十分高くしていないことが大きく影響していると思われます。フッ素樹脂やシリコン樹脂の連続使用に耐えられる温度は、二百五十〜二百六十℃です。中国料理の料理人は、野菜炒めやチャーハンをつくる前に中華鍋を煙が出るほど空焼きしますが、このときの鍋の温度は三百℃をゆうに超えています。樹脂加工したフライパンをこのような高温で使えば、一回使っただけで樹脂がはがれ落ちて台無しになってしまいます。強火で短時間に仕上げなければならない炒め物や焼き物には、表面加工したフライパンは向いていません。けれども、それ以外の調理であれば、熱の伝わりやすさに大きな違いはありません。

Q.31

銅鍋は熱の当たりがやわらかく、温度むらが少なく、保温性があるといわれるのはなぜ？

「熱の当たりがやわらかく、温度むらが少なく、保温性がある」という銅鍋に対する表現を具体的にとらえると、①食品に熱をゆっくり伝えることができる、②鍋の温度むらが小さく、食品に熱を均一に伝えることができる、③火から下ろした後も食品の温度が下がりにくい、ということになるでしょう。これは、主に銅の金属としての性質によるものです。

「食品に熱をゆっくり伝えることができる」のは、銅の密度（1㎤当たりの重さ）が大きいためです。密度が大きい材質でつくった鍋は重たくなります。重ければ、それだけ熱容量（熱を蓄える力）も大きくなります。熱容量が大きい銅鍋では、ガス火の炎の先端の温度が千五百〜千八百℃と高温であっても、炎から伝わった熱はそのまますぐに食品には伝わらず、いったん鍋に蓄えられ、それから食品に伝わります。つまり、銅鍋が炎と食品の間でクッションの役割を果たすことになり、食品には穏やかにゆっくりと熱が伝わるようになります。

「鍋の温度むらが小さく、食品に熱を均一に伝えることができる」のは、銅が熱をとても伝えやすい物質だからです。熱の伝わりやすさを表す値が熱伝導率ですが、鍋に使われるさまざまな材質の中で、熱伝導率の一番大きいものが銅なのです（Q26・図1参照）。熱伝導率が大きければ、炎が当たって温度が高くなった部分から炎が当たっていない温度の低い部分へと熱が素早く伝わって、鍋全体の温度むらが小さくなり、食品に熱を均一に伝えられることを意味します。

「火から下ろした後も食品の温度が下がりにくい」のも、やはり銅鍋の熱容量が大きいためです。火から下ろした後も、銅鍋が熱を蓄えていて熱い状態が続くので、食品の温度が下がりにくいのです。

以上のような銅の材質としての特徴は、鍋の厚みを変えることでさらに強調されます。フライパンなどでは、厚みを比較的薄くすることで熱容量を小さくし、熱の伝わりやすい性質が前面に出てくるように工夫されています。このため、火力が強くても、素早く、しかも均一に熱を伝えられるので、魚のムニエルなどでは、表面のタンパク質を即座に熱で固めて内部のうまみ成分が流れ出ないようにでき、また焼き色も均一に仕上がります。寸胴鍋であれば鍋厚を厚めにして、熱容量がさらに大きくなるように工夫されています。このため鍋底はもちろんのこと、鍋底と側面の温度むらが小さくなり、弱火で長時間煮るシチューなどでは食品に均一にゆっくりと熱が伝わります。鍋厚が厚いほど鍋底が焦げつきにくくなり、火を止めた後も食品が冷めにくくなります。

Q.32

土鍋で炊いたご飯がおいしいといわれる理由は？

「はじめチョロチョロ中パッパ、ジワジワどきに火をひいて、赤子泣いても蓋取るな」

　これは昔から語り伝えられてきたご飯の炊き方で、炊くときの火加減を表しています。おいしいご飯を炊くためには、火加減がいかに重要であるかがわかります。

　炊飯過程での理想的な温度については、長年研究が重ねられ、図1のような結果が出ています。図中、温度上昇期から蒸らし期に至るまでの各期間の温度と時間のすべてが、炊き上がったご飯のおいしさを大きく左右することが実験によって明らかにされています。各過程の米の変化をみていきましょう。

①水浸漬期（吸水時間）

　水浸漬期とは、米デンプンが加熱過程で十分にα《アルファ》化されるように、あらかじめ米に水を吸わせる過程のことです。水は米内部に徐々に浸透していき、三十分〜二時間くらい水につけておくと重量が一・二〜一・三倍に増えます。水温が高いほど吸水速度は早くなります。ただし、室温で二〜三時間以上水につけておくと、デンプンが溶け出してくるので、べたついたご飯に仕上がることもあります。

図1　おいしいご飯を炊くための炊飯過程

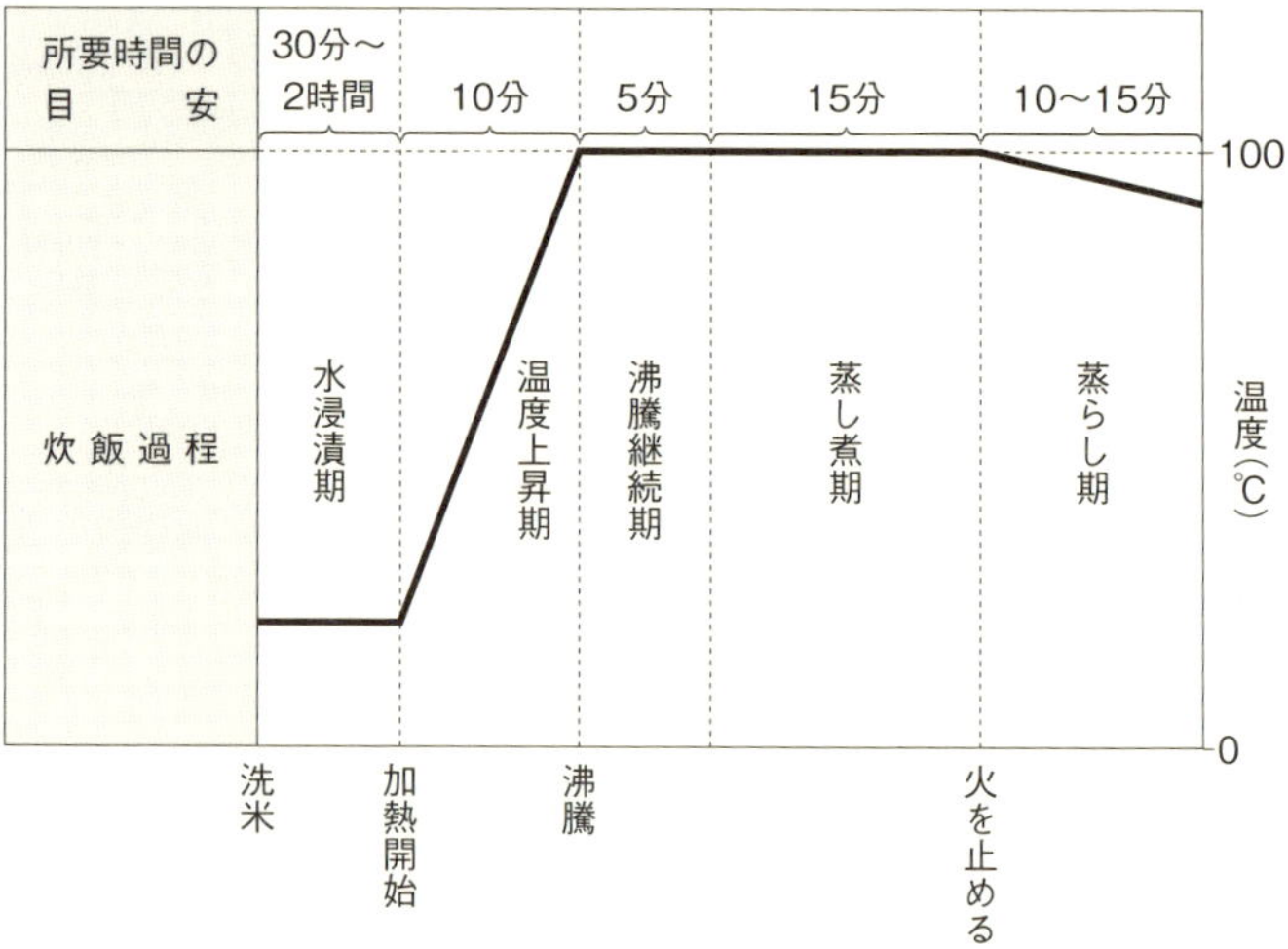

②温度上昇期

温度上昇期とは、加熱開始から沸騰するまでの過程を指し、米の中心まで水をしっかり浸透させるための時間です。この過程は十分間程度の長さがよく、短すぎると、水が米の中心まで浸透しないために芯のあるご飯になってしまいます。逆に長すぎれば、米表面のデンプンが水を吸いすぎて膨らみ、べたついたやわらかいご飯になってしまいます。

この過程では、米自体が持っているデンプン分解酵素(αアミラーゼ)の働きで、デンプンの一部が分解されて糖(還元糖)に変わります。この酵素は四十~六十℃付近で盛んに糖をつくるので、甘みのあるご飯にするうえで大切な過程であることが明らかにされています(図2)。

③沸騰継続期と蒸し煮期

沸騰継続期と蒸し煮期は、九十八~百℃の温度でデンプンを十分にα化させてやわらかくする過程であり、この温度で合計約二十分間加熱するのが理想的です。温度が低かったり加熱時間が短かったりすると、ご飯はかたくなり、ふっくらした仕上がりにならないことがわかっています。

沸騰継続期に入って五分間くらいは、米は吸収されずに残っている水の中で踊っています。この水は米から溶け出たデンプンでドロドロと粘っており、米の吸水が進むにつれて、ドロドロした粘りが米の表面にまとわりつき、ご飯の粘りとなります。

吸水が進んで水がなくなる頃(蒸し煮期)には、下部から水蒸気が激しく上がるようになり、その勢いで米粒は立ってきます。「おいしく炊けたご飯は飯粒が立っている」といわれるのは、この時期に米が十分蒸されていることを意味しています。

④蒸らし期

蒸らし期とは、火を止めた後、蓋を開けずにそのままおく十~十五分間程度の時間です。この間は九〇℃以上に保つことがポイントです。火を止めた時点では飯粒のまわりにはまだ水が残っており、べたついて水っぽい状態ですが、この蒸らし期に水は完全に飯粒に吸収され、見た目にもふっくらとします。沸騰継続期から蒸らし期に至るまでの間、九十~百℃と高い温度になりますが、この間にも熱に強い酵素が働いて糖ができるため、ご飯の甘さがいっそう増すことが報告されています(図2)。

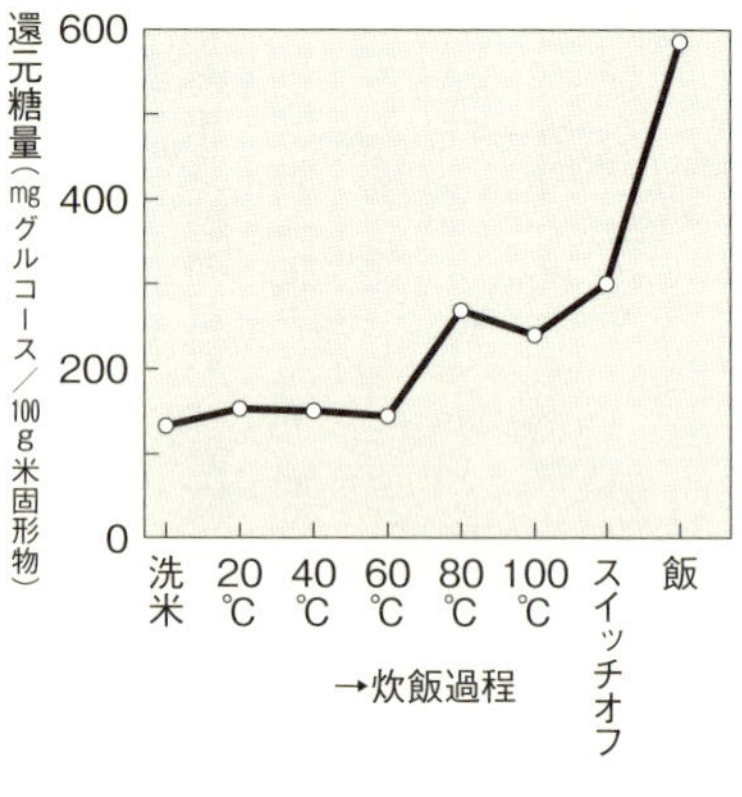

図2　炊飯過程における還元糖の量の変化

40〜60℃付近および80〜90℃付近で働く酵素の作用で、米飯に含まれる糖量が増加する。

丸山悦子, 日本家政学会誌, 53, 431-436（2002）より

●土鍋でおいしいご飯が炊ける理由

「土鍋でおいしいご飯が炊ける」といわれるのは、土鍋では①から④の一連の炊飯過程のうち、③の沸騰継続期と蒸し煮期に、鍋中を百℃近い温度で二十分以上保つことができる点にあります。土鍋は熱を蓄える力（熱容量）が他の鍋にくらべてきわめて大きいことが特徴です。火から下ろしても、中がまだグツグツと音を立てていることが何より熱容量の大きさを物語っています。熱容量の小さい鍋で百℃近い温度を二十分間保とうとすれば、火加減の調節だけではうまくいきません。なぜなら、強火にすれば鍋底のご飯が焦げてしまい、焦げない程度の火加減にすれば鍋上部の温度を高温に保てないからです。鍋底から鍋上部まで、全体の温度を均一に保つには、やはり熱容量の大きい鍋でなければ難しいのです。この点、土鍋は鍋全体の温度がいったん百℃付近まで上がれば、あとはなかなか温度が下がりません。また、熱が伝わりにくい材質なので、炎が直接当たっている鍋底の温度が、鍋側面にくらべて極端に高くなることもありません。

鋳物鍋も、土鍋と同じくらい重いことから想像できるように熱容量がとても大きく、土鍋で炊いたのと同じような仕上がりが期待できます。

●土鍋でご飯を炊くときの注意点

ただし、土鍋だからといって、必ずしもおいしいご飯が炊けるわけではありません。土鍋の大きさが火力に対して大きすぎる場合や、炊飯量が土鍋の大きさに対して適切でない場合には、②の温度上昇期の時間が長すぎたり短すぎたりし、そうなると、その後の炊飯過程が理想的な温度と時間で推移したとしても、おいしいご飯が炊けない場合もあります。

Q.33

土鍋で炊くご飯と電気炊飯器で炊くご飯はどう違うのですか?

土鍋で炊くご飯がおいしい理由は、Q32で述べたように土鍋は熱を蓄える力(熱容量)がきわめて大きく、炊飯過程の沸騰継続期と蒸し煮期、さらに火を止めた後の蒸らし期の温度を高温に保つことができ、酵素の働きで糖が増えて甘みのあるご飯が炊けるからです。ただし、土鍋の大きさと炊飯量や火力のバランスが悪ければ、かえって熱容量の大きいことがマイナスに作用し、ご飯がやわらかくなりすぎたりすることもあります。

一方、電気炊飯器の特徴は、火力をマイコンなどで制御し、基本的に常に理想的な炊飯温度・時間に調節されていることです。だから、誰が炊いてもある程度おいしいご飯が炊けるのです。これまでの研究で、温度上昇期(Q32参照)に六十℃付近に温度を長く保てれば、事前の米の吸水が十分でなくても、炊飯中に水をよく浸透させられること、酵素の働きで糖を増やせることなどが明らかにされています。マイコンで制御すれば、温度上昇期にゆっくりと六十℃まで温度を上げたり、六十℃のまま保ったりすることができるのです。熱効率が高く、炊飯温度を急速に上げられるＩＨを熱源とした電気炊飯器では、実際にこのような制御を行っている製品も多くあります。

しかしながら、電気炊飯器にも十分でない点があり、釜本体の熱容量が小さいため、土鍋のように蒸し煮期後半から蒸らし期までの間、釜内全体を百℃付近の高温に保つのは現時点では難しいのです。釜内に水があるときには、熱容量が小さくても水の対流を利用して上部の飯にも熱を伝えられますが、水がなくなって水蒸気で熱を伝える段階になると、それが難しくなります。水蒸気を盛んに発生させるために火力を強くすれば、釜底のご飯が焦げてしまいます。熱源が釜の下にある限り、蒸し煮期後半から蒸らし期までの間に釜上部をも高温に保つには、熱容量の大きい釜であることがどうしても必要なのです。そうでなければ、糖の増える量が少なくなり、またふっくらした仕上がりは得られにくくなります。

Q.34

電子レンジでご飯が炊けますか？

「ご飯を炊く」とは、米に含まれるデンプンをα《アルファ》化し、消化吸収しやすくすることを意味します。米デンプンは、水を加えて加熱すると、七十八℃以上になればα化します。その意味においては、電子レンジで加熱しても、米デンプンをα化することはできます。

ご飯をおいしく炊き上げるには、Q32で述べたように、各炊飯過程で理想的な温度・時間をたどる必要があります。ところが電子レンジで加熱すると、炊飯温度が直線的に上昇するため、理想とされる炊飯温度・時間の推移とはかけ離れた条件で米を炊くことになり、炊飯器や鍋で炊いたご飯のようにおいしく炊くことは難しいでしょう。

電子レンジを使うメリットは、少量でも炊けること、そして早く炊けることです。実際に、〇・五合（一人分）の米を十分前後で炊き上げることを謳った電子レンジ専用炊飯器も市販されています。電子レンジでご飯を炊くときのポイントは、あらかじめ水につけて米にしっかり水を吸わせ、加熱後は十～十五分ぐらい蒸らすことです。電子レンジでは加熱時間が短いため、加熱中に米が水を吸っている時間があまりなく、加熱前に十分に吸水させなければ、米粒の中心にかたい芯が残ってしまいます。また炊き上がった直後は、表面にまだ余分な水分が残っているため、長めに蒸らすことでその水分を飯粒に入り込ませるのです。

Q.35

土鍋で炒め物をしてもいいのでしょうか？

「炒める」とは、鍋に油を入れて強火で短時間に食品を加熱する操作です。中国料理の炒め物では、鍋を強火で空焼きして三百℃以上の高温にしてから、材料を一気に入れて炒めます。結論から言うと、このような強火で炒める場合に土鍋は使えません。けれども、弱火から中火で炒める場合には土鍋も使えます。

金属製の鍋に限らず、あらゆる鍋が火にかけると熱膨張を起こします。熱膨張とは、温度が高くなるにつれて体積が増える現象のことです。金属製の鍋は、厚みが薄く、また熱が伝わりやすいので、強火にかけても鍋全体に素早く熱が伝わり、鍋の場所による温度の違いはそれほど大きくありません。ところが土鍋の場合、熱の伝わりが非常に悪いうえ、金属製の鍋にくらべるとかなり厚いのです。このため、強火にかけると、鍋底付近の温度が高くて側面の温度が低い、あるいは同じ鍋底でも炎に直接触れる外側の温度は高いのに内側は低いなど、場所によって温度が大きく違ってきます。温度が違えば当然、熱膨張の大きさも違ってくるので、ひび割れが入ったりします。また、釉薬《ゆうやく》と鍋の素地の熱膨張率も違うので、釉薬がはげたりもします。このため、土鍋を火にかけるときには、最初は弱火で始め、徐々に中火、強火というように、ゆっくりと鍋全体の温度を上げていかなければなりません。これが、強火で一気に火を通す炒め物に土鍋が適さない理由です。

けれども、弱火で炒め、その後水分を足して煮込むような料理には土鍋が使えます。たとえば、バターやニンニクなどは強火だと焦げやすいため、金属鍋を使う場合でも弱めの火加減で加熱します。こういう場合は、鍋の温度が急激に高くならないので土鍋でもいいのです。バターで材料を炒めた後にそのまま煮込む料理や、ニンニクを炒めた後にそのまま煮込む料理などには、土鍋を使うと煮込む過程でじっくり熱を伝えられ、よい仕上がりが得られます。

Q.36

煮込み料理は鋳物ホーロー鍋でつくるとおいしく仕上がるといわれる理由は？

溶かした金属を型の中に注ぎ込んでつくられた鋳物《いもの》鍋の内面と外面に、ガラス質の粉末をかけて焼きつけたものが鋳物ホーロー鍋です。本体の金属には、鉄が使われることが多いようです。

煮物では、酸、塩分など、いろいろな成分を含む調味料や材料が使われます。金属がむき出しの鍋で煮物をすると、それらの成分が金属と化学反応を起こし、鍋が変質したり、鍋素材の金属が溶け出て、煮物の味を損なったり、変色をうながしたりすることがあります。鋳物ホーロー鍋なら、表面がガラス質なので酸やアルカリ、塩分などとほとんど反応せず、また調味料を加えて長時間煮込んでも変質することはありません。かといって、耐熱ガラス鍋などは、熱の伝わりやすさ（熱伝導率）が鉄のおよそ八十分の一ときわめて小さいので、食品に熱が伝わりにくく、焦げつきやすいといった欠点があります。この点、鋳物ホーロー鍋は、本体が金属なので熱が伝わりやすく、温度むらが小さく、焦げつきにくくなっています（図1）。つまり、鋳物ホーロー鍋は、耐熱ガラス鍋と金属鍋の両方の長所をあわせ持っているのです。

なお、鋳物ホーロー鍋は、同じ大きさなら重たいものほど本体金属が厚く、熱を蓄える力（熱容量）が大きいので、熱の当たりがやわらかくなり、じっくり煮込む料理に適しています。

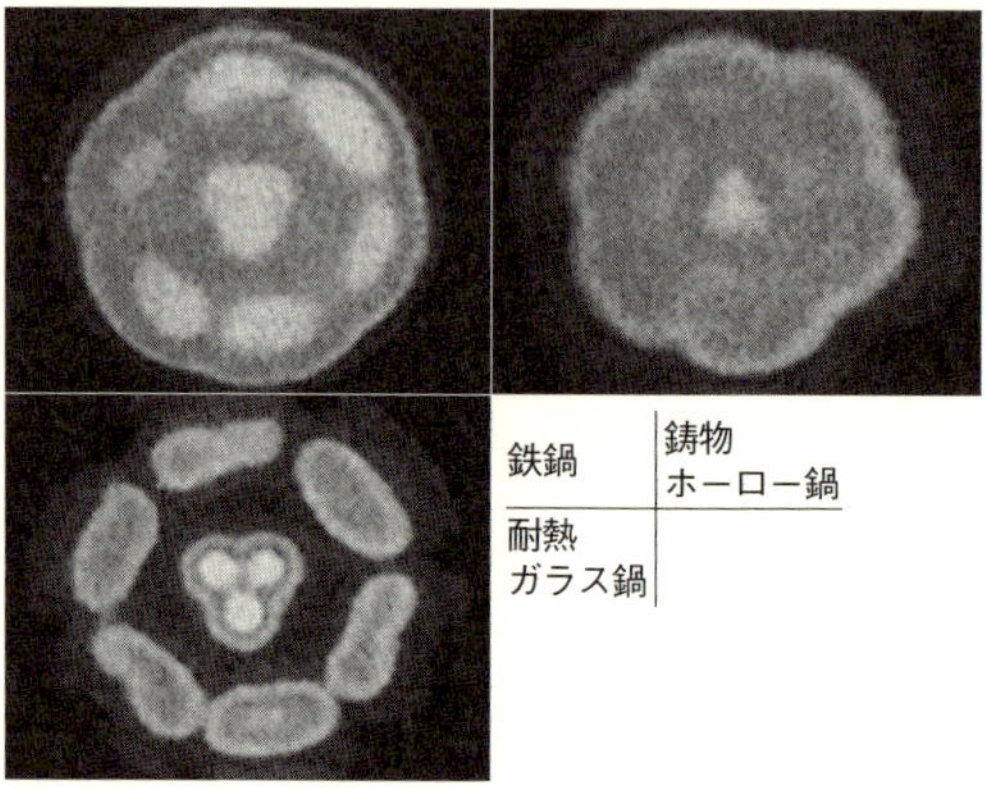

図1　鉄鍋、鋳物ホーロー鍋、耐熱ガラス鍋の鍋底の温度

写真では白っぽい部分ほど温度が高いことを示している。耐熱ガラス鍋の底は、ガス炎の当たっている部分のみ温度が高く、温度むらが大きい。鋳物ホーロー鍋の底は比較的温度むらが小さく、均一。鉄鍋の底の温度むらは両者の中間。

肥後温子ほか, 日本調理科学会誌, 34, 276-287（2001）より

Q.37

重層構造の鍋って どういうものですか？

重層構造の鍋とは、複数の材質を重ね合わせた構造を持つ鍋のことであり、このような構造の鍋を「重層鍋」、「多層鍋」、「クラッド鍋」などと呼んでいます。

鍋に使われる材質はさまざまですが、中でもステンレスでつくられた鍋は、酸やアルカリなどに反応せず、錆びにくく、洗いやすいことなどが高く評価されています。その反面、ステンレス鍋は他の金属鍋にくらべて熱伝導が非常に悪いので焦げやすく、また密度（一㎤当たりの重さ）が大きいので重いといった欠点を持っています。ステンレス鍋の欠点のうち、特に熱伝導の悪さを補うために、熱伝導のよい金属とステンレスを重ねてつくったのが重層構造の鍋です。

重層構造の鍋にはさまざまな種類がありますが、いずれも重いことが共通の特徴です。市販の重層構造の鍋は、大きく二つに分けられます（図1）。一つは、全面が重層構造の鍋で、熱伝導のよいアルミニウム、炭素鋼、銅などをステンレスでサンドイッチのようにはさんではり合わせたものです。この構造の鍋は、温度むらが少ないことが特徴です。もう一つは、鍋底だけが重層構造の鍋で、鍋底に熱伝導のよいアルミニウムや銅がはり合わされています。この構造の鍋は、鍋底の温度むらが少ないので、電気コンロやＩＨ調理器のように、鍋底のみに熱が伝わる加熱機器を使う場合には有効ですが、ガスコンロのように鍋の側面にも熱が直接伝わる加熱機器の場合には、鍋の側面が焦げつくことがあります。重層構造の鍋は、加熱機器との兼ね合いで選ぶとよいでしょう。

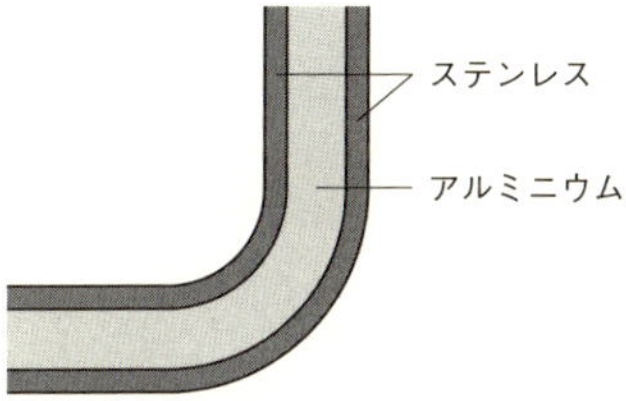

全面が多層の鍋
（3層クラッド構造の場合）

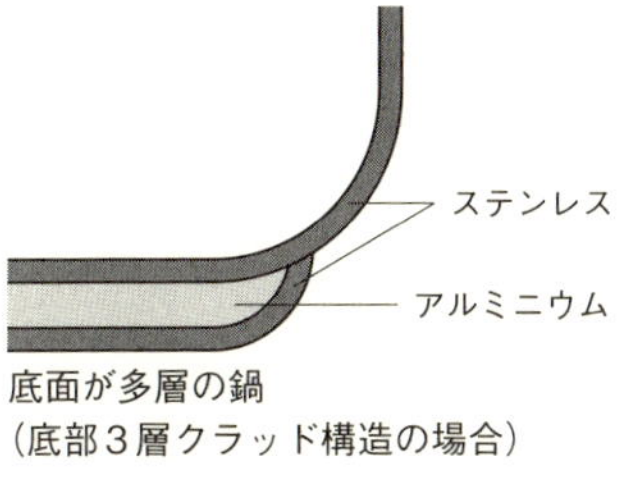

底面が多層の鍋
（底部3層クラッド構造の場合）

図1　重層構造の鍋

Q.38

打ち出し鍋の「打ち出し」にはどんな意味があるのですか？

打ち出し鍋とは、金属の板を槌《つち》で叩いて鍋の形に整える「打ち出し」という技法でつくられた鍋です。打ち出すことでできる凹凸を「槌跡《つちあと》」または「槌目《つちめ》」といいます。

金属は同じ組成でも、叩いたり、打ったりするなどして物理的に圧力をかけることでかたくなる性質があります。つまり、「打ち出し」することによって、鍋の強度が増すのです。また、打ち出すと、同じ形の鍋でも、表面が凸凹になっている分だけ表面積が大きくなります。ガスコンロの炎からの対流熱にしろ、炭火からの輻射熱にしろ、鍋に伝わる熱量は表面積に比例して大きくなるため、理論的には、槌跡があれば凹凸によって増えた面積分だけ熱が多く入ることになります。入る熱の量が多ければ、それだけ早く加熱することができます。ただしＩＨ調理器や電熱器のように、鍋底のみを加熱する機器を使った場合には、槌跡の効果は期待できません。また、ガスコンロでも弱火にした場合には、鍋の側面に高温の空気があまりまわらないので、槌跡の効果はそれほど大きくないと思われます。

打ち出し鍋は表面に凹凸がある分だけ表面積が大きくなる。また打ち出しすることで強度が増す。

Q.39

打ち出し鍋は「手打ち」の方がいいのでしょうか？

打ち出し鍋とは、Q38で述べたように、金属の板を槌で叩いて鍋の形に整える「打ち出し」という技法でつくられた鍋です。

金属は同じ原子の集合体であっても、温度や周囲からの圧力のかけ方によって構造が変化します。「手打ち」の打ち出しとは、専門の職人が金属を熱して叩き、ある程度限度がきたらまた熱して叩くという作業をくり返し行ったものです。この作業により金属は圧縮されるので密度が大きくなり、また原子の配列構造などが変わるため、強度が著しく増します。

一方、打ち出しの作業を手作業で行わず、機械で型押しした「機械打ち」の打ち出し鍋も多く出回っています。機械打ちの場合は型で押すため、鍋側面から底にかけてのカーブの部分に槌跡がありません。手打ちの場合には、この部分もしっかり叩いてあるので槌跡がついています(写真)。鍋としては、機械で型押しして凹凸をつけただけのものよりも、金属そのものを叩くことで圧力を加えた手打ちの方が強度は大きいでしょう。

手打ちの打ち出し鍋は、専門の職人の手間がかかっている分、値段は高いのですが、プロの料理人から引き合いがあるのは、手打ちならではの強度に加えて、使い手に合わせた微調整が可能であるなどの利点があるからでしょう。

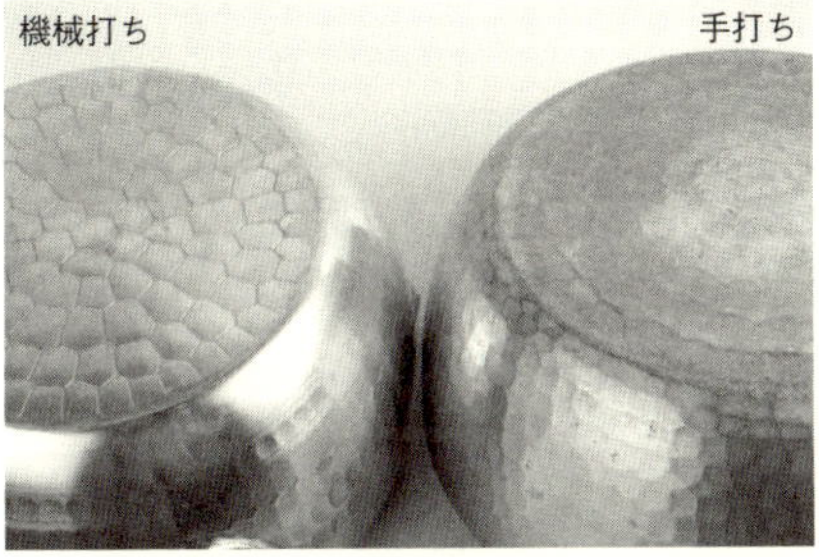

手打ちのものは底面と側面の境目も打ち出しされているが、機械打ちはその部分の加工がない。写真の機械打ちの底面の打ち出し模様は、輪郭のみ線状に型押しされており、面自体に角度はなく、手打ちの打ち出しとは根本的に異なる。

Q.40

圧力鍋はなぜ早く煮えるのでしょう？

地表付近の大気の圧力（大気圧）は一気圧（千十三ヘクトパスカル）で、この条件下で水を沸かすと百℃で沸騰します。ところが、富士山の山頂付近では約〇・六気圧と低いので、水が八十八℃ぐらいで沸騰します。沸騰する温度（沸点）は圧力によって変化し、圧力が低ければ沸点も低くなり、圧力が高ければ沸点も高くなるのです。

圧力鍋はこの原理を利用したもので、加熱によって材料から生じる水蒸気を鍋の中に閉じ込めて鍋内の圧力を一・五～二気圧ぐらいまで高めます。圧力が上がれば温度も上がり、鍋内は百十五～百二十℃付近もの高温になります。普通の鍋で食品を煮炊きしても温度が高いほど早く煮えますが、圧力鍋を使ってさらに高温で加熱すれば、食品はいっそう早く煮えます。

食品が早く煮えるということは、食品の組織が早く崩れてやわらかくなるということを意味します。たとえば、野菜がかたいのは、組織を構成している細胞と細胞を長い鎖状のペクチンがちょうど糊のようにぴったりはりつけているためです。また肉がかたいのは、肉の組織をコラーゲンというかたいタンパク質の繊維が支えているためです。骨がかたいのは、コラーゲンの繊維でつくられた網目構造の中にカルシウムの結晶が入り込んでいる構造をしているからです。骨を鉄筋コンクリートにたとえると、鉄筋がコラーゲンに、カルシウムがコンクリートに相当します。このように食品のかたさにはそれぞれの組織を支える物質が関係し、それらの物質が分解されると組織はかたさを保てなくなり、やわらかくなります。物質の分解は温度が高いほど速やかに起こるので、圧力鍋で加熱すると早くやわらかく煮えるのです。

普通の鍋では長時間加熱しないとやわらかくならないかたい肉や乾物の豆、また長時間加熱してもかたいままのことが多い魚の骨も、圧力鍋なら短時間でやわらかくなります。ただし、圧力鍋で必要以上に長く加熱すると食品の組織がやわらかくなりすぎて、野菜が完全に煮崩れてしまったり、肉がほぐれてバラバラになってしまうこともあります。

圧力鍋の不便な点は、加熱途中で蓋を開けて煮えぐあいや味を確認できないことです。また加熱後も、圧力が下がるまでは蓋を開けられません。そのため、火から下ろした後、圧力が下がるまでの間も余熱で加熱され続けることを見越して、加熱時間を設定しなければなりませんし、蓋を開けた後で調整がきく程度の味付けにしておく方が失敗がないでしょう。

Q.41

紙鍋は どうして燃えないのですか？

紙鍋は目の詰まった丈夫な和紙を使った、まさに紙でつくられた鍋です。江戸時代に誕生し、現在でも湯豆腐や小鍋仕立ての料理などに使っている店があります。使い方は、専用のホルダーや金属製の網やざるの上に紙鍋を固定し、それを下から直火で熱します。

紙の着火温度は二百℃以上です(図1)。炎の上に紙を置くにもかかわらず紙鍋が燃えないのは、水(だし汁など)が紙の中に入っていれば、紙の温度が百℃を超えることはないからです。ただし、水の量が少なかったり、蒸発して少なくなったりすると、紙鍋の上部が二百℃以上になって、焦げたり燃えたりすることがあるため注意が必要です。なお、和紙に水漏れや耐火性を持たせるために特殊な加工をしているものもあります。

図1　着火温度

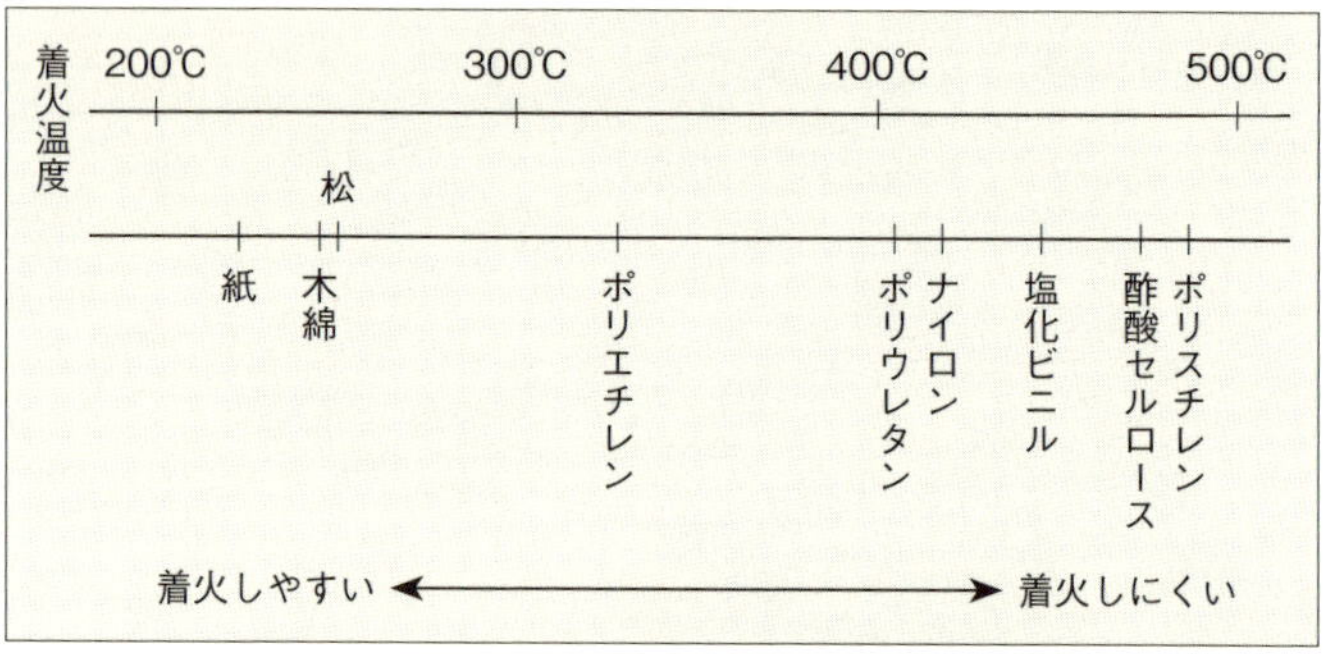

塩ビとポリマー, 29, 9, 6-11 (1989) より

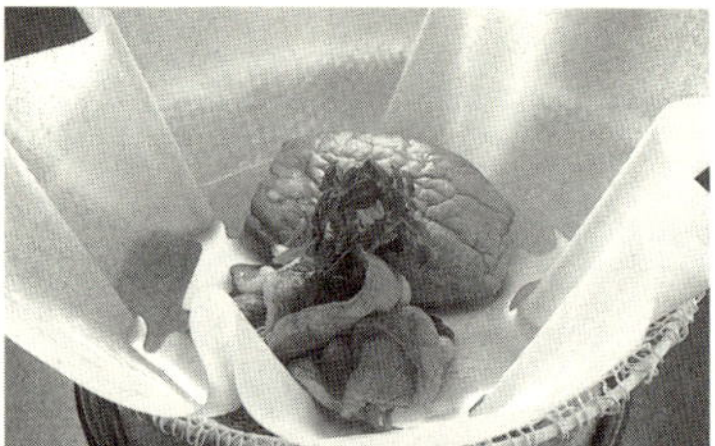

紙鍋

第三章　ゆでると熱の関係

Q.42

湯を沸かすとどうしてポコポコ泡が立つのですか？

水を火にかけてしばらくすると、小さいカニの卵ぐらいの粒々の気泡が鍋肌に現れます。これは水の中に溶け込んでいる二酸化炭素や酸素などの気体です。水にはこうしたさまざまな気体が溶け込んでおり、溶け込める気体の量は水温によって異なります。水温が高くなるにつれて溶け込める量が少なくなり、溶け込めなくなった分の気体が気泡として出てくるのです。溶け込んでいる気体が出尽くした後は、水温が高くなるにつれて気泡が大きくなっていきます。この気泡は水が気体に変わったもの、つまり水蒸気です。

水が水蒸気に変わる温度を沸点といいます。沸点は、一気圧(大気圧)のときに百℃です。鍋に水を入れて加熱すると、水全体の温度が低くても、熱源に接している鍋底の一部で百℃を超えるところが出てきます。百℃を超えた鍋底部分では水は水蒸気に変わり、気泡を形成します。できた気泡は鍋底の別の部分で発生した気泡と合体しながらどんどん大きく成長していき、水面まで上がってきます。沸点に達した水が、水の表面や内部に関係なくいたるところで水蒸気に変わり、全体から気泡がポコポコと湧き上がるように発生した状態が沸騰です。ちなみに、水の沸点は気圧によって変わり、富士山の山頂付近では大気圧が約〇・六気圧と低いので、水が八十八℃ぐらいで沸騰します。

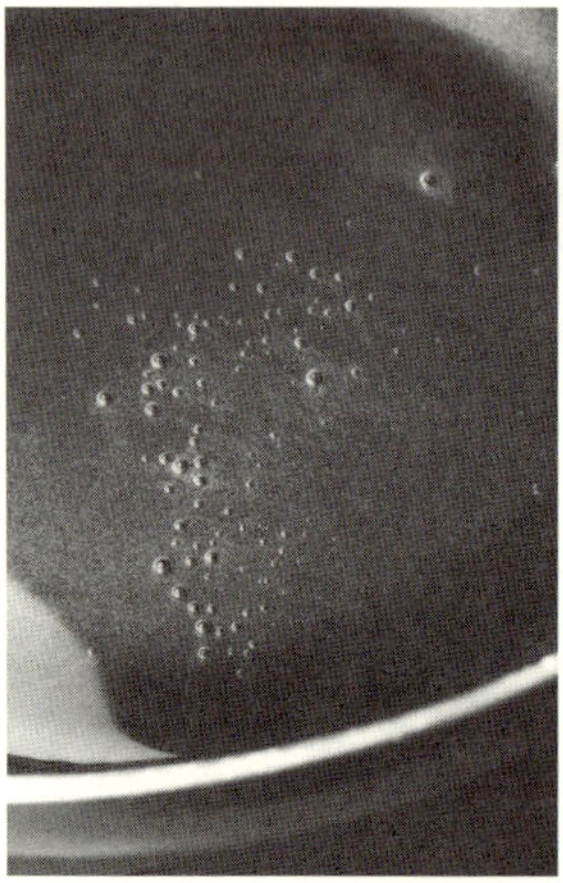
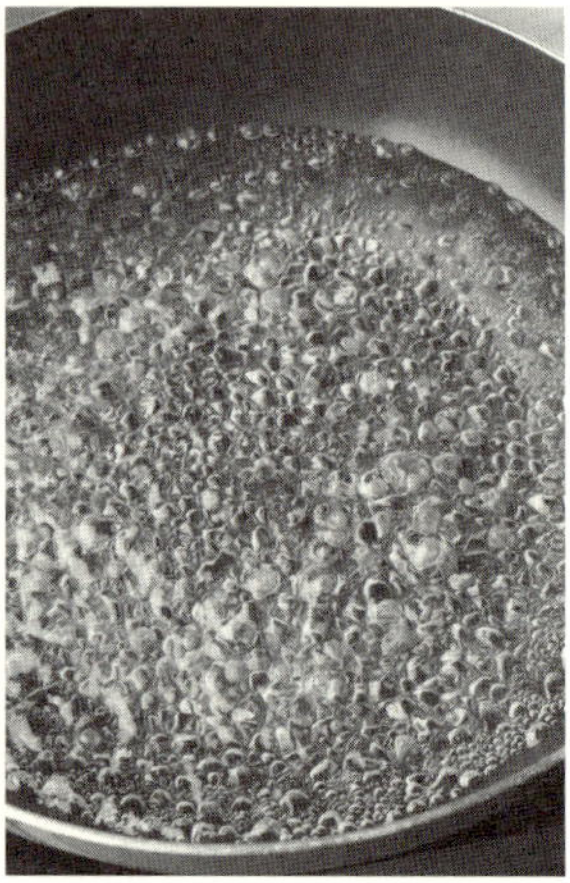

左：最初に現れる小さな気泡は水の中に溶け込んでいる二酸化炭素や酸素など。
右：温度が十分に上がった時点で現れる大きな気泡は水蒸気。

Q.43

湯の状態を見て温度がわかりますか？

鍋底から上がってくる気泡の状態を見ると、おおよその湯の温度がわかります（図1）。鍋に真水を入れて火にかけると、鍋底には最初にカニの卵のような小さい気泡が現れます。このときの水の温度は三十℃くらいです。その後、湯の温度が六十℃付近になると、カニの卵よりも少し大きい気泡がポツポツと鍋底から離れて上がってくるようになります。さらに湯の温度が高くなるにつれ、気泡も次第に大きくなっていきますが、八十℃付近までは気泡が球としてはっきり見えます。この頃になると、熱源に直に接している鍋底の温度は百℃近くに達しています。さらに、気泡がはじけるようにして次々に水面に上がってくる状態になると、湯の温度は九十℃付近に達しています。百℃付近になると水面が激しくゆれて沸騰状態になりますが、気泡がボコボコと勢いよくはじけるような状態のときには、湯は百℃を若干超える温度に達しています。

なお、湯気の出方を見て湯の温度を判断するのは難しいでしょう。なぜなら加熱器具周辺の気温によって、湯気の出る量が変わるからです。私たちが湯気として見ているものは、鍋内で発生した水蒸気そのものではなく、発生した水蒸気が外気で冷やされて水の粒になった状態です。水蒸気は無色透明の気体です。加熱器具周辺の温度が低ければ、湯の温度が比較的低いときから湯気が見えてきますが、コンロ周辺の温度が高くなれば、湯の温度がある程度高くならないと湯気は見えません。

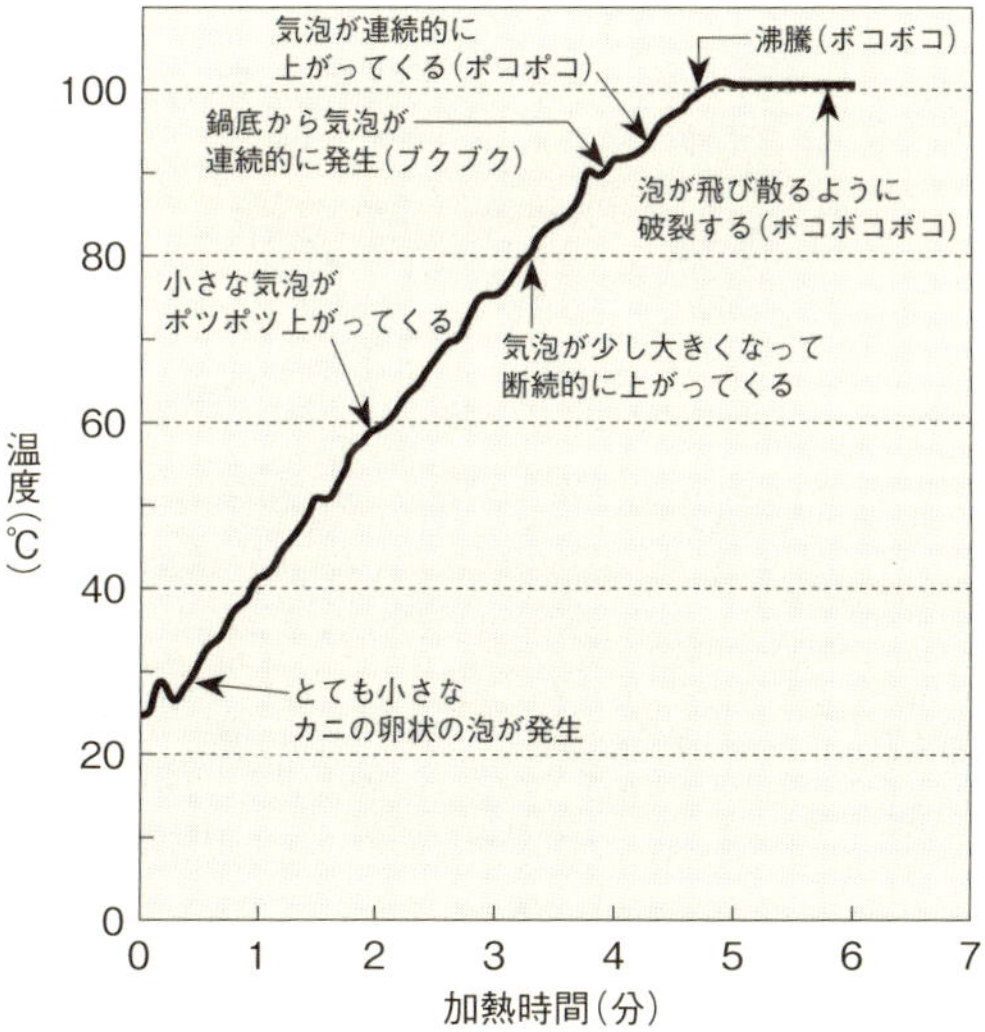

図1　水の温度と状態の変化

IH調理器（2kW）で1.2ℓの水を沸騰させて測定。
著者測定

一番早く湯が沸く鍋の材質は何ですか？

　湯が早く沸く鍋は、鍋の温度が早く上がる鍋です。鍋の温度上昇には、鍋の材質と厚み、この二つの要素が相互にかかわっています。材質によって熱の伝わりやすさ（熱伝導率）が異なり、厚みによって熱を蓄える力（熱容量）が大きく異なるのです。結論から言うと、鍋の温度が早く上がる鍋は、薄手のアルミ鍋です。

　図1は、材質の異なる複数の鍋で湯を一ℓ沸かしたときの水温の上昇速度をくらべた実験です。この実験から、基本的に熱容量が小さい鍋ほど水温が早く上昇することがわかります。

　次いで熱伝導率が湯の沸く早さに影響をおよぼします。Q26の図1に示した通り、熱伝導率の大きな銅やアルミニウムの鍋ほど温度が早く上がります。

　つまり、アルミ鍋、銅鍋、重層鍋、ステンレス鍋、ホーロー鍋、耐熱ガラス鍋、土鍋のうち、一番早く湯を沸かせるのは、熱容量が一番小さく、かつ熱伝導率が大きいアルミ鍋だということになります。逆に、湯を沸かすのに最も時間がかかるのは、熱容量が一番大きく、かつ熱伝導率が小さい土鍋であり、次いで遅いのが耐熱ガラス鍋です。右の図1の実験では、ステンレス鍋とホーロー鍋は熱容量がほぼ同じですが、熱伝導率がホーロー鍋の方が大きいので、ホーロー鍋の方が早く湯が沸きます。

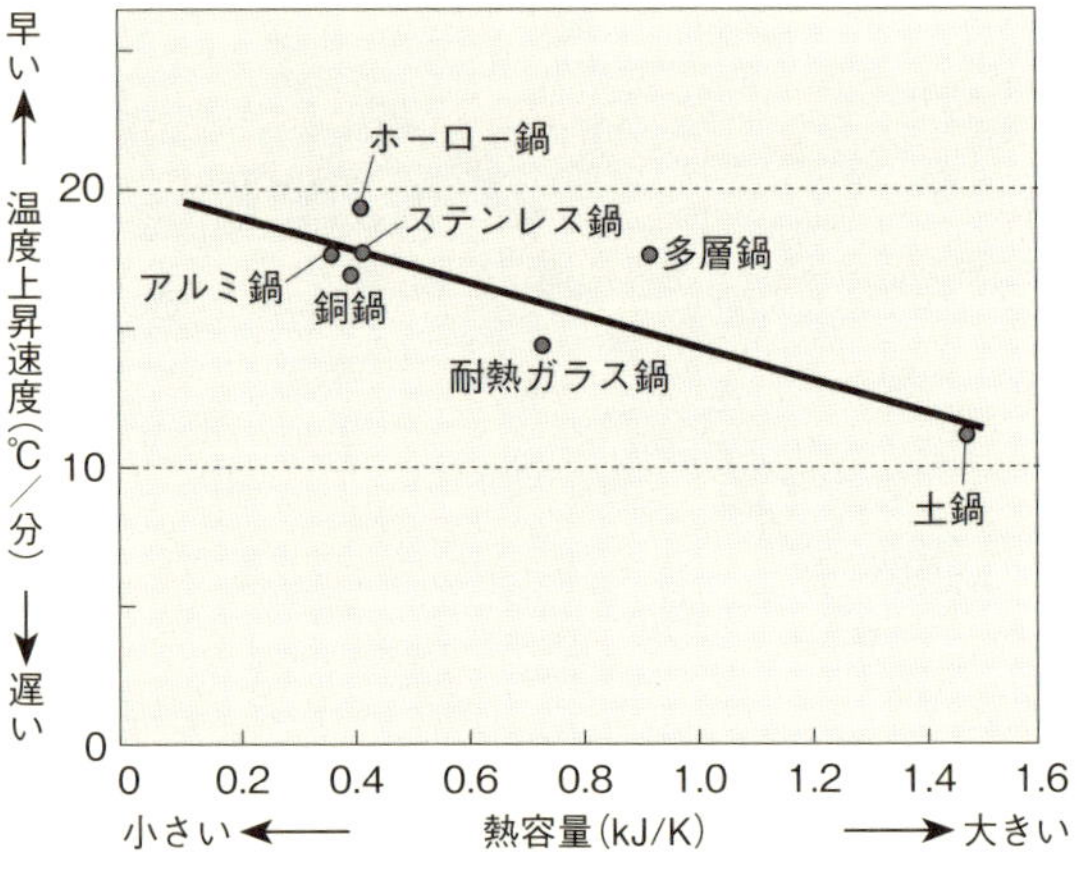

図1　熱容量と温度上昇速度の関係

辰口直子ほか, 日本調理科学会誌, 33, 157-165（2000）より

　冒頭で鍋の温度が早く上がる鍋はアルミ鍋であり、し

かも薄手のものであると特定したのは、熱伝導に優れたアルミニウムであっても、鍋厚が厚くなるほど熱容量が大きくなってしまうからです。厚みが二・四㎜と厚いアルミ鍋の熱容量は〇・六三九kJ／Kで、このアルミ鍋で湯が沸く早さは、ホーロー鍋（熱容量〇・三九七kJ／K）よりも、若干遅いことが実験で明らかにされています。

Q.45

塩や砂糖、酢を加えると沸点は変わりますか？

沸点とは液体が沸騰するときの温度で、一気圧（大気圧）の下では水は百℃で沸騰します。けれども、水に塩や砂糖を溶かすと、沸騰する温度は百℃よりも高くなります。この現象を沸点上昇といいます。沸点上昇が起こるのは、塩や砂糖のような蒸発しない物質を溶かしたときだけです。酢や酒のような揮発する物質を水に混ぜたときには沸点上昇は起こらず、逆に沸点は百℃よりも低くなります。

調理過程で、塩や砂糖を溶かした水溶液の沸点が百℃からどの程度高くなるかは、溶かした物質の種類にかかわらず、水溶液の濃度（モル濃度）[*1]に比例します。ただし、通常の調理で使う程度の塩や砂糖の量では、それほど沸点が上がるわけではありません。たとえば、パスタをゆでるときを考えてみましょう。パスタをゆでる水の塩分濃度はおよそ一％（一ℓの水に対し塩十g）ですが、この場合、塩を入れた水の沸点は約百・二℃と、真水の沸点よりもわずかに〇・二℃程度高くなるだけです。ちなみに、砂糖を使って同じ温度だけ沸点を上げるには、約六％の濃度（一ℓの水に対し砂糖五十九g）にしなければなりません。佃煮やジャムなど、塩や砂糖、醤油を多量に使う料理は別にして、通常の料理で調味料を入れたときに起こる沸点の変化は、調理の際に気にかけるほどのレベルではないでしょう。

沸騰した湯に塩や砂糖を入れたときに湯が泡立つことがあり、これを見て沸点が高くなったと感じる方もいるかもしれませんが、これは塩や砂糖に付着している空気の影響で生じる現象であり、沸点が高くなったからではありません。

＊1　モル濃度（mol／ℓ）　調理で一般に使われる質量パーセント濃度（％）とは違い、溶けている物質の分子量から算出される値。

Q.46

野菜をさっとゆでると生のときよりもかたくなるのに、ゆで続けるとやわらかくなるのはなぜですか？

野菜は加熱するとやわらかくなると思われていますが、実際にはやわらかくなる現象（軟化現象）とかたくなる現象（硬化現象）が同時に起こっています。八十～九十℃付近では主に軟化現象が起こっており、五十～六十℃付近では主に硬化現象が起こっています。一般的な野菜調理では、六十℃くらいで加熱をやめることがないので、野菜の硬化現象に気づかないことが多いのです。ダイコンを使ってかたさと温度の関係を調べた研究で、六十五℃の湯の中で九十分加熱したダイコンはかたいままであり、湯の温度を九十℃にすると加熱開始直後にいったんかたくなり、その後、急速にやわらかくなることが確かめられています（図１）。

野菜がかたくなったりやわらかくなったりするのは、細胞どうしをくっつける働きをしているペクチンの構造が、温度によって変化するからです。野菜が五十～六十℃付近でかたくなるのは、野菜に含まれるペクチンメチルエステラーゼと呼ばれる酵素がこの温度で活発に働き、ペクチンの長い鎖をからみ合うような構造に変化させるためです。八十～九十℃付近になるとこの酵素は働かなくなり、さらにからみ合っていたペクチンが熱で分解されるため、野菜はやわらかくなるのです。

野菜が硬化する現象を利用すれば、サラダに使うレタスなどを歯ごたえのある状態にすることができます。ボウルに五十℃ぐらいの湯を入れ、そこにレタスをしばらくつけておくだけで、酵素が働いてレタスがかたくなり、シャキッとします。

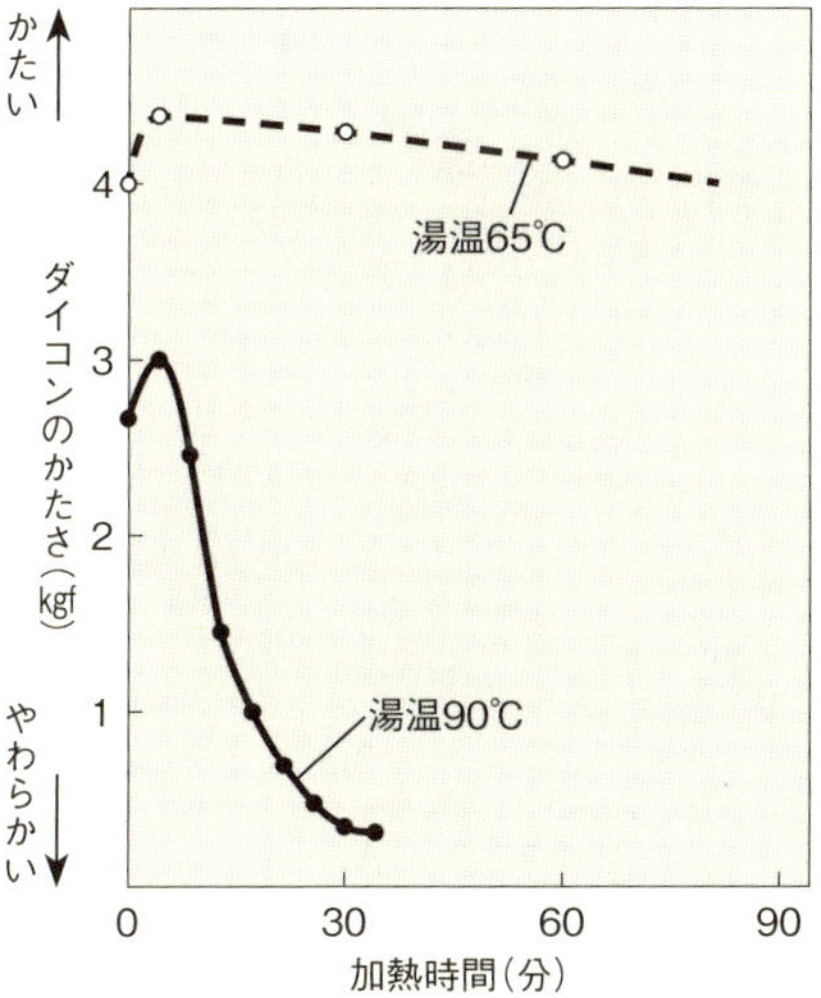

図1　ダイコンのかたさの変化と湯温の関係

松裏容子ほか, 日本食品工業学会誌, 36, 97-102（1989）より

Q.47

野菜や肉を水からゆでるのと湯からゆでるのとで仕上がりが変わりますか？

食品を水からゆでる場合と湯からゆでる場合とで大きく違ってくることは二つあります。一つは加熱時間、もう一つは、ゆでている間の食品表面と中心の温度差です。

厚みの薄い食品をゆでるときには、食品の表面と内部の温度差を考える必要はほとんどありません。湯からゆでれば加熱時間が短くてすみ、水からゆでれば加熱時間が長くなる、この加熱時間の差が仕上がりにどう影響するかが問題になります。

たとえば青菜を水からゆでると、加熱時間が長くなるため、やわらかくなりすぎて歯ごたえがなくなり、せっかくの緑色は褪《あ》せて褐色になり、風味も栄養成分も失われます。青菜の緑色が退色するのは、ゆでている間にクロロフィル（葉緑素）が変化して黄褐色の色素がつくられるためです（Q52参照）。特に、水からゆでた場合のクロロフィルの変化には、ゆで時間が長いことの影響に加えて、クロロフィルを酸化させる酵素の働きも大きく影響します。この酵素は四十℃くらいでよく働くので、ゆで水が四十℃付近になると緑色は急速に黄褐色になります。また、ナスのように青紫色のアントシアン系の色素を持つものも、水からゆでることが問題になります。アントシアン系の色素は水溶性なので、水から長くゆでると色素が流れ出てしまうのです。これに対し、赤色や黄色の野菜が持つカロテノイド系の色素は脂溶性で、水に溶けにくく、加熱しても安定しているため、水からゆでても色素が流れ出ることはなく、変色することもありません。

同じく薄い食品で、肉や魚介類などのタンパク質食品の場合には、水からゆでると必要以上に加熱時間が長くなり、うまみ成分が流れ出て、ぱさついた仕上がりになります。

一方、厚みのある食品については、加熱時間に加えて、食品表面と中心の温度差が仕上がりに大きく影響してきます。湯からゆでると、食品の表面温度は急激に高くなりますが、内部は表面からの伝導熱で加熱されるために熱がそれほど早く伝わらず、中心の温度は低い状態です。表面部分と中心の温度が大きく違うということは、表面部分と中心付近のゆで加減に大きな違いが現れるということです。厚みのある食品を水からゆでる場合には、食品の表面温度は水の温度と同じような早さでゆっくり上がっていき、その間に内部の温度も徐々に上がっていくため、表面部分と中心の温度はそれほど違わず、全体にほぼ同じようなゆで加減に仕上がることになります。

厚みのある材料の代表例として、ジャガイモを丸ごとゆでる場合を考えてみましょう。ジャガイモは、一般に水からゆでる方がよいといわれます。もしジャガイモを湯からゆでたらどうなるでしょうか？　ジャガイモの表面は、湯から伝わる熱でどんどん加熱されます。ところが、中心部には表面からそれほど早く熱が伝わりません。ジャガイモの細胞の中にはデンプン粒があり、このデンプン粒は加熱により水を吸ってどんどん膨らんでいきます。デンプン粒が膨らむと細胞も膨れてパンパンに丸くなり、表面からボロボロはがれ落ちやすくなります。中心部に火が通る頃には、ジャガイモの表面は細胞がはがれ落ちて組織が崩れた状態になり、ゆで上がりが小さくなってしまうこともあります。これに対し、水からゆでると、ジャガイモの表面温度はゆっくり上がっていきます。中心部分も表面からの熱がじわじわ伝わるので、表面部分と中心付近の温度差は、湯からゆでたときよりも格段に小さくなります。つまり、中心も表面も同じように加熱されていくので、表面が崩れることなく、全体がほぼ同じようにゆで上がります。

ただし同じジャガイモでも、丸ごとではなく小さく、あるいは薄く切ってしまえば、表面から中心までの距離が短くなります。この場合には、表面と中心の温度差をそれほど気にする必要がないので、湯からゆでても大丈夫です。

Q.48

野菜や麺類をゆでるとき、ゆで水が多いほどいいのでしょうか？

緑色の野菜やアクのある野菜、麺類などをゆでるときには、ゆで水が多い方がいいといわれます。

ゆで水の量は、ゆでる目的によって違ってきます。青菜のように緑色を保ちたい場合や、食品からアク成分を除きたい場合には、ゆで水を多くした方がよいでしょう。ジャガイモのように単にやわらかくする、あるいは火を通すことが目的であれば、ゆで水は少なくてもよいでしょう。

ゆで水の量が多ければ、材料を入れたときに湯の温度が下がりにくくなります。野菜の緑色のもととなる色素のクロロフィル（葉緑素）は、加熱時間が長くなるとフェオフィチンと呼ばれる黄褐色の色素に変化します。だから、ゆで時間が長くなると野菜の緑色が褪《あ》せてしまうのです。ところがゆで水の量を多くすれば、野菜を入れても湯の温度があまり下がらないので（図1）、ゆで時間が短くてすみ、緑色が保てます。

また、ゆで水の量が多ければ水が酸性に傾きにくくなるということも、緑色を保つうえで重要になります。野菜にはシュウ酸などの有機酸が含まれますが、生の葉の組織の中では、クロロフィルは有機酸と接触していないので緑色を保っています。ところが、加熱されて組織が破壊されて有機酸が溶け出すと、ゆで水が酸性に傾きます。酸性下では、クロロフィルは黄褐色のフェオフィチンに変化しやすいのです。ゆで水が少なければ、それだけゆで水の酸性が強まるので、色が悪くなっていきます。また、青菜をゆでるときには鍋に蓋をしてはいけないとよくいわれますが、これもゆで水を酸性にしないための工夫です。ゆでている間に、水蒸気とともに揮発した有機酸が鍋の蓋に当たって水滴になり、それが鍋の中に落ちてゆで水が酸性になるのです。

アクのある食品をゆでる場合にも、たっぷりの湯を使った方がよいでしょう。ゆで水の量が少なければ、アクの強い湯で食品をゆでることになります。せっかくアク抜きをするはずが、かえってアクを材料の中まで浸透させて、仕上がりを損なうことにもなりかねません。

緑色を保つため、アクを抜くために、ゆで水は多ければ多い方がよいのですが、多ければ湯を沸かすまでの時間や光熱費の無駄が生じます。無駄を省きつつ、望ましい仕上がりを得るためには、ゆで水の量はどれくらいが適切なのでしょうか。緑色でアクのある野菜の代表であるホウレン草をゆでるときのゆで水の量は、ホウレン草の重量の約五倍が妥当であることが実験で確かめられています。ホウレン草の重量の五倍のゆで水でゆでれば、ホウレン草を入れてもそれほど湯の温度が下がらず、アク成分のシュウ酸をある程度除くことができるので、えぐみも気にならないのです。

イモ類や卵などをゆでる場合には、水は単に熱を伝える媒体として考えればよいので、ゆでている間にゆで水から材料が顔を出さない程度の量があれば大丈夫です。

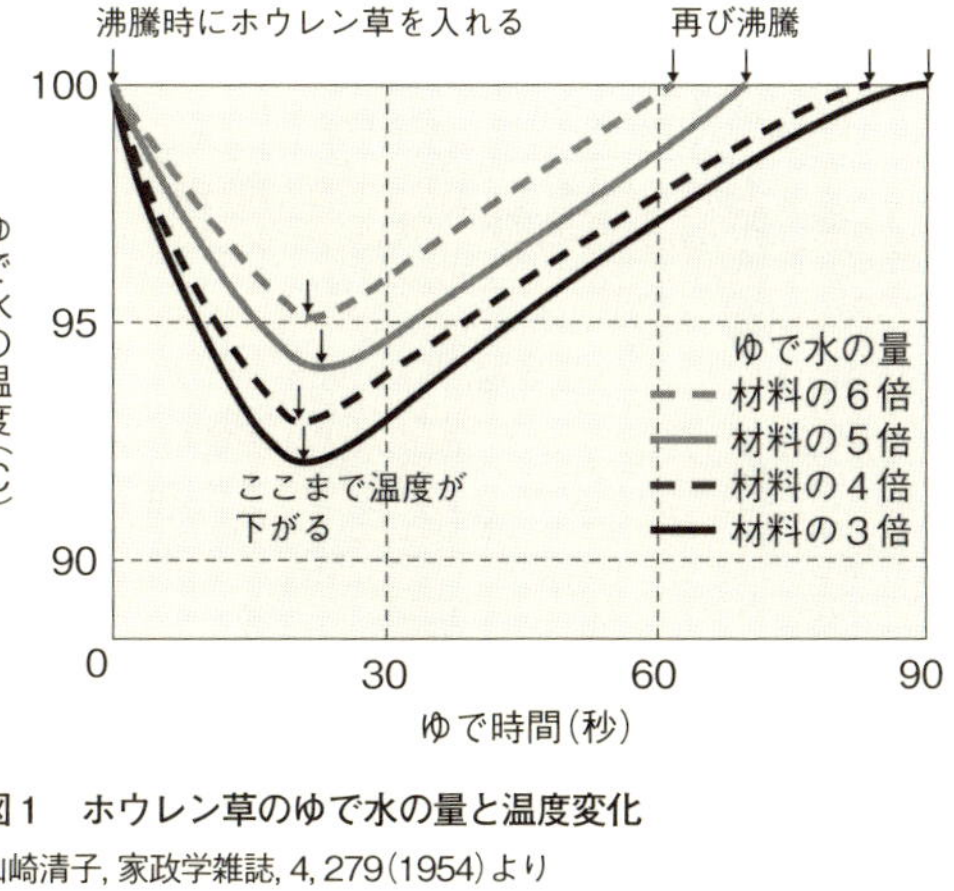

図1　ホウレン草のゆで水の量と温度変化

山崎清子, 家政学雑誌, 4, 279（1954）より

Q.49

水でゆでるのと電子レンジで加熱するのとで、でき上がりが変わりますか？

鍋に水をはってゆでる場合と、電子レンジで直接加熱する場合では、食品への熱の伝わり方がまったく違うため、仕上がりの状態にも大きな違いが現れます。

水と食品を入れた鍋を火にかけると、熱は温められた水から食品表面へ、さらに表面から中心へとじわじわ伝わっていくので、加熱時間が長くなります。またゆでている間、食品は湯の中にずっと浸っているので、食品中の成分が水に流れ出したり、逆にゆで水が食品内部に入ったりすることもあります。

一方、電子レンジでは食品そのものが発熱するので加熱時間がとても短くなります。さらに電子レンジ加熱の特徴として、①食品の中心温度が表面よりも早く上昇することがある、②食品から水分が蒸発しやすい、③加熱後に食品の温度が下がりやすい、④過加熱の部位や加熱不足の部位が生じるなど加熱むらが現れることが多い、⑤食品成分の損失が少ない、などがあげられます。

食品を加熱する目的はさまざまですが、ここではゆで加熱と電子レンジ加熱の、食品への熱の伝わり方の違いが具体的に仕上がりにどのように影響するかをみていきましょう。

●栄養面の違い

ゆで加熱では、好ましい成分、好ましくない成分にかかわらず、水に溶けやすい成分の一部は流れ出てしまいます。これに対して、電子レンジ加熱では水を使わないので、食品の持つ成分はほとんど失われません。

ホウレン草やフキのようにアクのある野菜は、ゆでることによりアク成分が水の中に流れ出すため、アク成分が持つえぐみや苦みが減ります。ところが、電子レンジ加熱では、アク成分は野菜にそのまま残ります。これは加熱後に水につけることである程度抜けますが、ゆでた方が取り除けます。ただし、アクが抜けるということは、野菜の持つ独特の風味や水溶性のビタミンなども、同じように抜けているということです（表1）。アクのある野菜を加熱するときには、アクを除くことを優先するのか、風味や栄養成分を残すことを優先するのかを考えて、ゆでるのか電子レンジを使うのかを選ぶとよいでしょう。なお、アクや水溶性のビタミンなどは、ゆでる操作だけでなく、加熱後に水につける操作でも抜けていきます。このときに抜ける量は、水に浸っている時間が長いほど多くなります。

アクのない野菜やイモ類は、特にゆで加熱する必要はなく、ゆで水は単に食品に熱を伝える媒体としての役割しかありません。ジャガイモやサツマイモなどのように、デンプン性食品は水を補わなくとも熱を加えるだけでα《アルファ》化するので、電子レンジ加熱でもゆでたときと同じように消化吸収しやすくなります。風味や栄養成分を残すことを意識するならば、むしろ電子レンジ加熱の方が風味や栄養成分がほとんど失われず、効果的です。

表1　加熱後の野菜のビタミンCの残存率

食　　品	野菜中のビタミンC残存率	
	電子レンジ加熱	ゆで加熱
ホウレン草(150g)*1	1分30秒加熱後、水さらし3分 93%	2分ゆでた後、水さらし3分 42%
冷凍エダマメ(100g)*1	2分加熱 90%	10分加熱 73%
ターツァイの葉(100g)*2	1分40秒加熱 75%	2分30秒加熱 40%
同　茎(100g)*2	同上 96%	同上 74%
チンゲンサイの葉(100g)*2	1分30秒加熱 74%	2分30秒加熱 65%
同　茎(100g)*2	同上 83%	同上 92%

＊1　長島和子, 千葉大学教育学部研究紀要, 28, 269-274(1979)より
＊2　酒向史代ほか, 日本調理科学会誌, 29, 39-44(1996)より

●食感、味の違い

ゆでたものと、電子レンジで加熱したものの味や食感をくらべたときに、大きく違うことが二つあります。一つは、ゆでたものは食品に水が付着して水っぽい仕上がりになり、電子レンジ加熱では食品中の水分が蒸発しやすく、やや乾燥した状態に仕上がることです。電子レンジ加熱では、器に材料が浸るぐらいの水を入れて加熱すれば乾燥が防げますが、そうするとゆでた場合と同様に水っぽくなるうえ、水溶性ビタミンなども流出して減ってしまいます。

もう一つの違いは、ゆでると食品は表面から加熱されていきますが、電子レンジ加熱では中心から加熱されていくことです。このため、野菜をゆでるときに電子レンジを使うと、野菜の中心部分の方が表面部分よりもやわらかめに仕上がり、ゆで加熱のような中心に歯ごたえを残すようなゆで方はできません。また、肉や魚を電子レンジで加熱すると、表面が熱で固まる前に内部に火が通るために、うまみ成分が外に流れ出してしまいます。

ジャガイモの甘みを引き出すゆで方はありますか？

ジャガイモはサツマイモより少ないものの、デンプン分解酵素（β《ベータ》アミラーゼ）を持っています。この酵素が加熱中に働くと、デンプンは分解されて糖に変化します。ジャガイモを十分間加熱すると、糖はもともと含まれている量の二倍以上に増えます（図1）。βアミラーゼは、三十～六十五℃くらいで活発に働くため、ジャガイモをこの温度に長い時間保つと糖の量が増えるのです。

一方、五十～六十℃付近ではペクチンメチルエステラーゼと呼ばれる酵素が働いて、ジャガイモがかたくなります。この温度で長い時間加熱すると、その後百℃付近で加熱を続けてもやわらかくなりません。

かたくならないように、しかも糖の量を増やそうとするなら、五十℃までの温度をできるだけ長く保ってから、一気に温度を上げてデンプンをα《アルファ》化させることが好ましいのですが、そうはいっても、このような温度管理はなかなか難しいものです。この温度推移に近い現実的なゆで方は、ジャガイモを水に入れて弱火でゆっくり加熱していく方法です。こうすれば、糖のつくられる温度帯を通過する時間が長くなるため、その分、糖の量が増えるでしょう。このとき、皮をむいてゆでるとゆで水に糖が溶け出してしまうので、味に影響するほどの甘みは期待できないでしょう。

なお、ジャガイモは五℃以下の低温で保存すると、酵素の働きで保存直後から糖の量が増えていきます。ジャガイモの甘みを少しでも引き出したいと思えば、低温で貯蔵したジャガイモを、皮付きのまま水からゆっくりゆでるとよいでしょう。

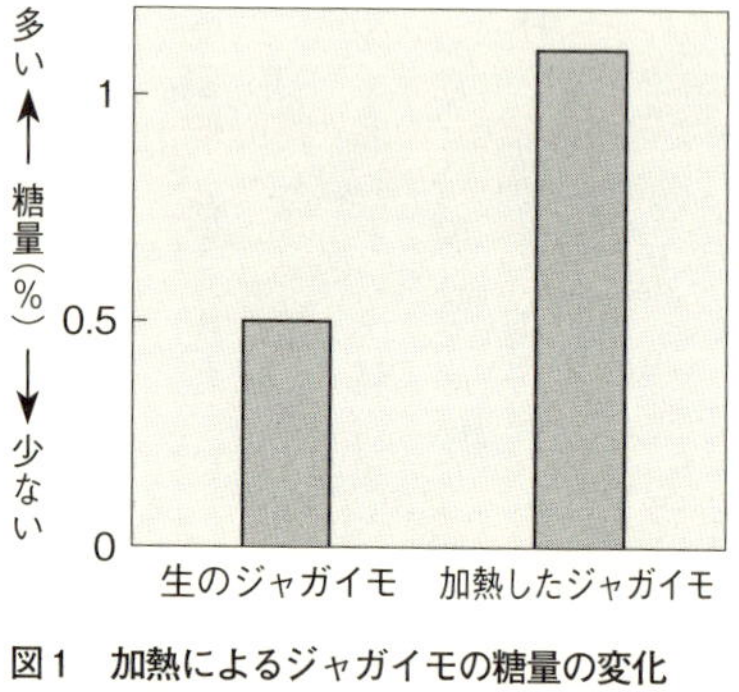

図1　加熱によるジャガイモの糖量の変化
（10分間加熱したもの）
山内久子ほか, 家政学雑誌, 13, 307-310（1962）より

Q.51

肉や野菜をゆでるときに出てくるアクってなんですか？

アクとは、食べるときに不快な感じを与える成分や物質の総称です。食品に含まれる不快な味、たとえば苦み、えぐみ、渋みなどを感じさせる物質や不快なにおい成分、また褐色に変わる色素などがアクと呼ばれています。実は、アクにははっきりとした定義はなく、また、人の体にとって有害なものとは限りません。アクの多くは水に溶ける水溶性なので、水にさらしたりゆでたりすることで取り除くことができます。

野菜類では、ミネラル含量が一・五％以上になるとアクが強く感じられることがわかっています。ミネラルの中でも、主にカルシウムやマグネシウムなどが苦みを感じさせます。その他、野菜のアクとされている成分は野菜の種類によってさまざまです。タケノコのえぐみは、主にホモゲンチジン酸という成分によるもので、これにシュウ酸という別の成分が加わってえぐみが強められています。サトイモやヤマイモのアクはシュウ酸カルシウムの針状結晶です。ホウレン草ではシュウ酸、ジャガイモではアルカロイドの一つ、ソラニンという有毒物質がえぐみを感じさせます。苦みのもとは、サポニンという物質や、柑橘類に多いヘスペリジンという物質です。レンコンやゴボウ、ナスなどを切ってしばらくおくと褐色に変化しますが、これはポリフェノールの一つであるクロロゲン酸などによるもので、渋みや苦みのもとです。

肉のアクは主に脂身から溶け出た脂質成分で、これに水に溶け出た血液や肉に含まれるタンパク質の変性したものが混じっています。また、魚の干物では、脂肪の酸化物などがアクとなり、渋みを感じさせます。

アクは不要な味ではあるものの、食品固有の味でもあります。また、アク成分の一つであるポリフェノールは、最近では生活習慣病の予防など、健康に役立つ成分として注目されるようになっています。そのようなわけで、食品中のアクをすべて取り除くことが常によいともいえないようです。

Q.52

青菜をゆでるときに湯に塩を入れるのはなぜですか?

青菜をゆでるときに塩を加えると、青菜の甘みやうまみが引き立ち、またホウレン草などの場合にはえぐみが抑えられます。

青菜の緑色は、クロロフィル(葉緑素)という色素の色です。クロロフィルは長い時間加熱し続けると、クロロフィル分子内のマグネシウムイオンが外れて水素イオンに置き換わり、フェオフィチンという黄褐色の色素に変化します。ところが、ゆで水に塩が入っていれば、塩の中のナトリウムイオンがマグネシウムイオンと置き換わるためにクロロフィルが安定し、緑色を保つことができます。ただし、緑色を保つために必要な塩の量は、二%以上(一ℓの湯に塩二十g以上)であることがわかっています。通常、ゆで水に入れる塩の量は一%(一ℓの湯に塩十g)ぐらいですが、この程度では緑色を保つ効果はほとんど期待できません(図1)。また、重曹を入れたアルカリ性のゆで水でゆでれば鮮やかな緑色を保つことができますが、醤油や味噌を入れた酸性のゆで水でゆでる

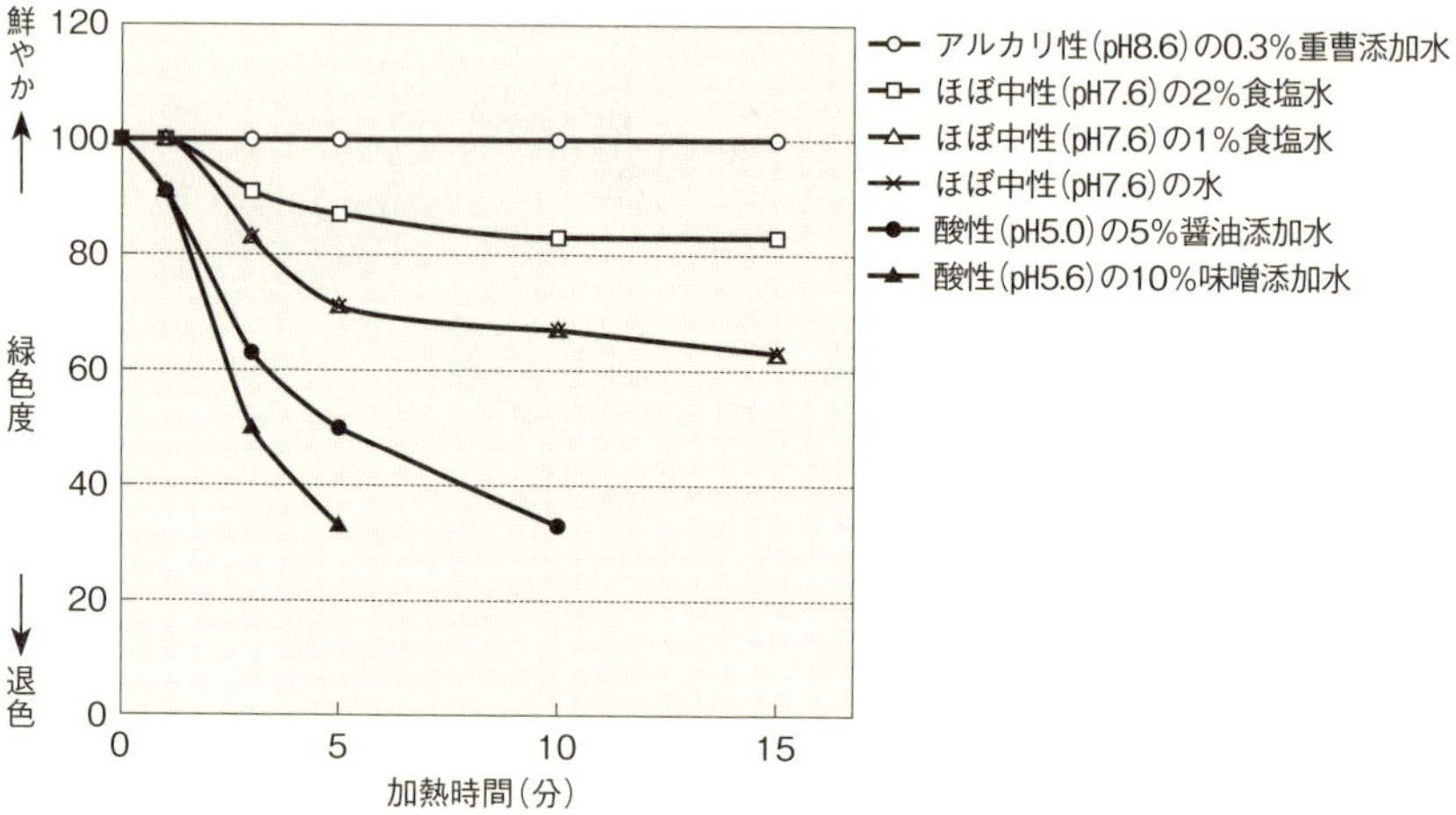

図1　さまざまなゆで水で青菜をゆでたときの緑色変化

緑色度は加熱前の青菜の緑色を100としたときの値。醤油添加水と味噌添加水の塩分濃度は、通常の汁物と同じ1%食塩濃度に相当。

山崎清子, 家政学雑誌, 4, 279(1954)をもとに作成

と短時間で退色することもわかっています。

一方、ホウレン草をゆでるときにゆで水に塩を入れると、えぐみが抑えられることが実験で明らかにされています。これは、塩を入れることでえぐみのもととなるシュウ酸が減るのではなく、塩味を示す塩化ナトリウムの存在がえぐみを感じにくくさせる効果を持っているためだと考えられています。えぐみを抑える効果は、塩の使用量が同じなら、塩化ナトリウムが多い精製塩の方が高くなります（図2）。実験では三％濃度の塩水を使っていますが、一％濃度でも同じような効果が得られるでしょう。

また、塩味には、甘みやうまみを引き立てる作用があるので、塩を入れることで青菜の風味が引き立つ効果も期待できます。

なお、青菜をゆでるときに銅鍋や鉄鍋を使えば、塩の有無にかかわらず、緑色が鮮やかなまま安定します。これは、鍋から微量ながらも水中に溶け出した銅イオンや鉄イオンが、クロロフィル分子内のマグネシウムイオンと置き換わり、安定した鮮やかな緑色を示すためです。

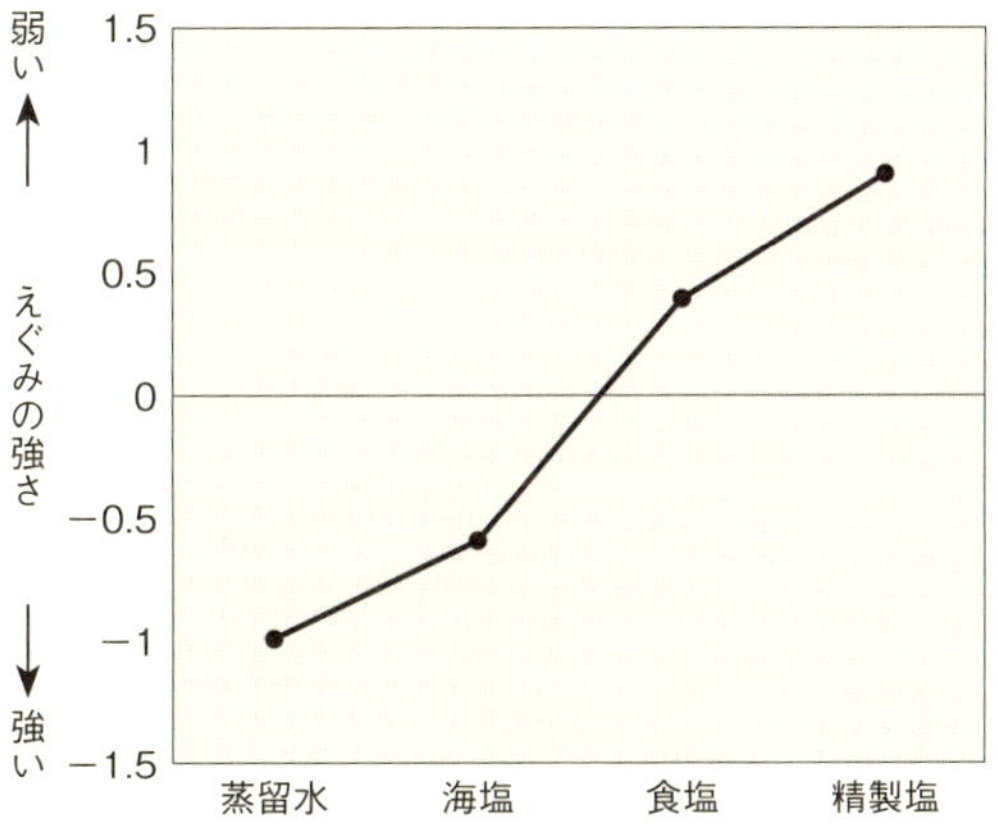

図2　ホウレン草のえぐみに対する塩の影響

ホウレン草を各種食塩を使った3%濃度の塩水で1分間ゆでた後、1分間水にさらした後のえぐみの強さ。塩水でゆでると蒸留水でゆでるよりもえぐみは弱く感じられる。同じ塩でも、塩化ナトリウムが多い精製塩でゆでた方がさらにえぐみは弱い。

若泉眞喜子, 日本家政学会誌, 56, 15-21（2005）より

Q.53

ゆで上げた青菜を冷水につけずに色止めする方法はありますか？

青菜をゆで上げて高温のまま放置するのは、余熱で青菜を加熱し続けていることと同じです。加熱時間が長くなるほど、クロロフィル（葉緑素）が黄褐色の色素に変わっていくので、どんどん色が悪くなっていきます。ゆでたらすぐに冷水につけるのは、青菜の温度をできるだけ早く下げるためです。温度が下がれば変色も止まります。

ただし、水につけると青菜の風味や栄養成分が流れ出たり、水っぽくなったりします。これを避けたいときには、ゆで上げた青菜を水につけずにざるに広げて、団扇《うちわ》であおいだり扇風機で風を送ったりしてできるだけ早く温度を下げます。冷蔵庫に入れるよりも風を当てる方が温度が早く下がります。この方法を「おかあげ（陸あげ）」などといいます。おかあげすると、青菜についている余分な水分が蒸発し、調味料がよくなじみます。アクの少ない野菜は、おかあげした方が野菜の持つうまみが損なわれません。ただし、おかあげする場合には、余熱で加熱が続くことを考えて、水で色止めするときのゆで時間よりも短めにすることが大切です。

アクの少ない青菜は冷水につけず、ざるに上げて風を当てて冷ます「おかあげ」が効果的

Q.54

ダイコンの下ゆでに米のとぎ汁を使うのはなぜですか？

ダイコンには、辛みや苦みを持つアク成分が含まれています。このアク成分は、主にイソチオシアネート類などの硫黄《いおう》を含む化合物（含硫化合物）であり、加熱により分解されると独特のダイコン臭を生じます。アク成分は水溶性なので、薄く切って水でゆでれば流れ出てしまい、ダイコンにはあまり残りません。つまり薄く切ったダイコンであれば、下ゆでしなくてもダイコン臭がそれほど気にならないのです。けれども、風呂吹きダイコンのように分厚く切ったダイコンの場合には、切り口からアク成分が流れ出ても、内部にまだ多く残っているため、下ゆでしていったんアクを抜くのです。

下ゆでに米のとぎ汁を使うのは、アク成分を取り除く効果があるからです。米のとぎ汁には、米のヌカ成分などのコロイド粒子（肉眼では見えないほどの微小な粒子）がたくさん浮かんでいます。コロイド粒子はいろいろな成分を吸着する性質があるので、アク成分は吸着されて取り除かれ、ダイコン臭や苦みなどが減ります。

水に小麦粉を溶かしたり米粒を入れたりしても、米のとぎ汁と同じように濁ります。これは、小麦粉のデンプンや、米についていたヌカ成分や米のデンプンなどがコロイド粒子となって浮かんでいる証拠です。コロイド粒子が浮かんでいる液体は濁って見えるのです。このような水でダイコンを下ゆでしても、コロイド粒子によってアク成分が吸着され、ダイコン臭が減ります。ダイコン臭や苦みなどがどの程度減るかは、コロイド粒子の量の多さで決まります。ヌカや小麦粉、米をたくさん入れれば、その分だけダイコン臭が取り除けることになります。

Q.55

タケノコをゆでるとき、米ヌカだけでなく赤唐辛子を入れるのはなぜですか？

　掘ったばかりの新鮮なタケノコは、えぐみがなく、やわらかく、チロシンと呼ばれるうまみを示すアミノ酸の一種も多いので、生でもおいしく食べられます。ところが、掘ってから時間が経つにつれ、チロシンが酸化されてできるホモゲンチジン酸やシュウ酸が増えます（表1）。ホモゲンチジン酸やシュウ酸などはえぐみを示すアク成分なので、これが増えるとタケノコ特有のえぐみが強くなるのです。さらに時間が経つと、組織もかたくなり、ゆでなければおいしく食べられません。

　昔から、タケノコのアク抜きには赤唐辛子を入れるとよいといわれます。ゆでるときに米ヌカを入れるのは、Q54で述べたように、ヌカ成分の微小な粒子がアクを吸着して取り除いてくれるからですが、赤唐辛子の成分はタケノコのアク成分に直接作用するわけではありません。人間の味の感じ方に影響を及ぼし、間接的にえぐみを抑える働きをしていると思われます。えぐみは収斂味《しゅうれんみ》ともいわれ、舌の味蕾《みらい》で感じられるのではなく、口の中の粘膜がえぐみ成分によって収縮することが刺激になって感じられる味です。赤唐辛子のピリッとした辛味は、カプサイシンという物質が、味蕾ではなく、口の中の痛覚（痛みを感じる感覚）や温覚（温度を感じる感覚）を刺激することで感じられる味です。タケノコをゆでるときに赤唐辛子を入れるのは、口に入れたときにピリッとした辛みでえぐみを感じにくくさせるためなのでしょう。

表1　タケノコ放置中のシュウ酸含量の変化

部位＼時間＼含量	シュウ酸（mg%＊）	
	0時間	24時間
先　端	43.89	70.32
中　部	22.90	42.28
根　元	18.00	54.41

＊1%の1000分の1

長谷川千鶴, 家政学雑誌, 7, 4（1956）より

Q.56

山菜のアク抜きに、なぜ重曹や灰汁を使うのですか？

山菜にもさまざまな種類があり、熱湯でゆでて水にさらせばアクが抜けるものもありますが、特にアクの強い山菜には重曹や灰汁が用いられます。重曹や灰汁はアルカリ性の材料で、こうした材料を使うとゆで湯がアルカリ性になります。山菜に限らず、野菜はアルカリ性の水でゆでるとペクチンが分解されるためやわらかくなり（Q58参照）、組織がやわらかくなればアク成分なども細胞から外へ溶け出やすくなるのです。

ワラビやゼンマイなど特にアクの強い山菜にはアルカロイド類やシュウ酸などのアク成分が多く含まれ、真水でゆでて食べると苦みや渋み、えぐみをとても強く感じます。アルカロイド類は、微量で人間や動物に強い作用を示すものが多く、古くから医薬品として使われていますが、植物毒の一つでもあり、大量に摂取すると下痢や嘔吐などを引き起こします。だから、しっかりアクを抜くために重曹や灰汁が使われるのです。

また、山菜は繊維がかたい食品なので、アルカリ性の水でゆでると、やわらかくなって食べやすくもなります。さらに、ゆで水をアルカリ性にすることで、見た目にも鮮やかな緑色になります。これは、アルカリ性下ではクロロフィルが安定した濃い緑色を示すクロロフィリンに変化するためです。市販のゆでた山菜が鮮やかな緑色をしているのは、添加物が入っているからではなく、アルカリ性の水でゆでているためです。

ただし、重曹を多く入れすぎたり必要以上にゆで時間を長くすると、アクが出すぎたりやわらかくなりすぎて、山菜らしい苦みや風味、おいしさの一つでもある独特の歯ごたえが損なわれてしまいます。また、アルカリ性の水でゆでると、ビタミンCなどの水溶性ビタミンの破壊が大きいなど、栄養面ではマイナスになります。山菜の鮮やかな色や独特の風味を楽しむのなら、重曹の量は湯に対して〇・三％ぐらいが目安になり、このときのpHは八・六程度、弱アルカリ性です。

Q.57

豚の角煮をつくるとき、肉の下ゆでにおからを使うのはなぜですか？

豚の角煮には豚バラ肉を使いますが、バラ肉の約四割は脂肪です。この料理は肉を食べるというよりも、じっくり煮込むことで脂肪組織に入り込んでいるコラーゲンをゼラチン化させ、そのねっとりした食感を味わう料理だといえます。脂肪が多いので、煮る前に下ゆでして余分な脂肪を取り除かなければ、ギトギトと脂っぽい仕上がりになり、ねっとりした独特の食感が損なわれてしまいます。

大豆の搾りかすであるおからは、ほとんどが大豆の皮や胚芽部分なので、固形分の約五〇％は食物繊維です。水に溶けない不溶性食物繊維は水を吸ってよく膨らむため、便量を増やして便秘改善に役立つことが栄養学の分野では知られています。おからに含まれる食物繊維のほとんどがまさに不溶性食物繊維なので、おからは他の食品よりも水を抱え込む力が大きいのです。バラ肉を下ゆでするときにおからを入れると、おからがバラ肉から溶け出した脂肪や臭みなどのアク成分を水と一緒に抱え込むため、それらをおからごと取り除くことができるのです。また、下ゆで後に肉を水洗いする際にも、肉の凹凸に付着している脂肪やアク成分もおからと一緒に洗い流すことができます。なお、おからで下ゆでをすると早く煮えるといわれますが、それについてはあまり根拠のない話のようです。

豚の角煮
おからを下ゆでに使うと、肉の脂肪や臭みなどのアク成分をおからが抱え込むのでしっかり取り除ける。

Q.58

酢水でゆでるとレンコンがかたくなるって本当ですか？

酢水でレンコンをゆでるとシャリシャリした食感に仕上がります。これは、「かたくなる」わけではなく、「やわらかくなりにくい」という表現の方が的確です。酢水でゆでるとやわらかくなりにくいのは、程度の差こそあれ、野菜全般に当てはまります。

レンコンに限らず、植物の細胞には細胞壁があり、細胞壁と細胞壁の間にはペクチンという物質が存在しています。ペクチンは、細胞と細胞をくっつける糊のような役割を果たす物質であり、ガラクツロン酸という糖が長い鎖のようにつながった構造をしています。ゆでた野菜の硬軟には、ペクチンの鎖の長さが大きく影響します。ペクチンの鎖が長ければ野菜はかたさを保ち、短ければペクチンが溶け出しやすくなって細胞と細胞の結びつきが弱まり、野菜がやわらかくなるのです。

野菜を中性の水、またはアルカリ性の水でゆでると、ペクチンの鎖が切れて短くなりやすいので、野菜はやわらかくなります。ところが酸性の水でゆでるとペクチンの鎖が切れにくいため、野菜はやわらかくなりにくいのです。酢を入れてレンコンをゆでるとそれほどやわらかくならずにシャリシャリした歯ごたえに仕上がるのはこのためです。さらに、レンコンにはネバネバした成分であるムチンを構成するタンパク質が含まれ、これが酸性下で変化してやわらかくなりにくくさせてもいます。

なお、酢の代わりにレモン汁などを加えても、同じ結果が得られます。

Q.59

エビやカニ、タコはゆでるとどうして赤くなるのですか？

エビやカニなどの甲殻類の殻には、アスタキサンチンという赤色の色素が含まれています。これは、ニンジンに含まれる黄色から赤色を示すカロテンと同じカロテノイド系の色素の一つです。

エビやカニが生のときには、アスタキサンチンはタンパク質と結びついているので赤色に見えず、青藍色をしています。ところが、加熱するとタンパク質が変性してアスタキサンチンがタンパク質から離れるので、本来の赤色が現れ、赤くゆで上がるのです。ゆでずに焼いた場合には、タンパク質から離れたアスタキサンチンがさらに空気中の酸素で酸化されて、鮮やかな赤色のアスタシンに変わります。

エビやカニの青藍色から赤色への変化には、タンパク質の変性がかかわっていますが、タンパク質の変性は加熱時だけに起こるわけではなく、酸につけたときや鮮度が落ちてくる過程でも起こります。エビやカニなどを酢につけたときや、鮮度が落ちてきたときに赤くなるのはこのためです。

タコの皮膚表面には、オンモクロームと呼ばれる色素を含む色素細胞が存在しています。オンモクロームは赤紫色です。ところが、タコが生のときにはオンモクロームは細胞の中に閉じ込められているので、色素細胞の色は赤褐色、黄土色、紫黒色をしています。これをゆでると色素細胞が熱で破壊されて、オンモクロームが細胞の外に出てくるため、本来の色が現れてきて赤紫色になるのです。

ちなみに、タコが外敵の目をごまかすために瞬時に体の色を変化させることができるのは、色素細胞を伸び縮みさせて色を変えるためです。

Q.60

魚を霜降りにするとどうして臭みが消えるのですか？

生臭さや魚臭さ（魚臭《ぎょしゅう》）を示す成分は、主にトリメチルアミンという物質と酸化された脂肪です。とれたての魚の多くはほとんど無臭ですが、鮮度が下がってくると魚臭が出てくるようになります。トリメチルアミンは、魚のうまみ成分の一つであるトリメチルアミンオキシドが分解されることでつくられます。トリメチルアミンオキシドは、それ自体は無臭で淡水魚には含まれていませんが、海でとれる魚、中でも血合いの多い赤身魚や青背の魚に多く含まれています。脂肪が多く、血合いのあるサバなどに特に強い魚臭を感じることが多いのは、トリメチルアミンや酸化した脂肪がつくられやすいためです。淡水魚にいわゆる魚臭をあまり感じないのは、トリメチルアミンオキシドを含まず、トリメチルアミンがつくられないためです。

トリメチルアミンは、魚の中骨付近の血の固まりや腹の粘膜に多く含まれています。水に溶けやすい性質を持つため、包丁で血の固まりや腹の粘膜をこそげてから水で洗い流せば、ある程度魚臭が抑えられます。さらに効果的な方法が、霜降りです。霜降りとは、表面のタンパク質だけを熱凝固させて、すぐに冷水にとるという下処理法です。表面がちょうど霜が降りたように白くなることから、霜降りと呼ばれます。霜降りにすると、取り残した血や腹の粘膜などが加熱によって凝固します。凝固部分を洗い落とせば、生臭みの成分も一緒に簡単に除くことができます。また、湯につけることで脂肪の一部が溶けて流れ出るため、酸化した脂肪による魚臭もある程度抑えることができます。

生臭みのない新鮮な魚肉を刺身にするときにも、霜降りにすることがあります。この場合の霜降りの目的は、表面を熱変性させることでつくられる加熱肉独特の食感を刺身に与えることです。表面の食感と内側の生肉の食感の対比により生み出されるおいしさが、刺身に加わることになります。

Q.61

パスタを塩を入れずにゆでるとコシがなくなるって本当ですか？

パスタをゆでる際に塩を入れると、パスタのコシが強くなるともいわれていますが、実際には、塩はゆで上がりの食感にはほとんど影響しないことが実験によって明らかにされています。

パスタの歯ごたえある食感は、原料の小麦粉を水で練ったときにできるグルテンという網目構造をしたタンパク質によって生まれます。小麦粉と水を練るときに塩を加えると、塩が小麦粉のタンパク質に作用して粘りを出させるので、グルテンの網目がいっそう緻密になり、コシのあるパスタに仕上がるのです。けれども、いったんグルテンがつくられると、パスタをゆでるときに塩を加えても、グルテンはゆで水中の塩の作用を受けなくなります。つまり、ゆで水に塩を入れても入れなくても、ゆで上がったパスタの食感は変わらないのです。また、塩を入れた場合と入れない場合のパスタから溶け出るデンプン量も調べられていますが、両者の間には差がないことが明らかにされています。

ゆで水に入れる塩の目的は、パスタに塩味をつけることです。ゆで水に一％濃度の塩（一ℓに塩十g）を入れた場合、ゆで上がったパスタの塩分量はだいたい〇・六％になります。

塩を入れずにゆで上げたパスタは、ソースをからめても水っぽく感じることが多く、ソースの味と一体化しにくいようです。また、炒めてから塩で味をととのえて仕上げる場合も、表面に塩がのっているような状態では塩の味だけが浮いてしまい、やはり料理としての一体感が損なわれてしまいます。

Q.62

沸騰した湯にパスタを入れた瞬間に、湯がボコボコッと泡立つのはなぜですか？

沸騰した湯にパスタを入れると、瞬間的にボコボコッと大きな気泡が発生します。これは、パスタが入ったことがきっかけになって、湯の中で水蒸気が勢いよく発生するためです。

水は一気圧（大気圧）の下で百℃になると水蒸気に変わります。沸騰している湯の温度は百℃なので、水蒸気は湯の表面からだけでなく内部でも発生します。つまり、湯の内部は水蒸気になりたいのになれないでいる水分子でいっぱいなのです。このような状態の湯に空気がたくさん付着しているパスタを入れると、空気が水中で気泡となり、湯の中で勢いを持て余している水分子がその空気の気泡を核にして水蒸気に変わって、ボコボコッと泡立つのです。また、パスタを入れることでパスタの体積の分だけ水面が高くなり、鍋肌で瞬間的に蒸発して水蒸気の気泡ができますが、これもボコボコッと泡立つ原因の一つです。こうした気泡は、気泡の核となる空気がなくなったり、蒸発によって熱が奪われて湯の温度が下がったりするとすぐにおさまるので、差し水をする必要はありません。

なお、沸騰している湯に塩などを入れたときにも、塩などに付着している空気の影響でパスタの場合と同じように瞬間的に泡立ちが起こります。

Q.63

なぜパスタは沸騰した湯からゆでなくてはいけないのでしょう？

　パスタをゆでる目的は、第一に、パスタのデンプンをα《アルファ》化することです。デンプンのα化には水と熱が必要であり、α化が急速に起こる温度が八十五～九十五℃です。このため、パスタをゆでるときには、「沸騰した湯」が欠かせないのです。

　デンプンがα化する温度はデンプンの種類によって異なり、小麦デンプンがα化し始める温度は五十八℃付近なので、水からゆでても長い時間かければα化します。けれども、それではパスタがのび切ってしまい、パスタのおいしさの表現としてよく使われるイタリア語の「アルデンテ（Al dente）」、すなわち「歯ごたえのある」という状態にはなりません。「歯ごたえのある」、つまり表面はやわらかくて中心はかたいといった状態は、パスタの表面部分と中心の水分量の違いによって生まれます。表面部分は水分を吸ってやわらかく、中心部は水分が少なくかたい状態がアルデンテなのです。

　ゆで時間が長くなるほど、パスタの表面から中心部に向かって水分が移動するため、中心部の水分量は多くなります。太さが一・八㎜のパスタを五～十三分間ゆでた直後の断面を見ると（図1）、五～七分間ゆでたときには中心に白い芯がはっきり見えますが、八～九分間になると白い芯がまだら状になり、十一分間ゆでると白い芯がなくなっていることがわかります。加熱時間が二～三分長くなるだけで、中心に白い芯がなくなるのです。

　パスタを水からゆでると、デンプンがα化するまでに長い時間がかかります。長い時間ゆでれば当然、中心部まで水が浸透するのでアルデンテにはなりません。デンプンをα化させ、しかも中心部に水があまり浸透しないようにするためには、沸騰した湯からゆでた方がよいのです。また、パスタを入れると温度が下がるので、湯はボコボコと泡が上がるくらいにしっかり沸かし、完全に百℃まで温度を上げておくとよいでしょう。

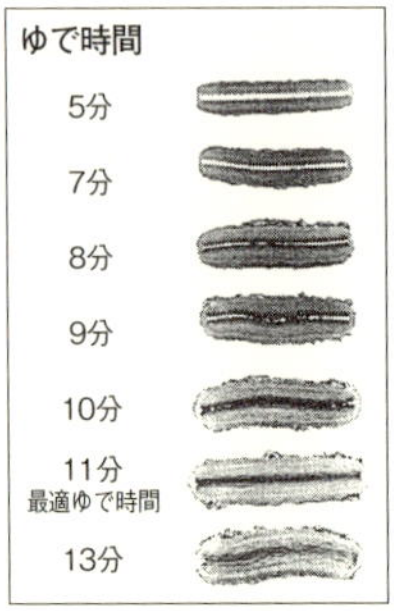

図1　ゆで時間とパスタの芯の状態（直径1.8mmのパスタの横断面写真）

中心の左右に走る線がパスタの芯。白い線は水が浸透していない状態を表す。

中町敦子ほか, 日本調理科学会誌, 37, 151-158(2004)より

Q.64

パスタをゆでている間の火加減はボコボコ？　コポコポ？

パスタをゆでるとき、沸騰した湯にパスタを入れたら、パスタどうしがくっつかないように箸などで一度軽くかき混ぜ、その後は湯の勢いにのってパスタが自然に対流するような火加減にすることが大切です。湯を沸騰した状態に保てれば、パスタどうしがくっつかない程度の対流が起こるので、沸騰を保てる程度の火加減が理想的だということになります。火力が弱すぎて湯の温度が下がると強い対流が起こらないため、パスタは沈み、互いにくっついてしまうことがあります。

パスタがくっつき合わないように、また一本一本を同じようにゆで上げるには、ゆでている間、パスタが浮かんで泳いでいる状態にしなければなりません。これを箸などでかき混ぜて泳がそうとすると、パスタの表面が削られてしまいます。ゆで上がったパスタの表面を電子顕微鏡で見ると、かき混ぜなかったパスタは表面がなめらかな状態ですが、かき混ぜたパスタは表面が削られていたり、めくれ上がったりしていることがわかります（図1）。表面がなめらかなら口当たりがツルッとして、ソースが均一にからまりますが、表面が削れているものは、ツルッとしたすべりのよい口当たりが失われ、ソースのからみぐあいも不均一になります。

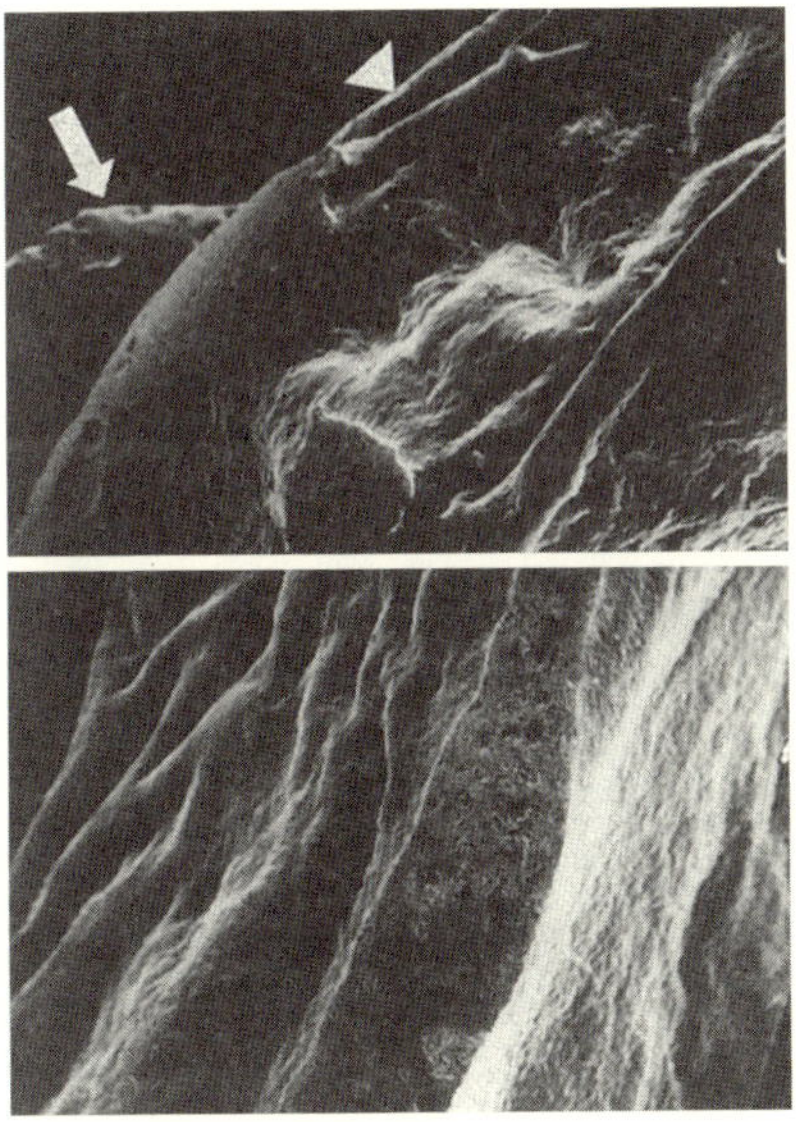

図1　ゆでたパスタ表面の走査電子顕微鏡写真

上：箸でかき混ぜてゆでたパスタ表面（矢印は表面が削られたりめくれ上がったりしている部分）
下：箸でかき混ぜずにゆでたパスタ表面（組織が一方向にそろっていてなめらか）

手崎彰子ほか, 日本家政学会誌, 48, 1097-1101（1997）より

Q.65

ニョッキや白玉団子をゆでるとき、中まで火が通ると浮いてくるのはなぜですか？

食品に限らず、ある物質を水の中に入れたときに浮かぶか沈むかは、入れた物質の比重によって決まります。水は四℃のときに一㎤（一㎖）あたり一gであり、このときの水の比重は一です。この場合、ある物質の比重が一よりも重ければ水の中で沈み、一よりも軽ければ浮きます。

ニョッキや白玉団子の主材料は、ジャガイモ、小麦粉、米粉などのデンプン性食品です。ジャガイモの比重は一・〇五三〜一・〇九三です。小麦粉や米粉を水と混ぜた生地の比重は、粉の重量分だけ水の比重よりも大きくなります。一方、水の比重は、四℃以上では温度が高くなるほど小さくなります（表1）。沸騰した水の比重は〇・九五八四で、この中に比重が一よりも大きいニョッキや白玉団子などの生地を入れれば、当然沈みます。

鍋で水を加熱し、水温が高くなってくると水蒸気が発生しますが、これと同様に、ニョッキや白玉団子などの生地に含まれる水分も、温度が高くなると一部が水蒸気に変わります。生地がゆだるにつれて、見た目にだんだん膨れて体積が増えていくのは、生地内で水が水蒸気になっていくからです。生地の重さが変わらず体積だけが大きくなっているということは、生地の比重が小さくなっているということを意味します。中までゆだったニョッキや白玉団子が浮くのは、生地の比重が百℃の湯の比重〇・九五八四よりも小さくなったからなのです。

また、いったん生地が浮き上がった後、鍋を火から下ろしてしばらくおくと、生地は再び沈んでいきます。これは、水温が下がってくると生地中の水蒸気が水に戻って生地全体の体積が減り、今度は生地の比重が湯よりも大きくなるためです。

表1　温度によって異なる水の比重

温度(℃)	比　重
0	0.9999
4	1.0000
20	0.9982
40	0.9922
60	0.9833
80	0.9718
100	0.9584

Q.66

うどんやそうめんをゆでるとき、どうして差し水をするのでしょう?

うどんやそうめんをゆでる目的は、パスタと同様、デンプンをα《アルファ》化することです。デンプンを早くα化させるためには、沸騰している湯の中でゆでることが大切です(Q63参照)。うどんやそうめんはゆでている間にデンプンが溶け出してくるため、だんだん湯に粘りが出てきます。このときに火力が強ければ、湯がフワッと沸き上がり、ふきこぼれてしまいます。ふきこぼれをしずめる方法には、差し水をして湯の温度を下げる方法と火力を弱めて湯が沸き立つのを抑える方法がありますが、火力を弱める方法では、湯の温度はほとんど変わりません(図1)。

差し水がゆで上がりの状態におよぼす影響は麺の太さで異なります。そうめんのように細い麺では、加熱時間が五分間を超えることはないので、差し水をせずに、火力を弱めて高温を保つ方がデンプンはα化しやすいのです(図2)。十分にα化していない麺は、粉っぽさが残ります。

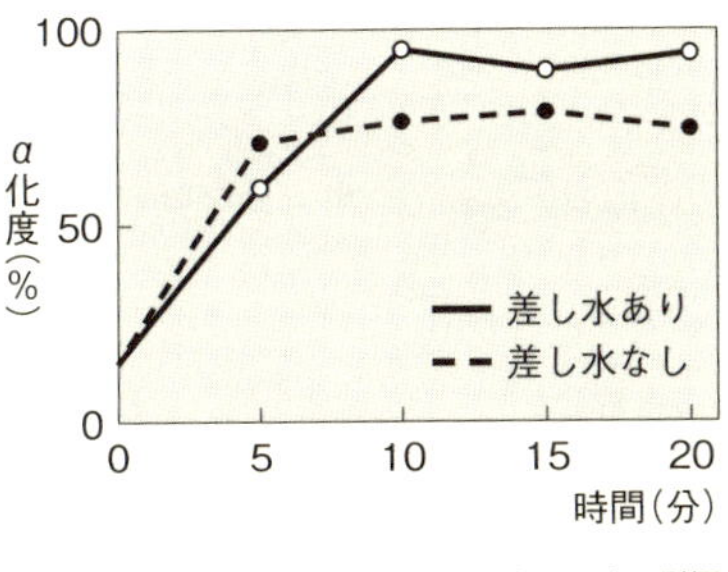

図2　うどんのα化の程度におよぼすゆで方の影響

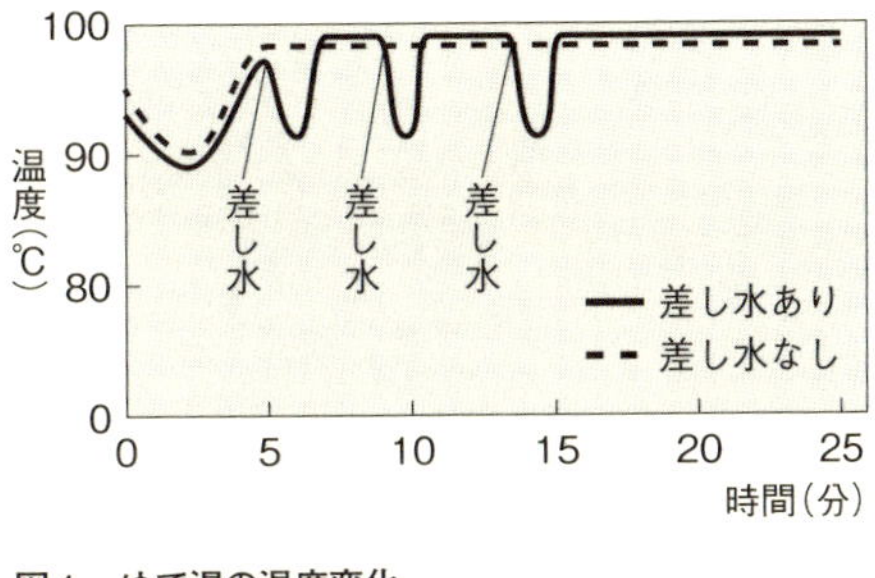

図1　ゆで湯の温度変化

上記2図の条件:ゆで湯1200ml、乾麺うどん200gを使用。差し水の量は100ml。
差し水あり:乾麺を沸騰した湯に投入後4分、9分、14分後にそれぞれ100mlの差し水をする。
差し水なし:乾麺を沸騰した湯に投入後、再沸騰したら弱火にして静かに沸騰する程度に加熱。

図1, 2とも渋川祥子, 鹿児島女子短期大学紀要, 1, 2, 1(1967)より

うどんのように太い麺では、ゆでている間に表面と中心部の温度に大きな差が生じます。ゆで時間が長くなると、表面はα化が進んで十分やわらかくなっているのに中心部のα化があまり進んでおらずやわらかくなっていない、といった加熱むらが起こるようになります。差し水をすると湯の温度が下がるので、麺の表面の煮えすぎが抑えられ、中心部にはその間にも熱が持続的に伝わるため、加熱むらが生じにくくなります。つまり、うどんのように太い麺をゆでるときには、ふきこぼれを抑えるためにも、またゆで上がりの状態をよくするためにも、時折、差し水をする方が好ましいのです。

　ちなみに、パスタをゆでるときに差し水をするという話は耳にしません。これは、パスタではふきこぼれが起こりにくいためです。パスタに含まれるデンプン量はうどんやそうめんにくらべて少ないため、ゆで水に溶け出すデンプン量も少なく、湯に粘りが出にくいのです。

Q.67

ゆで上げたうどんを冷水で洗うのと洗わないのとで、口当たりやコシが変わりますか？

　コシのあるうどんは、表面部分がやわらかく、中心部分がかためにゆで上がっています。つまり、表面部分には水分が多く、中心部分の水分は少ないのです。

　ゆで上げた直後のうどんは、表面部分の水分含量が九〇％以上、中心部が六五％弱で、その差は二五％以上と大きな違いがあります。けれども一時間も経つと水分が表面から内部に移動するため、表面と中心の差が一五％前後に縮まることがわかっています（図1）。ゆでた後に冷水で洗わずそのままにしておくということは、余熱を受けてうどんが加熱され続けているということです。こうなると、表面も中心もα《アルファ》化が進みすぎ、また水分が表面部分から中心の方に向かって移動するので、うどんはコシがなく、のびた状態になってしまうのです。

　ゆで上げてすぐに冷水でよく洗うと、うどんの温度が急激に下がるためα化がそれ以上進まず、表面の水分も内部へ移動しにくくなります。このため、コシのある状態に仕上がるのです。また、ゆでた直後のうどんの表面には、ゆでている間に溶け出したデンプンが付着してべたついています。よく洗うとべたついたデンプンが取り除かれてツルッとした食感になります。ただし、のんびり洗っていると逆にうどんが水を吸ってふやけてしまうので、手早さが肝心です。

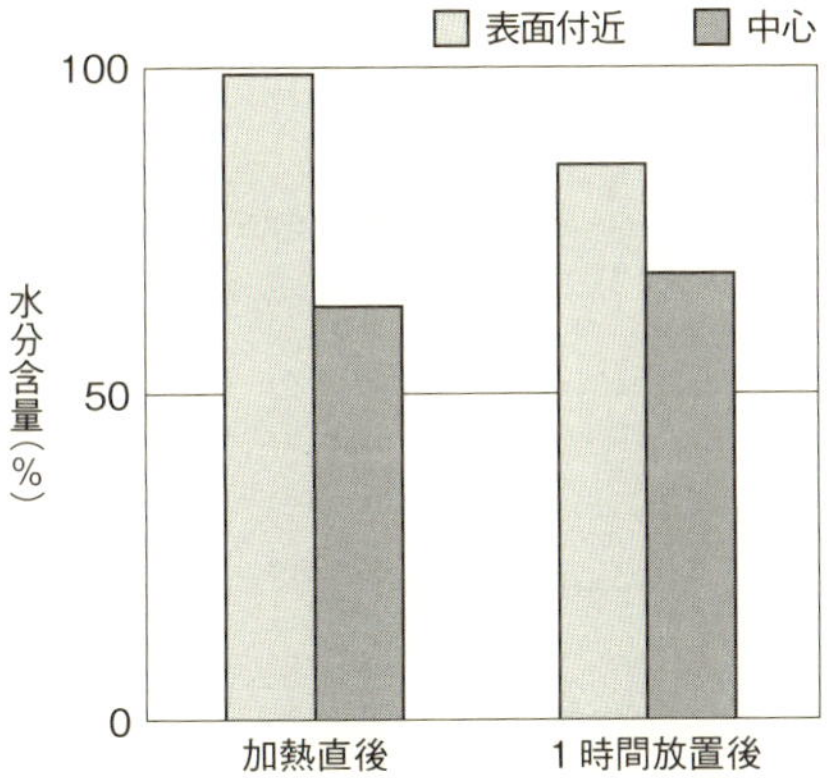

図1　ゆで麺の水分含量の放置による変化

小島登貴子ほか, 日本食品科学工業会誌, 47, 142-147（2000）をもとに作成

Q.68

温度計に頼らずに上手に温泉卵をつくる方法を教えてください。

温泉卵は、卵黄も卵白も半熟に仕上げる料理です。六十五〜七十℃の湯に、卵を殻のまま二十〜三十分程度入れておくと、卵黄はかための半熟になり、卵白は少し白く濁った状態のやわらかく流動性のある状態になります。これが温泉卵です。

卵黄は六十五℃になると粘りのあるやわらかい糊状になり、七十℃になると粘りのある餅状になります。つまり、卵黄が半熟になるのは六十五〜七十℃の範囲内ということになります。一方の卵白は、五十九℃で固まり始め、だいたい六十〜七十五℃の範囲で半熟の状態になります。つまり、卵黄も卵白も半熟にするには、六十五〜七十℃に卵の温度を保たなければならないのです。

原理的には、温度計を使わなくても、湯の温度を六十五〜七十℃の間に保つことができるなんらかの方法があれば、温泉卵をつくることができます。よく知られている方法は、水五百㎖くらいが入る蓋つきどんぶりに卵を殻のまま一個入れ、熱湯をまわりからいっぱいに注いで蓋をして二十分ぐらいおくというものです。室温二十℃のときに熱湯をどんぶりに入れると、湯温は八十五℃になります。すぐに蓋をして十五〜二十分経つと湯温は六十五℃前後に下がり、この間に温泉卵ができます。この方法のポイントは、百℃に近い熱湯を使うこと、そして、容器は蓋つきの陶器製どんぶりのように熱容量が大きく、温度が下がりにくい材質のものであることです。

温度を自動調節できる調理器なども、温泉卵づくりに活用できます。たとえば電気炊飯器は保温温度が七十℃前後に調節されているので、炊き上がったご飯と一緒にビニール袋などに入れた卵を入れておけば二十〜三十分ほどで簡単に温泉卵がつくれます。ご飯と卵を一緒に入れることに抵抗があれば、室温に戻した卵を釜に入れ、卵がかぶるくらいの手引き湯(手を入れることができない程度まで熱した湯＝六十℃)を注ぎ、保温スイッチを入れて二十〜三十分おいても、温泉卵ができます。炊飯器の保温温度は機種によって若干違うので、保温温度が七十℃を超える機種なら釜に入れておく時間を短めにしましょう。

表1　卵白・卵黄の凝固と温度の関係

温度	卵白の状態*	卵黄の状態*
55℃	液状、透明でほとんど変化なし	変化なし
57℃	液状、薄く白濁	変化なし
59℃	乳白色で半透明のゼリー状	変化なし
60℃	乳白色で半透明のゼリー状	変化なし
62℃	乳白色でやや半透明のゼリー状	変化なし
63℃	乳白色でやや半透明のゼリー状	やや粘りがあるが、ほとんど変化なし
65℃	白色でやや半透明のゼリー状。ややゆれる状態	粘りのあるやわらかい糊状
68℃	白色でゼリー状。やや固まっている	粘りのあるかたい糊状で半熟に近い
70℃	ややややわらかく形ができる程度の凝固状態だが、部分的にまだ液状	粘りのある餅状で半熟状態
75℃	ややややわらかく形ができる凝固状態。液状の部分はない	弾力あるゴム状でかたい半熟。色がやや白っぽくなる
80℃	完全に凝固し、かたい	やや粘りがあるが、ほぐれる状態。黄白色
85℃	完全に凝固し、かたい	粘り、弾力ともに少なく、よくほぐれる。白色を増す

＊卵白と卵黄を分け、それぞれを5gずつ試験管に入れて55～90℃の湯に8分間つけたときの状態の変化。

岡村喜美, 家庭科教育学会誌, 1, 21-26（1960）をもとに作成

温泉卵

Q.69

ゆで卵の卵黄が青黒くなることがあります。どうしてですか？

卵を高温で十五分間以上ゆでると、卵黄の表面が暗緑色に変色することがあります。変色するのは表面だけで、いくら長時間ゆでても、卵黄内部まで暗緑色になることはありません。なお、変色した部分を食べても害はありません。

卵には、シスチンやメチオニンなど硫黄《いおう》を含むアミノ酸（含硫アミノ酸）が含まれています。含硫アミノ酸は加熱すると分解されて、硫化水素という気体を発生します。この含硫アミノ酸は、アルカリ性の下では酸性下よりも速やかに分解が進みます。卵白には卵黄よりも含硫アミノ酸が多く含まれています。さらに、卵黄は酸性ですが、卵白はアルカリ性なので、卵白中の含硫アミノ酸の方が分解されやすいのです。このため、硫化水素は卵白中で発生します。一方、卵黄には鉄が豊富に含まれ、鉄は硫化水素と反応すると暗緑色の硫化第一鉄になります。ゆで卵の卵黄が青黒くなることがあるのは、卵白中で発生した硫化水素が卵黄中の鉄と結びついて硫化第一鉄がつくられるためです。また、変色するのは卵白と接触している卵黄の表面部分だけです。

ゆでた直後に冷水で冷やせば、卵黄表面が暗緑色に変わるのを抑えることができます。これは、急激に冷やすことで殻の近くの圧力が下がり、卵白で発生した硫化水素が殻の方に向かって移動するため卵黄表面に達しないこと、そして冷やすと硫化水素の発生を止めることができるからです。硫化水素が卵黄表面と接触しなければ、硫化第一鉄がつくられることはありません。

なお、卵焼きをしばらく置いておくと、一部が暗緑色になることがありますが、これもゆで卵の場合と同じで、卵白で発生した硫化水素が卵黄中の鉄と結びついて硫化第一鉄がつくられるためです。

Q.70

古い卵と新しい卵でゆで卵をつくると、どんな違いが現れますか？

古い卵でゆで卵をつくると、それほど長い時間ゆでていないのに卵黄の表面が暗緑色になっていることがあります。これは、卵が古くなると、卵白のpHが高くなる（アルカリ性になる）ためです。

産卵直後の鶏卵の卵白には二酸化炭素が溶け込んでいるため白く濁っています。この時点のpHは七・八付近と弱アルカリ性です。その後時間が経つにつれて卵白中の二酸化炭素が卵の殻のごく小さな穴（気孔）から抜けていき、pHは約九・三と高くなり、強いアルカリ性になります（図1）。つまり、古い卵ほどアルカリ性が強くなります。一方、卵黄のpHは貯蔵してもあまり変わりません。

卵黄の表面が暗緑色に変化するのは、卵白中で発生する硫化水素と卵黄中の鉄が結びついて硫化第一鉄ができるためです（Q69参照）。アルカリ性が強いほど硫化水素が発生しやすいので、古い卵は卵黄表面が暗緑色になりやすいのです。

ゆで卵の殻は、新しい卵よりも古い方がむきやすいことが知られています。新鮮な卵では、卵殻膜（薄皮）に卵白が付着しており、ゆでるとそのまま一緒に固まってしまうので殻がはがれにくいのです。ところが、古くなると卵白のアルカリ性が強くなるとともに、卵殻膜に付着する卵白が減ってくるため、殻がむきやすくなります。新鮮な卵でも、卵白を人工的にアルカリ性にすると、殻がむきやすくなることが実験で確かめられています。さらに、ゆでた直後に冷水につけて卵を急激に冷やせば卵殻膜と卵白の密着を防ぐことができ、殻がいっそうむきやすくなります。水につける時間は一～二分ぐらいで大丈夫です。

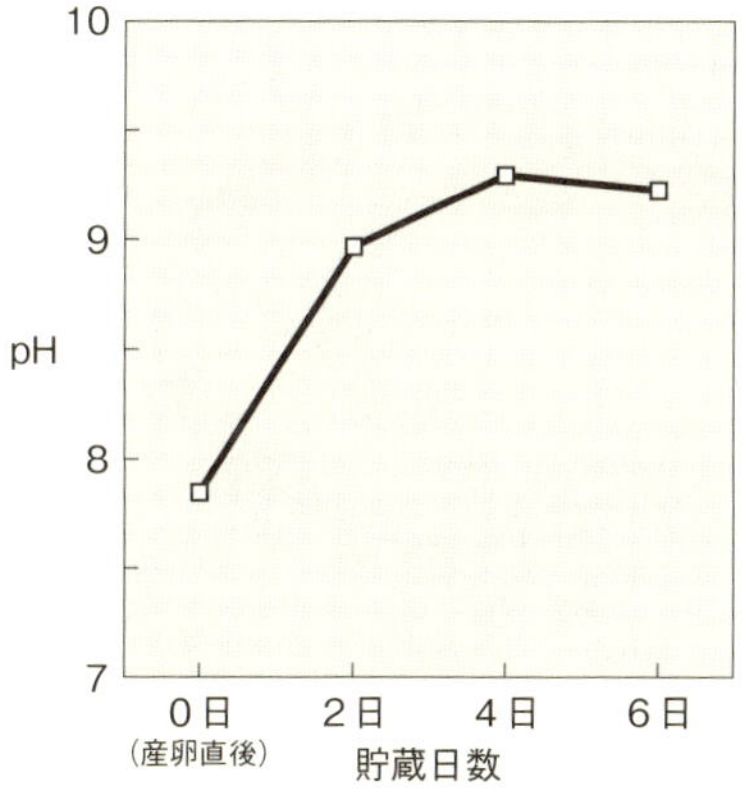

図1　鮮度低下にともなう卵白のpH変化
（25℃で保存した場合）

田名部尚子ほか, 日本家禽学会誌, 17, 94-99（1980）より

Q.71

冷蔵庫から出したばかりの卵をゆでると、殻がひび割れしやすいのはなぜですか?

冷蔵庫から出したばかりの卵をゆでると、ゆでている最中に殻にひびが入って、ひどいときには卵白がはみ出してしまうことがあります。これは、卵の中身が熱によって急激に膨張し、殻がその圧力に耐えられなくなることが原因です。どのような物質でも加熱すると膨張しますが、中でも気体の膨張する割合は、固体や液体にくらべてとても大きいのです。卵には、気室と呼ばれる空気が入っている部分が丸みのある側にあります(図1)。卵は古くなるにつれて、殻に一万個ほどある小さな気孔を通じて中の水分が蒸発していき、蒸発した分だけ卵の中に空気が入り込むので、古い卵ほど気室は大きくなっています。

卵を水に入れて火にかけると、殻の表面から小さい泡が出てくるのが見えます。この泡は、卵の中の空気が加熱により膨張して殻の気孔を通り抜けて出てきたものです。膨張した体積と同じ量の空気が気孔から出ていけば、殻内部の圧力が高まることがないので、殻はひび割れません。ところが、空気が急激に膨張したときには、小さい気孔から膨張した体積分の空気が出ていけません。こうなると、膨張した空気が殻の内側にこもって内部の圧力が高まり、この圧力に耐えきれなくなった殻の弱い部分に亀裂が入り、そこから卵白が押し出されてくるのです。

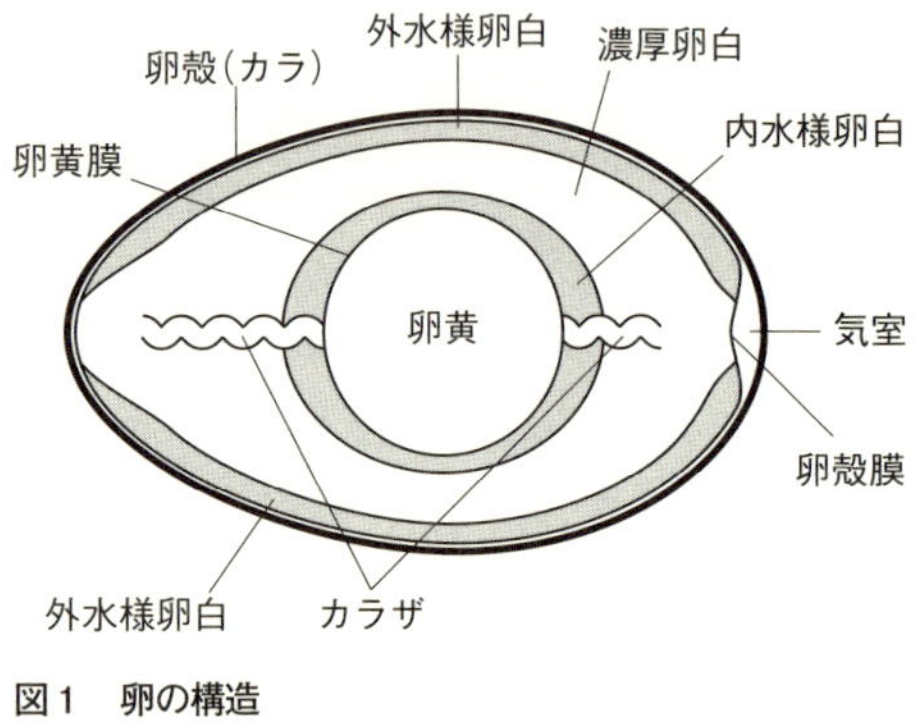

図1　卵の構造

冷蔵庫内の温度は一~十℃くらいですが、室温をだいたい二十~二十五℃とすると、冷蔵庫から出したばかりの卵の温度は室温に戻した卵よりも二十℃前後低いことになります。この温度差だけで卵の中の空気の体積は七％近く増えます。さらにゆでる過程で卵の温度はどんどん高くなり、それにともなって卵の内部の空気は膨張して体積がどんどん増えていきます。殻の気孔を一度に通り抜けられる空気の量がそれほど多くないことを考えれば、ゆでる前の卵の温度ができるだけ高い方が殻はひび割れしにくいのです。冷蔵庫で保存した卵は、取り出してすぐにゆでずに室温にしばらくおいて温度を戻してからゆでるといい、といわれるのはこのためです。

冷蔵庫から出したばかりの卵をひび割れさせないようにゆでるには、卵をざるに入れて湯をさっとかけたり、水に浸すなど、強制的に卵の温度を上げるのも一つの方法です。また、卵の気室にある空気が逃げやすいように、画びょうなどで気室部分の殻に小さな穴を開ける方法も効果があります。

ゆで水に少量の酢や塩を入れると、万一、卵が割れても白身が流れ出るのをある程度防ぐことができます。酢や塩には、卵白を凝固させる性質があるからです。

Q.72

アサリ汁やシジミ汁をつくるとき、水から入れるのと沸騰してから入れるのとで味は変わりますか？

アサリ汁やシジミ汁には、貝ならではの独特のうまみと甘みがあります。貝類特有のおいしさを生み出している成分は、うまみを示すグルタミン酸や甘みを示すグリシンというアミノ酸、それに貝らしい風味とうまみを示すコハク酸という有機酸です。貝の汁物をつくるとき、貝を水から入れた方がよいかどうかは、汁のおいしさを優先するのか、貝のおいしさを優先するのかによって決まります。汁のおいしさを優先したければ、貝からうまみを十分溶け出させるために水から入れた方がよいでしょう。貝のおいしさを優先したければ、貝からうまみがあまり溶け出さないように、沸騰してから入れた方がよいでしょう。

貝類は、肉と同じタンパク質食品です。タンパク質食品をおいしく加熱するコツは、高温で加熱し、素早く表面を熱で凝固させ、内部のうまみ成分が流れ出ないように短時間で仕上げることです。けれども、汁のおいしさを優先する場合にはこの逆になります。貝のうまみ成分を汁に溶け出させることが目的ですから、低温で時間をかけて加熱して表面が熱で凝固する前に内部のうまみを溶け出させる方がよいのです。そのためには、貝は沸騰した湯に入れるよりも、水から入れて加熱した方がよいことになります。うまみ成分の多くは水溶性ですから、水から加熱するとうまみを十分に汁に溶け出させることができます。

実際に、貝を水から入れて加熱したときと、沸騰した湯から入れて加熱したときの、汁に溶け出したアミノ酸の量をくらべた実験で、水から入れた方がアミノ酸の量が多いことが明らかにされています(図1)。この実験結果は、水から入れると汁のうまみが強くなり、湯から入れると貝にうまみが多く残ることを意味します。つまり、貝を味わおうと思うなら湯から入れた方がよいわけです。

もし貝も汁もおいしく味わいたいのであれば、たとえば貝の半量を水から入れ、残り半量を汁が温まってから入れればよいでしょう。

なお、コハク酸は水中で生きている貝類には少なく、貝類の死後、あるいは生きていても酸素を体内に取り入れられない状態のときに蓄積される成分です。つまりとったばかりの貝よりも、スーパーで売られているようなパック詰めの貝の方がコハク酸は多いのです。買ってきた後に、さらに貝を少しの間空気中に放置しておけば（魚介類は空気中の酸素は吸えない）、その間にもコハク酸が増えていきます。ただし、放置しすぎて貝を腐らせないように十分注意しましょう。

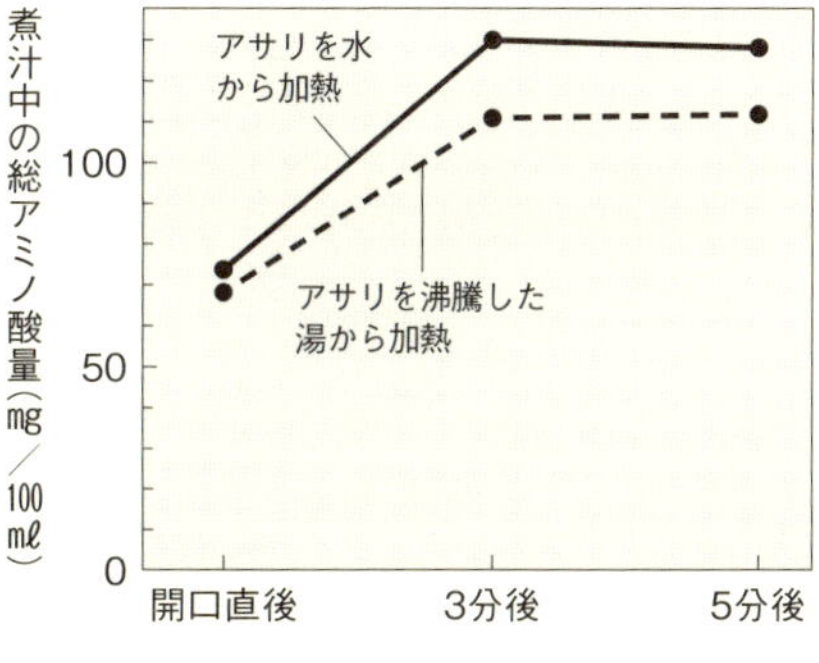

図1　貝（アサリ）の煮汁中のうまみ成分量の変化

独立行政法人 農林水産消費技術センター「大きな目小さな目」第40号7月号（1998）より

Q.73

フォンをとるとき水から材料を入れますか？　沸騰してから入れますか？

「フォン(Fond)」とは、フランス語でもともと「基本となるもの」というような意味を持つ言葉で、調理の分野では、いわば「だし」を意味します。鶏、仔牛、野禽などさまざま肉類を主材料とするフォンがあり、魚を使う場合には「フュメ(Fumet)」という言葉が使われます。

フォンやフュメをとるときには、一般的に水から材料を入れて加熱していきます。沸騰してから材料を入れると、材料の表面のタンパク質が熱凝固し、内部からうま味成分が溶け出しにくくなるためです。火にかける前に材料をしばらく水につけておけば、その間にもうま味成分が溶け出してくるのでフォンのうま味成分がいっそう増えることになります。

また、肉にはタンパク質やペプチドなどを分解するいろいろな酵素が含まれており、それらの酵素の働きで、四十℃付近ではうまみを示すアミノ酸が増え、六十℃付近ではペプチドが増えてくることが実験で明らかにされています。ペプチドとはアミノ酸が二個から数十個結合したものですが、ペプチドが増えると他の味をまろやかにすることがわかっています。つまり、素材を水から入れれば、水の温度が上昇している間にも酵素の作用でさらにうまみ成分が増えることになります。

Q.74

フォンをとるとき、液面がかすかにゆらぐ程度の火加減がいいといわれる理由は？

フランス料理のフォンなど、西洋料理のだし類にはうまみ成分だけではなく、コラーゲンも多く溶け出しています。コラーゲンの量が少ないだしは酸味や渋みが強く感じられ、コラーゲンの量が多いだしはうまみやまろやかさが強く感じられることが実験によって明らかにされています。

素材から溶け出るコラーゲンなどのタンパク質の量は、加熱温度で大きく異なります。肉からフォンに溶け出したタンパク質の量を測定した結果をみると、七十℃、八十℃で加熱するよりも、九十二℃で加熱した方がタンパク質の量が三割以上も多いことがわかります（図1）。高い温度で加熱した方が、素材からコラーゲンなどが多く溶け出すのです。その一方で、百℃近い高温で長い時間加熱を続けると、フォン中にすでに溶け出しているイノシン酸などのうまみ成分が分解されて減ってしまうこともわかっています。つまり、あまり温度が高すぎるとフォンの味が落ちてしまうこともあるわけです。このため、フォンをとるときには八十五～九十℃ぐらい、つまり液面がかすかにゆれる程度の温度で加熱を続けるのがよいのです。

ボコボコと激しく沸騰させながら沸かし続けると、材料から溶け出した脂肪が小さな油滴になって細かく分散し、フォンが濁る原因にもなります。

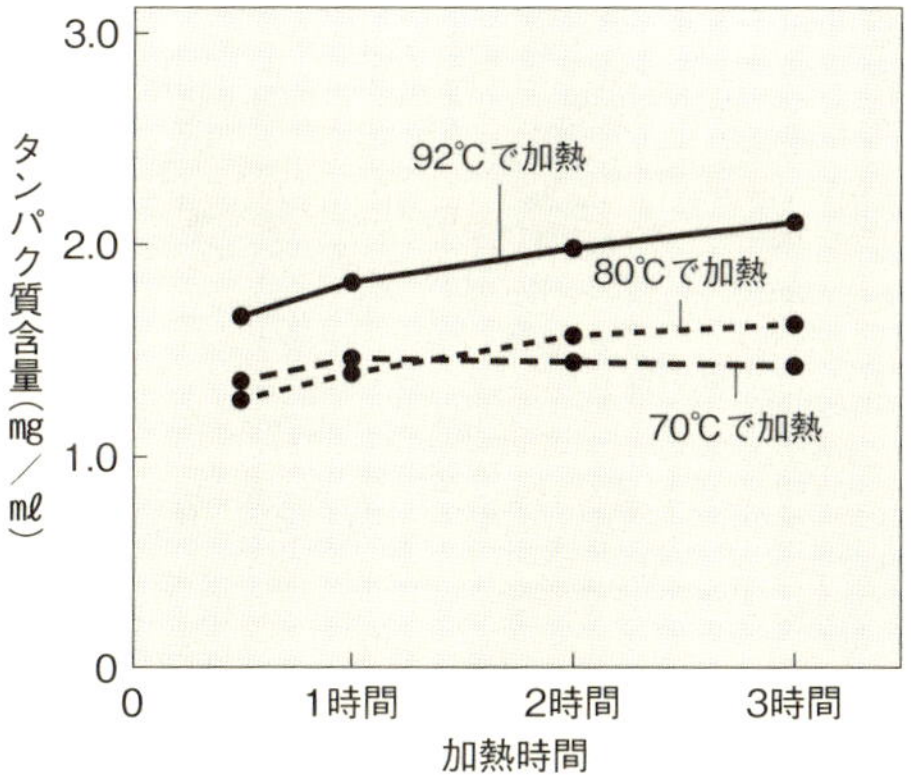

図1　肉から溶け出すタンパク質の量におよぼす煮出し温度の影響

田島真理子ほか, 日本家政学会誌, 42, 877-880（1991）より

Q.75

昆布だしは水につけるより沸かした方がよく出るのでしょうか？

昆布のうまみ成分の正体はグルタミン酸と呼ばれるアミノ酸ですが、これ以外にもアスパラギン酸やアラニンなどのアミノ酸、さらには甘みのあるマンニットという糖類が昆布のうまみをつくり出しています。昆布の表面についている白い粉がマンニットです。実際には、だしをとる際に溶け出す成分には、こうしたうまみのほか、渋みを示す海藻タンニン、昆布特有のぬめりのもとであるアルギン酸と呼ばれる多糖類の食物繊維なども含まれています。

昆布のうまみのもとであるグルタミン酸は、昆布を水や湯につける時間が長いほど、また温度が高いほど、さらに加熱時間が長いほど多くなります。ただし、昆布から溶け出す成分はうまみ成分だけではありません。ぬめり、渋み、昆布臭といった、だしとして好ましくない成分もグルタミン酸と一緒に溶け出してきます。

昆布だしのとり方は、昆布の種類にもよりますが、昆布を水に入れてしばらくおき、沸騰させない程度に加熱して引き上げる方法が一般的です。昆布を入れたまま沸騰させると、臭みやえぐみ、粘りなどが出てしまいます。

また、昆布を水に入れて、火にかけずにだしをとる水出し法もあります。水出し時間とだし中のグルタミン酸の量の関係を調べた実験結果をみると、水出し時間が三十分までは時間とともにグルタミン酸の量が増えていきますが、三十分以降はそれほど増えていません（図1）。必要以上に水につければ粘りや臭みなどが出てくるので、水出し時間は三十分を目安にするのがよいようです。

昆布は品質などをもとに等級が決められており、同じ種類の昆布どうしをくらべると、一等の昆布にはグルタミン酸が多く含まれていますが、グルタミン酸の量が多いほどだし汁がおいしくなるとは一概にいえません。グルタミン酸の量が多すぎる、つまりうまみが濃すぎるとかえってくどさが出て、料理全体としての調和がとれないこともあります。用途に応じてだしのとり方を工夫することが大切です。

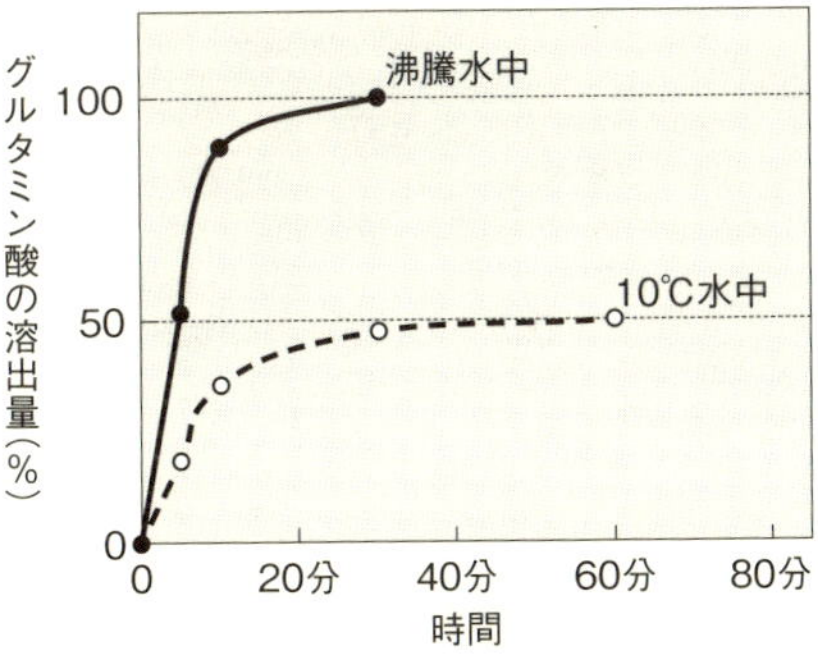

図1　昆布グルタミン酸のつけ水への溶出量変化

甲田道子ほか, 調理科学, 23, 302-306（1990）をもとに作成

Q.76

うまみと香りが豊かなカツオだしをとるポイントを教えてください。

カツオだしの風味は、うまみ成分と香り成分によるものですが、だしのとり方によってこれらの成分の溶け出し方が違ってきます。汁物や煮物に用いるカツオだしのとり方に共通しているのは、①削り節を熱い湯に入れる、②入れてからは基本的に加熱しない、③火を止めた後、放置して削り節が沈んでから漉したり上澄みをすくい取ったりする、この三点です。①から③のすべての手順を踏むことで、うまみと香りを持ち、雑味のないカツオだしが得られます。

カツオ節の場合も昆布だしと同様に、温度が高いほど、また時間が長いほど、だしに溶け出す成分の量は多くなります。香りは揮発する物質なので、必要以上に加熱すると飛んで失われていきます。また、温度によってカツオ節から出てくる香り成分の種類は異なります。カツオ節の香ばしさを生み出すピラジン類や燻煙の香りを示すフェノール類など、いわゆるカツオ節らしいとされる香りは、湯の温度が高くなると出てきます。

うまみ成分を溶け出させつつ香りも引き出し、しかもそれが飛ばないようにするためには、削り節を高温の湯に短時間入れてだしをとることが大切です。高温の湯に長い時間入れておくと、渋みや苦みを示す成分が溶け出してくるため、だしの風味が損なわれます。イノシン酸やヒスチジンなどカツオだしのうまみ成分は、削り節を単に熱湯に短時間つけるだけで九割程度が溶け出します。入れた後に加熱しないのは、せっかく出てきた香りが飛ばないようにするためです。ただし、カツオ節を入れることで湯の温度が下がってうまみ成分や香り成分が溶け出しにくくなるので、入れた後、少しだけ加熱する場合もあります。その場合でも、必要以上に長く加熱すれば香りが飛ぶだけでなく、渋みや苦みを示す成分が溶け出してくるので気をつけましょう。

火を止めた後は、湯がしみ込むにつれてカツオ節は膨潤して比重が大きくなり、沈み始めます。このとき、だし汁にカツオ節の成分が溶け出すには若干時間がかかるのでそのまま放置します。ただし放置時間が長すぎるとうまみ成分だけでなく、苦みや渋み成分まで出てきてしまいます。三分間程度の放置が好ましいことが実験で確認されており、これはちょうどカツオ節が沈み切る時間とほぼ一致しています。

底に沈んだカツオ節は、たっぷりと汁を含んでいますが、これを絞ると苦みや渋みが出るため注意が必要です。底に沈んだ削り節ごとだし汁を漉すよりも、削り節が沈んだ後の上澄みをすくい取る方が、より雑味の少ない澄んだだし汁がとれるといわれています。沈んだ削り節ごと漉す場合には、絞らないように気をつけましょう。

Q.77

削り節は厚みによってうまみの出方が変わりますか？

だしに使う「節」は、カツオ節を筆頭にマグロ節、サバ節、イワシ節などさまざまで、これらを削った削り節は、薄削りと厚削りの二つに大別できます。日本農林規格(JAS規格)では、薄削りは厚さが〇・二㎜以下、厚削りは〇・二㎜を超えるものとしています。実際に市販されている薄削りの厚さは〇・〇三〜〇・一㎜程度、厚削りは〇・三〜一・〇㎜程度で、厚いものでは一・五㎜というものもあります。削り節の厚さによってだしのとり方は変わり、だしの味も違ってきます。

すまし汁のように淡味を極める料理のだし用には、一般に薄削りを使います。薄削りは熱湯に短時間つけるだけでうまみ成分が速やかに溶け出します。一方、そばつゆ用のだしのように、調味料を多量に合わせたり、コクを強く出すような料理のだし用には、厚削りを使う場合が多いようです。厚削りは、厚くなるほどうまみ成分が溶け出しにくく、加熱時間を長く要します。

加熱時間が長くなると、節のうまみ成分だけでなく、渋みや苦みなどの雑味を示す成分も含めたいろいろなエキス分の溶け出す量が多くなります。厚削りでは加熱時間が長くなることで、結果的にうまみと雑味が合わさり、味に深みやコクが備わります。ただし、加熱時間が長いほど、うまみ成分が単純に多くなるというわけではありません。薄削りと厚削りから溶け出したエキス分とイノシン酸の量を調べた研究から、エキス分は加熱時間が長くなるほど増えるものの、うまみを示すイノシン酸の量は薄削り、厚削りともにある時間までは増えますが、それを超えると逆に減っていくことが明らかにされています。揮発する香り成分も、加熱時間が長くなれば当然減っていきます。削り節の厚さによって、望ましい味を引き出すのに適した加熱時間があるのです。

強いコクのだしをとりたいのなら、最初から削り節に対する水の量を減らせばよいと思われるかもしれませんが、水に対する節の量が増えれば、浸透圧の関係で、エキス分が溶け出しにくくなってしまいます。最初は節に対する水の量を多くし、その後、水分を蒸発させた方が、同じ量の節を使ってもだしに含まれるエキス分の量は多くなることが実験によって明らかにされています。

Q.78

豆腐の内部に穴をつくらず、なめらかに仕上げる加熱方法はありますか？

豆腐を水や汁の中で加熱していくと、豆腐の内部や表面に球状の穴ができてきます。最初はとても小さい穴ですが、豆腐の温度が高くなるにしたがって穴は広がり、最後にはそこからひび割れてきます。この穴ができる現象を〝「す」がたつ〟〝「す」が入る〟などといいますが、この「す」は、豆腐中に含まれる水が、豆腐中で蒸発することにより生じます。湯豆腐や鍋物などで、加熱しすぎて豆腐に「す」がたつと、豆腐の持ち味であるなめらかな食感は失われ、かたくなります。

豆乳に、カルシウム塩やマグネシウム塩を含む凝固剤を加えてできるのが豆腐です。これは大豆タンパク質がカルシウムイオン(Ca^{2+})やマグネシウムイオン(Mg^{2+})などの二価の金属イオンと結合して凝固する性質を利用したものです。豆腐は固体ですが、九〇%近くが水分です。ちょうどスポンジに水をたっぷり含ませた状態と同じように、水分は凝固した大豆タンパク質の隙間に閉じ込められています。この水の中には大豆タンパク質と結合できなかったカルシウムイオンなども溶け込んでいます。豆腐を固めるために入れたカルシウムイオンなどのうち、二〇%弱は大豆タンパク質と結合していますが、残り八〇%強は結合せずに遊離した形で豆腐の水分中に存在しています。

豆腐を温めると金属イオンが活発に動き出し、金属イオンと大豆タンパク質がどんどん結合していきます。この状態は、豆乳に適量以上の凝固剤を加えた状態と同じことで、豆腐がぎゅっと縮んでかたくなっていきます。豆腐の中で発生した水蒸気は、かたい豆腐の中からなかなか外へ逃げられないまま、気泡として徐々に大きく成長していきます。そして、ついにかたい豆腐を打ち破って外に逃げ出すために、大きくひび割れたような亀裂が生じるのです。

「す」がたった豆腐

豆腐の「す」だちを防ぐには、必要以上に豆腐の温度を上げないことです。たとえば湯豆腐などの場合には、豆腐の下に昆布などを敷いて、鍋底からの熱の伝わりを和らげるのも一つの方法です。また、〇・五～一％程度の塩を加えることも効果的です。塩に含まれるナトリウムイオンが二価の金属イオンとタンパク質が結合するのを妨害し、豆腐はかたくなりにくく、また「す」だちを起こしにくくなります。その証拠に、味噌や醬油などの塩分を含む調味料が入った汁の中では、豆腐はあまりかたくなりません。

逆に、三価の鉄イオンやアルミニウムイオンは、二価のカルシウムイオンよりも豆腐を固める作用が強く、少しでもこうした金属イオンが存在すると豆腐がかたくなります。豆腐料理に鉄鍋などを使うときには気をつけましょう。

調理小話——その2

だしの種類とうまみの種類
——だしはかつて日本人のミネラル供給源だった

だしとは、動物性や植物性の材料を煮出したり、水に浸してうまみ成分を取り出した汁を指します。うまみ成分はアミノ酸系と核酸系に分けられ、アミノ酸系といえば昆布のうまみのもとであるグルタミン酸、核酸系といえばカツオ節のうまみのもとであるイノシン酸が知られています。日本では、だしの材料としてカツオ節や昆布、煮干し、干し椎茸などが主に使われてきました。

よく「一番だし」「二番だし」という言葉を耳にしますが、本来「一番だし」とは、高温の湯にカツオ節を入れてうまみや香りを抽出したもの、「二番だし」とは、一番だしをとり終えたカツオ節を水から煮出してうまみを抽出したものです。専門店では「一番だし」といえば、カツオ節と昆布の両方を使ってとることが多いようです。「一番だし」はその香りが生かせるように、主にすまし汁などに使われ、「二番だし」はそのうまみやコクが生かせるように、料理全般に使われています。カツオ節と昆布の二種類からうまみ成分を同時に抽出するという方法は、うまみを強めるという点でとても理に適った方法です。アミノ酸系のうまみ成分と核酸系のうまみ成分を合わせると、うまみが著しく増強されるという相乗効果があるからです。実際に、昆布のうまみ成分であるグルタミン酸（〇・〇二％濃度）とカツオ節のうまみ成分であるイノシン酸（〇・〇二％濃度）を合わせただしのうまみの強さは、グルタミン酸（〇・〇五％濃度）だけのだしの十二・五倍に相当することが確かめられています。

煮干しだしは、一般にカタクチイワシや真イワシの煮干しのうまみを抽出したものです。生臭みが強いため、味噌汁やそうざい用に利用されることが多く、うまみ成分はイノシン酸やアミノ酸類です。干し椎茸の戻し汁は、精進料理などでだしとして用いられることが多く、うまみ成分は核酸系のグアニル酸です。グアニル酸もアミノ酸系のうまみ成分であるグルタミン酸と相乗効果があるため、干し椎茸のだしと昆布だしを合わせると、さらにうまみの強いだしになります。

西洋料理でも、肉や骨、野菜を合わせて煮込んで、そのうまみを抽出したブイヨン（スープストック）がさまざまな料理に使われています。うまみ成分として肉類からはイノシン酸、野菜類からはグルタミン酸が溶け出しており、ここでも核酸系とアミノ酸系のうまみの相乗効果が生かされています。ちなみに、中国料理では、だしの材料として豚肉や鶏肉などとともにネギが使われる場合が多く、ネギ特有のにおい成分（含硫化合物）にはうまみを強める働きのあることがわかっています。

最近では、多種多様なうまみ調味料が市販されており、家庭では食品からだしをとる機会が減ってきたようです。近年、日本人のカルシウムや鉄、マグネシウムなどのミネラルの摂取不足が問題になっていますが、これは食品から直にだしをとらなくなったことも原因の一つではないかといわれています。確かに手間をかけて食品から抽出しただしには、少ないながらもミネラルやビタミンなどが含まれています。何よりも、かつての日本では、だしをとった後の昆布やカツオ節、煮干しがなんらかのそうざいに形を変えて食卓に上っていたため、これが日本人のミネラルの供給源となっていたことは確かでしょう。

お茶のおいしさと健康の関係

●お茶の成分

お茶の味わいは、渋み、苦み、甘み、そしてうまみがほどよく調和することで生まれます。渋みを示す成分はカテキン（タンニンの一種）と呼ばれるポリフェノールで、苦みはカフェイン、甘みやうまみを示す成分は主にテアニンと呼ばれるアミノ酸です。このうち、カテキン、テアニンはお茶特有の成分です。茶葉に含まれる成分は、種類や産地、栽培条件、加工条件などで異なってきます（表1）。

●お茶のいれ方と味の関係

同じお茶でも、いれ方が違うと味わいが大きく異なることはよく経験することです。これは、湯の温度や滲出時間によってお茶に含まれる成分の溶け出す量が変わってくるからです。渋みや苦みを示すカフェインとカテキンは、湯の温度が高いと溶け出る量が多くなります。カフェインとカテキンでは、カフェインの方が短い時間でよく溶け出します。高温、短時間でいれたお茶が渋みや苦みが強いのは、カフェインの量が多いからです。反対に、甘みやうまみを示すテアニンは、比較的低い温度でも溶け出します。低温で長い時間かけて抽出する水出し煎茶などでは、テアニンの溶出量が多く、カテキンとカフェインの溶出量が少ないため、甘みやうまみが強いお茶になります（表2）。なお、ミネラルウォーターなどのように硬度[*1]の高い水は茶葉から成分が溶け出しにくくなるため、お茶にはあまり適しません。

表1　茶葉の成分

(mg/g)

種　類	分　類	カテキン類	カフェイン	テアニン
煎　茶　A	緑茶（非発酵）	141.9	27.9	11.0
煎　茶　B	緑茶（非発酵）	105.5	28.8	23.0
凍頂烏龍茶	青茶（半発酵）	133.0	24.2	14.9
鉄　観　音	青茶（半発酵）	100.1	21.1	3.7
プーアル茶	黒茶（後発酵）	1.2	25.6	0.1未満

岸弘子ほか, 神奈川県衛生研究所研究報告, 35, 30-32(2005)より

●お茶の健康効果

カテキン、カフェイン、テアニンは、お茶の味に深くかかわるだけではなく、健康にも役立つことが、近年の

研究で明らかにされています（表３）。特にカテキンについては数多くの研究があり、虫歯菌（ミュータンス菌）増殖の抑制による虫歯予防効果、血中コレステロールや中性脂肪、血糖値上昇の抑制、体脂肪減少に対する効果、抗ガン作用、抗アレルギー作用などが報告されています。また、テアニンについては脳機能への作用による睡眠改善やリラックスなどの効果が注目されています。

これらの成分以外にも、茶葉にはいろいろな栄養成分が多く含まれており、その滲出量は茶葉の種類によっても大きく異なります。たとえばビタミンCの場合、煎茶と玉露と番茶をそれぞれ三分間滲出してくらべると、煎茶では茶葉に含まれるビタミンCの約七二％が、玉露では約九五％が、番茶では約五五％が溶け出すことが明らかにされています。日本では緑茶を飲む機会が多くあるので、緑茶から摂取するビタミンCもかなり多いと思われます。

＊1 硬度　水に含まれるカルシウム、マグネシウムなどのミネラルの割合や量を表す数値。ミネラルを多く含む水、つまり硬度の高い水は硬水と呼ばれ、逆にミネラルをあまり含んでいない水、つまり硬度の低い水は軟水と呼ばれる。

表2　茶葉からの成分溶出割合

	タンニン	カフェイン	テアニン
煎　茶（80℃ 2分間抽出）	48.5〜69.1%	84.8〜95.1%	77.7〜94.7%
水出し煎茶（2℃ 2時間抽出）	19.1〜40.0%	22.4〜49.6%	61.9〜85.8%

米田泰子ほか, 調理科学, 27, 31-38(1994)をもとに作成

表3　茶の成分と身体への影響

成分名	含量（乾物中）	期待される生理機能
カテキン類	10〜18%	抗酸化、がん予防、コレステロール低下、血圧上昇抑制、血糖上昇抑制、抗菌、抗ウイルス、抗アレルギー、虫歯予防、消臭、体脂肪減少
フラボノール	0.1〜0.6%	毛細血管抵抗性増強、抗酸化、血圧上昇抑制、消臭
色素（クロロフィル、βカロテン、アントシアン）	0.6%	がん予防、免疫活性増強
カフェイン	2〜4%	中枢神経興奮（疲労感・眠気の除去）、強心、利尿、代謝高進
ビタミンC	0.2〜0.5%	抗酸化、がん予防、抗ストレス
ビタミンE	0.05%	抗酸化、がん予防
フッ素	30〜350ppm（新芽）1,000〜1,800ppm（古葉）	虫歯予防
亜鉛	30〜75ppm	味覚異常の予防・改善、免疫能低下抑制、皮膚炎改善
アミノ酸・アミド類	3〜5%	
テアニン		リラックス作用、睡眠改善、抗うつ

第四章　煮る・炊くと熱の関係

Q.79

「煮炊き物はたくさんつくる方がおいしい」という説は本当ですか？

「たくさんつくる方がおいしい」とよくいわれるカレーを例にとって考えてみましょう。たくさんつくるということは、材料もその分多くなり、大きな鍋を使うことになります。大鍋を使うと、材料への熱の伝わり方が小さい鍋を使うときとは違ってきます。鍋が大きくなるにつれ、強度を保つために鍋厚が厚くなり、鍋自体が重くなります。これに加えて、材料が多くなることで熱容量（熱を蓄える力）が大きくなります。これは、熱容量には鍋の重さだけでなく、材料の重さもかかわってくるためです。熱容量が大きくなると、材料の温度の上がり方がゆっくりになり、温度が上がり切った後は、温度があまり上下せずに穏やかに、そして均一に熱が伝わります。さらに、火を止めた後も余熱で穏やかに加熱され続けるため、材料の温度は下がりにくくなります。つまり大鍋で煮炊きすると、材料にゆっくりと、長い時間、熱が加わることになるのです。

肉をゆっくり時間をかけて加熱すると、早く短時間に加熱したときよりも、うまみ成分をはじめとする肉のいろいろな成分が汁中に多く溶け出ること、また肉のかたさを左右するコラーゲンが分解されるので肉がやわらかくなることが、これまでの研究で明らかにされています（図1）。

野菜も、長い時間加熱すれば細胞が破壊されてやわらかくなり、うまみや甘みなどの成分が汁中に溶け出します。

さらに、動物性食品に多いうまみ成分（イノシン酸）と植物性食品に多いうまみ成分（グルタミン酸）が合わさると、うまみの強さが何倍にも強まることがわかっており、つまり肉と野菜から出てきたうまみ成分が合わさることで、カレーの汁が格段においしくなるのです。また、長い時間加熱し続ければ、汁のうまみは肉や野菜へも浸透していきます。「たくさんつくる方がおいしい」理由は、こんなところにもあると思われます。

ただし、大鍋でゆっくり煮炊きすることが、どんな場合にもよいわけではありません。たとえばご飯を炊く場合、炊飯器の容量ぎりぎりまで米を入れて炊くと、弾力のない、べちゃっとしたご飯になってしまいます。これは、火力に対して米の容量が大きすぎるために、沸騰するまでに長い時間がかかるからです（おいしいご飯を炊くための温度・時間条件はQ32・図1参照）。大鍋を使った大量炊飯では、火力を強くしてもなかなか沸騰に至らないため、沸騰までの時間を短くする工夫として、あらかじめ炊き水を沸騰させたところへ米を入れる湯炊きの方法がとられています。

単に「たくさんつくること」にこだわらず、材料に適した大きさの鍋や火力にすることが、おいしく調理するためには大切です。

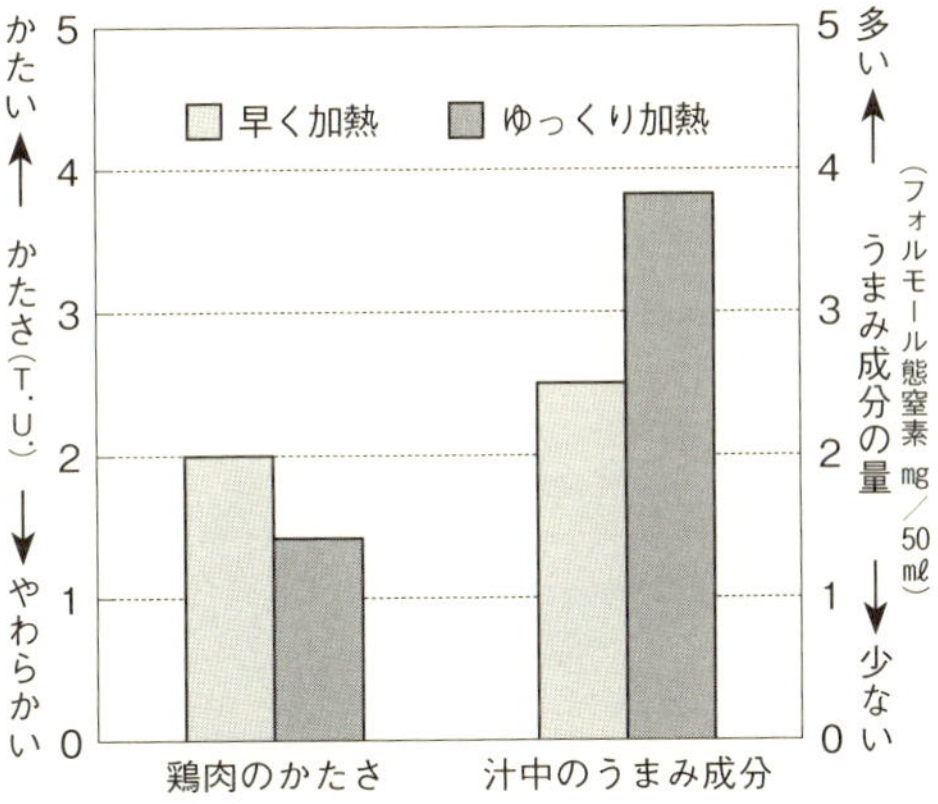

図1　鶏肉スープの仕上がりにおよぼす加熱速度の影響

畑江敬子ほか, 家政学雑誌, 32, 515-520（1981）をもとに作成

Q.80

肉や魚介類は煮込めば煮込むほどやわらかくなりますか？

　私たちが食べている肉は、主として動物の筋肉であり、**筋線維**と呼ばれる細胞がコラーゲンの膜で束ねられた構造をしています。この筋線維は、長い繊維状の**筋原線維タンパク質**と水溶性で球状の**筋形質タンパク質**で構成され、筋原線維タンパク質の間に筋形質タンパク質が詰まった構造をしています（図１）。肉を加熱すると、いったんやわらかくなった後にかたくなりますが、ある程度肉に火が通った後は、煮込めば煮込むほどやわらかくなります。

　肉は加熱開始後六十℃付近までは、温度が高くなるほどやわらかくなっていきます（図２）。けれども、肉の温度が六十℃付近を超えると、今度は急激にかたくなり、七十五℃付近を超えると再びやわらかくなります。このようなかたさの変化は、筋肉を構成する三種類のタンパク質が熱で変性する温度が異なるために起こります。筋原線維タンパク質が熱で凝固しはじめる温度は四十五～五十℃付近、筋形質タンパク質では五十六～六十二℃付

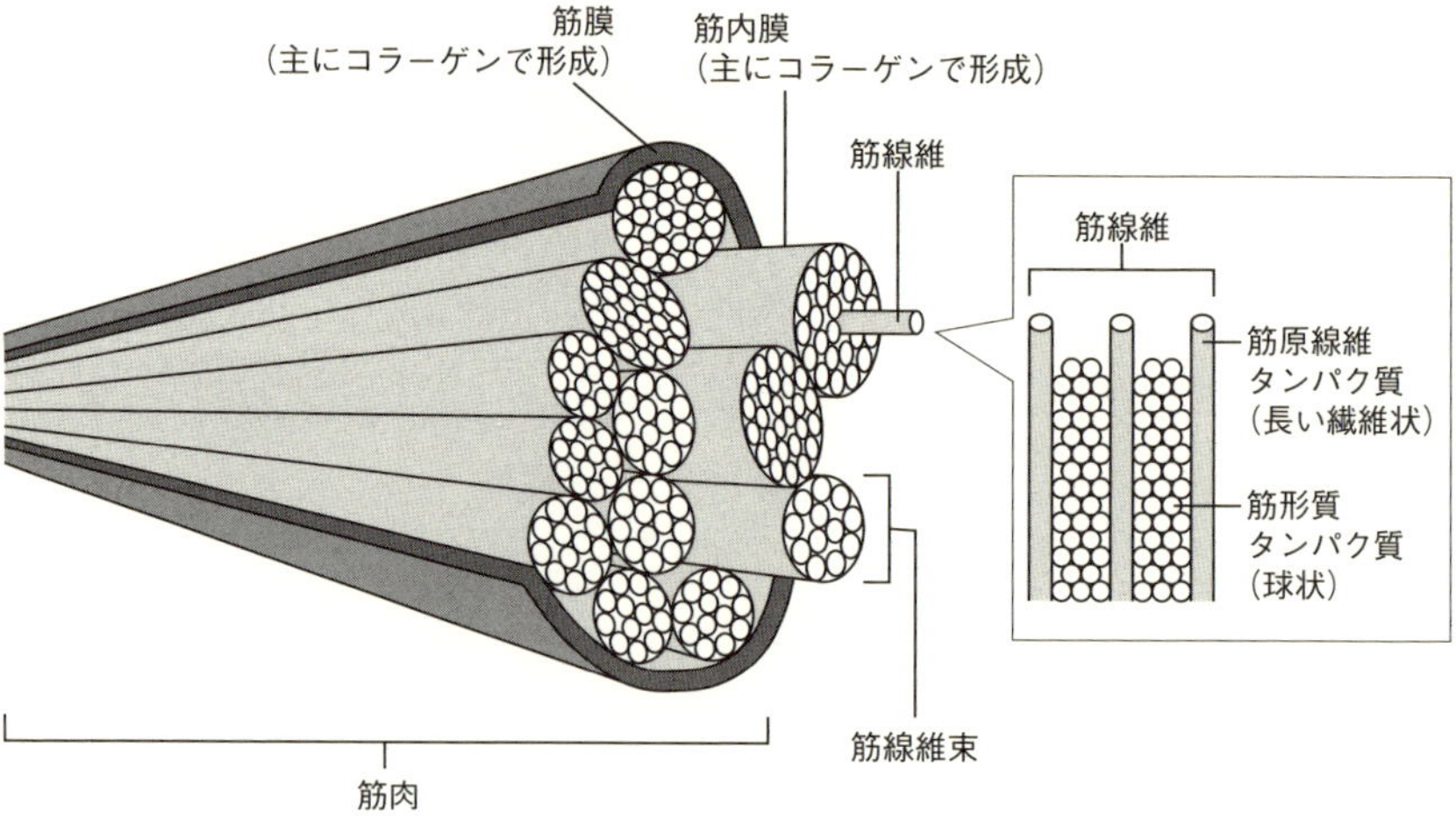

図１　肉の構造

近です。またコラーゲンは六十五℃付近でいったん縮んで最初の長さの約三分の一になり、さらに加熱を続けると分解されてゼラチン化します。

　加熱を開始して肉の温度が高くなってくると、最初に筋原線維タンパク質が熱で固まります。この時点では筋原線維タンパク質の間を満たしている水溶性の筋形質タンパク質はまだ固まっていませんから、噛むと筋原線維タンパク質がたやすく動くのでやわらかく感じられます。肉の温度が六十℃付近になると筋形質タンパク質が熱で固まって、筋原線維タンパク質どうしをぴったりとはりつけるようになります。こうなると噛んでも筋原線維タンパク質がひと固まりになって動かないので、かたく感じられます。さらに、六十五℃付近を超えると、今度は筋線維を束ねているコラーゲンが急激に縮むので、肉は一段とかたくなります。ところが七十五℃付近を超えると、コラーゲンの分解、つまりゼラチン化が急速に進んでいき、肉は再びやわらかくなります。その後は、煮込むほどに筋線維を束ねているコラーゲンの膜のゼラチン化が起こるので、どんどんやわらかくなるのです。長い時間煮込んだ肉の煮汁を冷やすとゼリー状になりますが、これは分解されたコラーゲンが煮汁に溶け出している証拠です。ただし、煮込み時間が長くなりすぎると、コラーゲンの膜が溶けて肉の繊維がバラバラにほぐれるため、肉は形を保てなくなります。

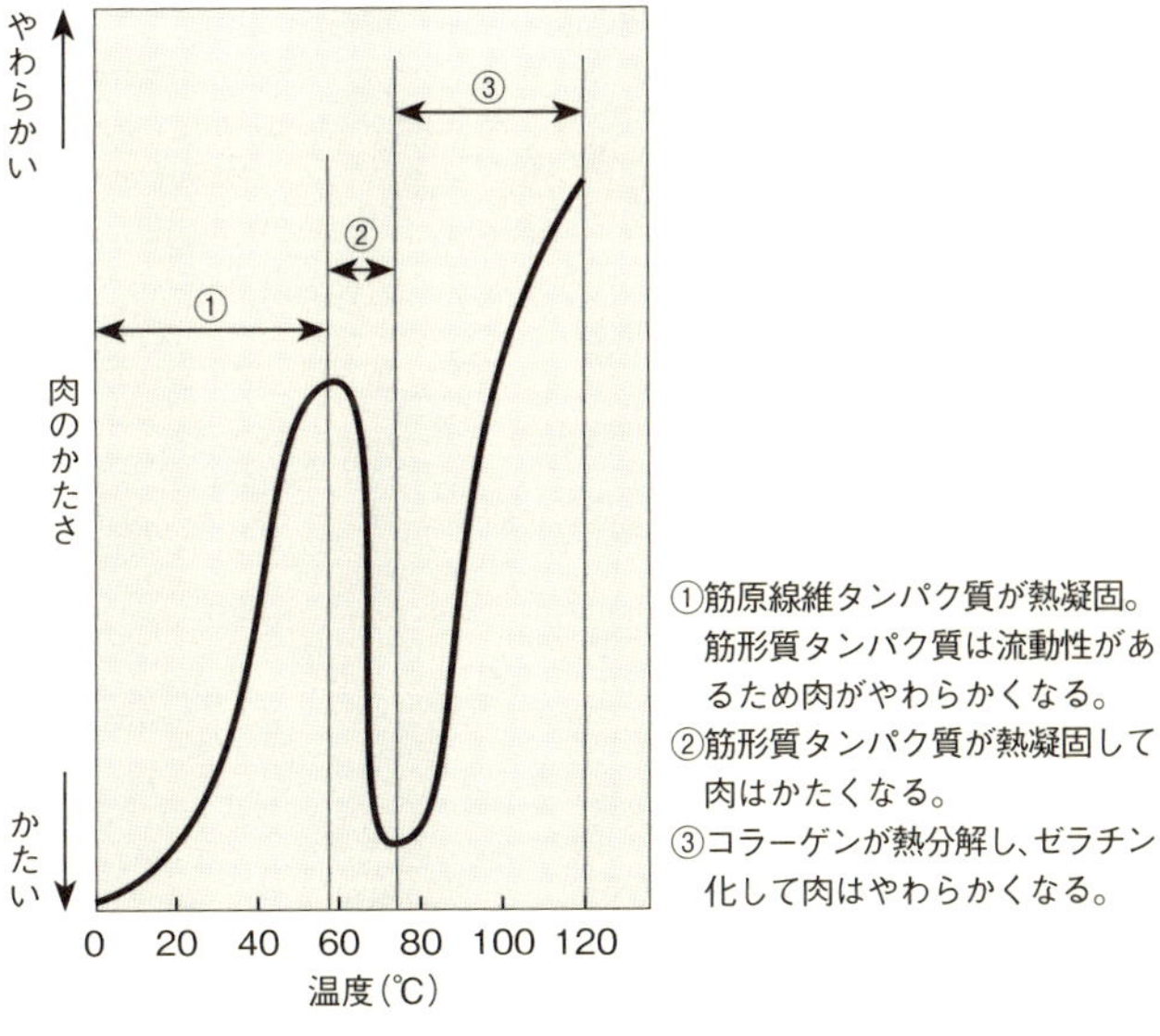

①筋原線維タンパク質が熱凝固。筋形質タンパク質は流動性があるため肉がやわらかくなる。
②筋形質タンパク質が熱凝固して肉はかたくなる。
③コラーゲンが熱分解し、ゼラチン化して肉はやわらかくなる。

図2　肉のやわらかさにおよぼす加熱温度の影響

著者作成

Q.81

肉は種類によって火通りの時間が違いますか？

「肉」と一口に言っても、牛、豚、鶏などの畜肉や魚肉など、いろいろな種類の肉があります。通常、私たちが肉と呼んでいるものは、主として動物の筋肉です。「肉」には筋肉に加え、脂肪もついています。筋肉は肉の種類にかかわらず、基本的にQ80で示したような構造をしています。肉によって火の通る時間が違うのは、主に、動物の種類によって筋肉をつくるタンパク質の組成が異なるためです。

畜肉と魚肉のタンパク質の組成をみると（表1）、両者の大きく違うところは、コラーゲンなどの硬タンパク質の量です。肉のかたさは、コラーゲンなどの硬タンパク質の量に左右されます。畜肉には、魚肉の約十倍も硬タンパク質が含まれているため、畜肉の方が食べたときにかたいのです。コラーゲンは、高温で長い時間加熱することで分解が進むため、畜肉は煮込めば煮込むほどやわらかくなります（Q80参照）。魚肉はコラーゲンが少ないので、それほど長く加熱しなくてもやわらかくなります。

肉を煮込むとき、どの程度の時間加熱するかは、料理によって違ってきますが、肉をやわらかくすることを優先させるなら、コラーゲンの量を意識することが大切です。畜肉は種類によってコラーゲンなどの硬タンパク質の割合が違います。たとえば豚と仔牛をくらべると、豚

表1　畜肉と魚肉の筋肉タンパク質組成の比較

種類		肉漿タンパク質 筋形質タンパク質	肉漿タンパク質 筋原線維タンパク質	硬タンパク質（コラーゲンなど）
畜肉	仔牛	24%	51%	25%
	豚	20%	51%	29%
	馬	16%	48%	36%
	ウサギ	28%	52%	16%
魚介肉	タラ	21%	76%	3%
	トビウオ	29%	68%	2%
	ヒラメ	18〜24%	73〜79%	3%
	ブリ	32%	60%	3%
	サバ	38%	60%	1%
	イワシ	34%	62%	2%
	スルメイカ	12〜20%	77〜85%	2〜3%
	ハマグリ（貝柱）	41%	57%	2%

竹内晶昭,「食品材料」, 同文書院（1983）より

の方が硬タンパク質の割合が多いので、豚肉をやわらかくするには、仔牛よりも長く煮込まなければならないことになります。一方、魚肉は畜肉にくらべてコラーゲンが少ないので、コラーゲンの存在をあまり意識する必要はなく、期待する仕上がりを得るために筋原線維タンパク質と筋形質タンパク質にどのように火を通すかを考えればよいでしょう。

Q.82

低温の油脂で煮る「コンフィ」は、同じ温度の湯で煮るのとどう違うのでしょう?

フランス料理では、肉などの材料を低温の油脂でゆっくり加熱し、油脂に漬けたまま保存する「コンフィ」と呼ばれる調理法があります。コンフィには他にも、果物のシロップ漬けや野菜の酢漬けなど、さまざまな意味がありますが、ここでは油脂で煮る調理法に絞って考えていきます。

油脂で煮るコンフィと水で煮る調理法をくらべたときにまずいえることは、材料に熱を伝える媒体が水か油かで仕上がりが大きく違うということです。食肉は、大ざっぱにいえば筋肉と脂肪の塊です。筋肉を構成するタンパク質の中には、煮ている間に煮汁に溶け出すものもあります。たとえば、うまみ成分などは水に溶けますが、油には溶けません。これは、水で煮る場合には、うまみ成分が肉から水中へ溶け出して肉のうまみが減りやすく、油で煮る場合には、うまみ成分が油に溶け出しにくく、肉から逃げにくいということを意味します。一方、肉の脂肪の溶ける温度(融点)は肉の種類によって異なります(表1)。油で煮ると、肉が油っぽくなりそうな気がしますが、実は油で煮れば脂肪が効率よく抜けるので、それほど油っぽくならないのです。逆に、水で煮ると、組織が破壊されれば脂肪の一部が流れ出るものの、基本的に油で煮るよりも脂肪が多く残ります。

つまり、コンフィにした肉は、脂肪がある程度溶け出し、うまみ成分が多く残っているのです。さらに、水の沸点である百℃よりも低い温度で加熱してはいますが、水分の蒸発も起こっています。つまりこれは、うまみが濃縮されることを意味し、肉の味が濃厚に感じられるはずです。これに対して、同じ温度の湯で煮た肉は、うまみ成分が水中に溶け出し、脂肪が比較的肉に残っています。また、水中で肉の味が濃縮することもなく、かえって水が肉に付着して水っぽい仕上がりになる場合もあります。

表1　食肉の脂肪の融点

種類	融　点
牛	40～50℃
馬	30～43℃
豚	33～46℃
羊	44～55℃
鶏	30～32℃

Q.83

青背魚の臭みが味噌、醤油、酒、ショウガなどで抜けるのはどうしてですか？

　とれたての魚はほとんど臭みがありませんが、鮮度が落ちてくると臭みが出始め、時間とともに増していきます。魚臭の原因となる物質としては、トリメチルアミンなどがよく知られています（Q60参照）。

　味噌に含まれている脂質やタンパク質は、コロイド粒子と呼ばれる肉眼では見えないほど小さな粒子の形で水中に分散します。コロイド粒子には物質を吸着する働きがあるため、味噌を使うと臭みを示す物質が吸着されてにおわなくなるのです。牛乳が魚臭を消すのも、牛乳に含まれるコロイド粒子の働きによるものです。

　醤油や日本酒は、魚臭の原因となるトリメチルアミンに直接作用して、魚臭を抑えます。醤油のpHは四・六〜四・八ぐらい、日本酒のpHは四・〇〜四・二ぐらい、つまり両者ともに酸性なので、アルカリ性のトリメチルアミンを中和して揮発しない（におわない）物質にするのです。ワイン、酢、トマトケチャップ、ソース類、梅干しなどは、pHが二・五〜四・〇付近とかなり酸性が強いため、魚臭を消す効果は一段と高くなります。なお、日本酒に含まれる成分の中には、トリメチルアミンと結合してにおわない物質にする成分も含まれているといわれ、これも魚臭を抑えるのに役立っているようです。

　その他にショウガ、ネギ、ローリエ、タイム、クローブ、キャラウェイなどにも、魚臭を抑える効果があることが実験で確かめられています。その理由として、トリメチルアミンがこれら香味野菜や香辛料の精油（香り成分）と結合して、においの少ない物質に変わるためであると考えられています。

Q.84

魚を煮付けにするとき、煮汁の量はどの程度必要ですか？

魚の煮付けは一般に、濃厚な味付けの、少量の汁の中で魚を煮ます。煮ている間に調味料が魚にしみ込んで味がつく一方で、魚からはうまみ成分などが溶け出します。煮汁には魚のうまみ成分などが多く溶け出ているため、とろみがつく程度まで煮詰めて魚にからめるようにし、煮汁に溶け出したうまみも一緒に味わえるようにすることが大切です。煮汁が多すぎると、とろみがつくまで煮詰めるのに時間がかかること、そして煮崩れを起こしやすいことが問題になります。

魚は畜肉にくらべてコラーゲンが少ないので、比較的加熱時間が短くても十分やわらかくなります。煮汁が多すぎて煮詰めるまでに時間が長くかかると、その間に魚からうまみ成分などを含む肉汁が多量に流れ出てしまいます。こうなると、うまみや肉汁の抜けたぱさついた煮魚に仕上がってしまいます。煮汁が少なければ短時間で煮上げることができるので、魚自体の持つおいしさを十分味わうことができます。

また煮汁が多いと、魚が煮汁の中でプカプカ浮いて皮が身からはがれたりすることもあるし、煮汁は鍋の上下方向に大きく対流するので、その力で身の一部が崩れることにもなりかねません。煮魚は味もさることながら、見た目もおいしそうに仕上げたいものです。煮汁が少なければ、味の面でも見た目の面でも、おいしい煮魚に仕上がります。

煮汁が多くても、対流があまり起こらないような火力で加熱し、火が通った時点で魚を煮汁から引き上げ、残った煮汁を煮詰めれば、ある程度おいしい煮魚にすることはできます。それでも、煮汁に溶け出ているうまみ成分の中には、イノシン酸のように長い時間煮ると分解されてしまうものもあるので、短い時間で煮上げたときよりも煮汁のうまみは少なくなります。加えて、単に煮汁の水分を飛ばすだけのために、余分に光熱費をかけるのは無駄なことです。やはり、魚を煮るときには、魚に火が通る頃にとろりと頃合いよく煮詰まるくらいの汁の量の方が、おいしさの面でも経済的な面でもよいのです。

Q.85

魚の煮付けをつくるとき、煮汁が沸騰したところに魚を入れるのはなぜですか？

魚などのタンパク質食品を加熱するときのポイントは、できるだけ素早く表面を熱で凝固させて内部の肉汁が外に流れ出ないようにすることです。このため、煮魚では汁が沸騰したところに魚を入れるのです。

煮汁が沸騰していれば、魚は煮汁に入れた途端に表面のタンパク質が熱で凝固します。ところが、煮汁の温度が低ければ、魚の表面は熱で固まらず、水溶性のタンパク質などが溶け出します。また、魚の内部に熱が伝わって筋肉の細胞を束ねているコラーゲンの膜が収縮してくると、魚からうまみを含む肉汁が搾り出されます。このとき、表面が熱で固まっていなければ、肉汁はそのまま速やかに煮汁へ流れ出てしまいます。実際に、魚を入れるときの煮汁の温度によって肉汁の流出量がどう変わるかを調べた実験で、沸騰した煮汁に魚を入れた方が、室温の煮汁に入れるよりも、肉汁の流出量が三％程度少ないことが報告されています。ただし、沸騰した煮汁に魚を入れたからといって、肉汁が流れ出る心配がなくなったわけではありません。肉汁の流出量には、魚を入れる時点の煮汁の温度だけでなく、魚を入れた後の火力も大きく影響するからです。魚を煮汁に入れて再沸騰した後の火力の影響を調べた実験では、再沸騰後に弱火で煮ると魚の重さは加熱前より一割強減り、強火で煮ると二割強も減ることが確かめられています。せっかく沸騰させた煮汁に魚を入れて表面を熱で固めても、再沸騰後に強火で加熱し続ければ、魚肉のコラーゲンの膜が急激に縮んで肉汁がギュッと搾り出されてしまい、結局、肉汁は流れ出てしまうのです。

つまり、魚を煮る場合には、煮汁を沸騰させてから魚を入れ、再沸騰後は火力を弱めて煮る方が、うまみ成分の損失が抑えられることになるのです。また、魚は切り身で煮るよりも、一尾丸のままで煮た方が、肉汁の損失は抑えられます。これは、身から肉汁が流れ出ても、皮が外へ流れ出るのを防ぐ役割を果たすからです。

Q.86

煮物をつくるとき、どうして落し蓋をするのですか？

落し蓋とは、鍋の蓋ではなく、鍋の中の材料に直接のせて使う蓋のことです。

煮物の具材は、煮汁の中で加熱することではじめて味がつき、火が通ります。少ない汁量で煮物をつくる場合、材料全体に火を通し、均一に味をつけるためには、途中で材料の上下を返さなければなりません。そうしないと煮えぐあいや味のつき方にむらが出てきてしまうのです。しかし、魚やカボチャの煮物のように、上下を返すと煮崩れを起こすものもあります。そのような場合に落し蓋が役立つのです。

食品を煮ると、煮汁は調味料や食品から溶け出した成分で多少なりとも粘りが出てきます。粘りのある煮汁は、沸騰状態では泡がブクブクと立つようになり、落し蓋があれば、この煮汁の泡が蓋の裏側を伝わって広がり、材料の上部まで煮汁を行き渡らせて、いつも具材が煮汁に浸っている状態を保ち続けることができ、その結果、全体に同じように味をつけることができるようになります。実際に、落し蓋をした場合としない場合の、ジャガイモに浸透した塩分量の差が調べられており、落し蓋をした方が食品上部と下部の塩分量の差がかなり縮まることが明らかにされています。

落し蓋の効果はこれだけではありません。具材が煮汁の中で動くのを押さえて、煮崩れを防ぐ役割も果たします。また、煮汁の蒸発量を減らすため、少ない煮汁でも長い時間加熱し続けることができ、さらに弱火でも高い温度を保つことができます。

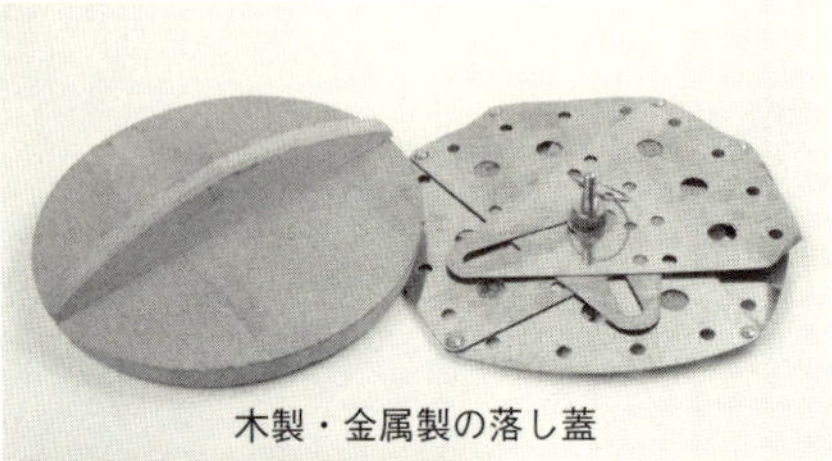
木製・金属製の落し蓋

紙を落し蓋にするとでこぼこした材料にもそいやすい

Q.87

落し蓋の材質によって煮物の仕上がりが変わりますか？

落し蓋には木製や金属製などがあり、アルミ箔、紙、布なども利用できます。ただし、材質によって重さや形状などが異なるため、仕上がりが違ってきます。

煮崩れに関していえば、落し蓋の重さがかかわってきます。木製や金属製の落し蓋は重みがあるため、鍋の中で具材がプカプカ浮いたり、動いたりするのを押さえることができ、煮崩れを防ぎます。また重ければ、煮汁が勢いよく沸いても落し蓋が持ち上がりにくく、ふきこぼれて焦げつくこともあまりありません。ただし、カボチャや魚などの煮物にあまり重い落し蓋を使うと、つぶれたり、形が崩れたりすることもあるため、そうした場合には軽いアルミ箔や紙を落し蓋として使う方がよいでしょう。

落し蓋の形状もまた、仕上がりを左右します。和紙や布などを落し蓋として使えば、煮汁を吸い込み、材料の形にそってかぶさるため、煮ている間、材料表面は常に煮汁にひたり、味が均一にしみ込むため、鍋に入れたときにでこぼこするイモ類などや、空気に触れるとしわが寄る豆などに適しています。木製や金属製の落し蓋は煮汁を吸わず、平らなままなので、蓋に直接触れている材料部分には煮汁が回りにくいため、味のしみ込み方にむらが出ることもあります。

材質によって使い勝手も違います。木製の落し蓋は熱が伝わりにくいので、金属のようには熱くならず、手で扱いやすいことが特徴です。反面、煮ている間に木のにおいが食品に移ることもあります。また、乾いた状態のまま使うと、木が煮汁を吸ってにおい、色、味がしみ込んだりし、煮魚のときには皮がくっついてしまうことがあるので、使う前に必ず水で湿らせましょう。また使い終わったら、においが残ったり、カビが生えたりしないように、すぐに洗ってよく乾かしましょう。

アルミ箔や紙などの落し蓋は、使うたびに鍋の形に合わせてつくります。その際、水分を吸わない材質のものは、蒸気を逃がす穴を開けるとよいでしょう。紙蓋には、硫酸紙のほか、漂白していない書道用半紙やクッキングペーパー、キッチンペーパーなども使えます。

Q.88

煮物は冷めていく間に味がしみるって本当ですか？　落し蓋はしたままでいいですか？

水は温度が高くなると膨張して徐々に体積が増え、さらに水蒸気に変わると体積が格段に大きくなります。食品中の水分も同様に、加熱している間に膨張したり、水蒸気になったりすることで体積が大きくなり、材料の細胞や組織を押し広げます。ところが、火を止めて食品の温度が下がってくると、水の体積は徐々に小さくなってもとに戻っていきます。食品中の水の体積が減っていくと、その体積分の煮汁が食品の細胞や組織に吸い込まれていきます。この一連の現象が「煮物は冷めていく間に味がよくしみ込む」といわれるゆえんです。

落し蓋の効果はＱ86で説明しましたが、その効果のうち、材料全体に味を浸透させやすくする効果と、水分の蒸発を抑えることで効率よく高温を保てる効果は、火を止めた後、冷ます過程でも生かされます。落し蓋をとって冷ますと、煮汁に浸っていない食品の上部では、水分が蒸発して乾燥が進みます。また水分が蒸発する際には熱を奪うため、上部の温度はどんどん下がっていきます。これに対して食品の下部は、温かい煮汁に浸った状態なので乾燥せず、また鍋や煮汁の余熱で加熱が続いている状態です。こうなると当然、食品の上部と下部では火の通り方が違ってきます。一方、落し蓋をしたまま冷ますと食品の上部は乾燥しにくく、下部だけでなく上部も余熱である程度加熱が進むため、火の通り方は上部と下部でそれほど大きく違いません。

火を止めた後の落し蓋の有無は、食品が冷めるまでの味のしみ込み方にも大きく影響します。冷めるまで落し蓋をしておけば、食品の上部、下部ともに同じような早さで冷めていくため、味のしみ込み方に違いが生じにくいのです。さらに、和紙や布などのように毛細管現象[*1]で煮汁を吸い込み、材料の形にそってかぶさるものを使えば、食品全体が煮汁に浸っている状態を冷めるまで保つことができるため、さらに均一に味をしみ込ませることができるでしょう。

＊1　毛細管現象　細い空間（紙や布の繊維の間）に、重力や上下左右に関係なく水（ここでは煮汁）が吸い上げられていく現象。

Q.89

火にかけて煮物をつくるのとオーブンで煮るのとで、仕上がりが変わりますか？

食品がやわらかくなる早さや味のしみ込む早さは、煮汁の温度や対流の大きさによって違ってきます。火にかけて煮るのとオーブンで煮るのとでは、煮汁の温度や対流の大きさなどが違うため、仕上がりも違ってきます。

両者の熱の伝わり方を示したのが図1です。火にかけて煮る場合は、炎が接している鍋底付近の温度は高く、鍋上部の液面付近の温度は下部よりも低めです。ということは、下部は早くやわらかくなり味もよくしみ込みますが、上部はそれほどでもないということになります。また、どんなに弱火にしても鍋の中では対流が起こっているため、食品表面は対流している煮汁にさらされ、角ばった部分に熱が多く加わり、そこから煮崩れることもあります。煮汁に少しでもとろみがあれば、煮汁の対流がゆるやかになるため、炎に接している鍋底の温度は一段と高くなり、焦げつきやすくなります。火にかけて煮る際に、ときどき鍋底から上下を返すように混ぜるのは、全体を均一に煮ることができるように、また鍋底が焦げつかないようにするためです。

オーブンで煮る場合は、鍋全体がオーブンの庫内温度と同じ温度になり、材料には上下左右からほぼ均一に熱が伝わります。材料が完全に煮汁に浸っていれば、味のしみ込み方も鍋内の位置に関係なく均一になります。また、鍋全体の温度が均一なので、対流はほとんど起こりません。このため材料へ伝わる熱は対流熱ではなく、伝導熱になります。対流熱よりも伝導熱の方が熱はゆるやかに伝わるため、材料は穏やかにゆっくり加熱されていき、煮崩れることもなく、鍋底が焦げつくこともなく、途中で鍋の中をかき回す必要もないのです。

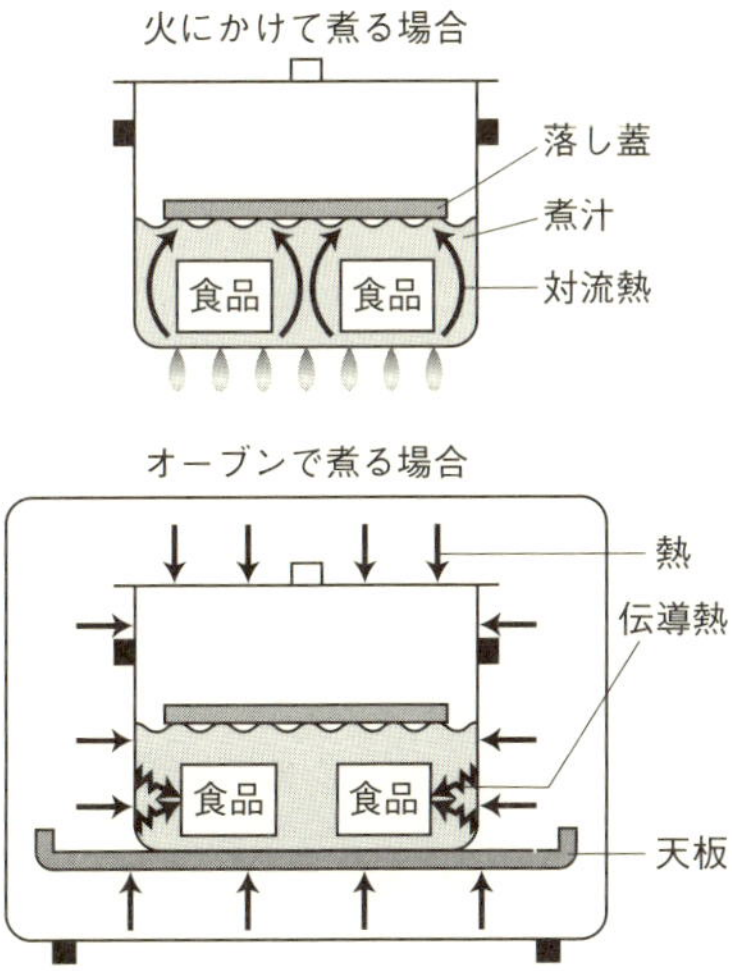

図1　火にかけて煮る場合とオーブンで煮る場合の熱の伝わり方の違い

Q.90

果物に砂糖を加えて煮るとどうしてとろみがつくのですか？

多くの果物の場合、砂糖などの糖をたくさん加えて煮詰めるととろみが出ます。日本では、こうしたものを一般的にジャムと呼んでいます。とろみがつくのは、使用した果物にペクチンが多く含まれ、酸も含まれていたからです。ペクチンは「天然のゲル化剤」ともいわれるもので、酸と糖を適量混ぜ合わせて加熱するとゲル化（ゼリー化）する性質を持っています。

ペクチンは、果物や野菜などの植物の細胞と細胞の間にあり、細胞どうしを接着させる糊のような役目をしています。ペクチンと酸の含量は、果物の種類によって異なります（表1）。

さらに同じ種類の果物でも、熟しぐあいによってペクチンの種類は違ってきます（表2）。ペクチンは、果物が未熟なときには、水に溶けないプロトペクチンとして存在しています。プロトペクチンは、ガラクツロン酸という糖の鎖がペクチンよりも長く連なった物質であり、細胞の形やかたさを保つ働きをしています。この物質はそのままではゲル化しません。しかし、果物が熟してくると、果物自体が持っている酵素の働きでプロトペクチンが分解されて水溶性のペクチン（ペクチニン酸）になるため、果物はやわらかくなります。ペクチンになれば、酸と糖があればゲル化します。さらにほどよい成熟を通り越して熟しすぎになると、今度はペクチンが分解されてペクチン酸に変化します。このペクチン酸にはゲル化する力はありません。

ジャムに適した水分、ペクチン、酸、砂糖の割合は、

表1　果物のペクチンと酸の量

果物の種類	ペクチンの量	酸の量
リンゴ、レモン、オレンジ、スモモ	多　1%内外	多0.8〜1.2%
イチジク、桃、バナナ	多　1%内外	少　0.1%
イチゴ、アンズ	少　0.5%以下	多　1.0%
ブドウ、ビワ、熟したリンゴ	中　0.7%内外	中　0.4%
梨、柿、熟した桃	少　0.5%以下	少　0.1%

山崎清子ほか,「調理と理論」, 同文書院（2003）より

表2　果物の熟しぐあいとペクチンのゲル化の関係

果物の熟しぐあい	ペクチンの種類	ゲル化（ゼリー化）の有無
未　熟	プロトペクチン	ゲル化しない
成　熟	ペクチン（ペクチニン酸）	ゲル化する
過　熟	ペクチン酸	ゲル化しない

水分三〇～三五%、ペクチン〇・五～一・五%、酸〇・五～一・〇%（pH三・〇～三・五）、砂糖五〇～七〇%とされています。

市販されている粉末のペクチンには、柑橘類から抽出したものとリンゴから抽出したものがあり、これらを利用すれば、ペクチンの少ない果物でもジャムにすることができます。

Q.91

透明感のあるジャムをつくりたいのですが、温度で透明感が変わりますか?

ジャムの透明感には、加熱時の砂糖の状態が大きく影響します。砂糖の状態は、表1に示すように温度によってさまざまに変化します。透明感のあるシロップの状態になるのは、砂糖が百~百五℃の温度範囲で、それ以上温度が高くなると再結晶化が起こるために透明の液状にはなりません。透明感のあるジャムに仕上げるためには、ジャムの温度が百二~百四℃になったときに加熱を終えることがポイントです。

水の沸点は大気圧の下で百℃ですが、砂糖を入れると沸点上昇を起こします(Q45参照)。沸点は、砂糖の量が多くなるほど高くなります。ジャムの糖液の濃度は五〇~七〇%が適しているといわれますが、この濃度での沸点は五〇%のときが百二・〇℃、七〇%のときが百六・五℃です。[*1] 砂糖は百五℃を超えると再結晶化が起こり、透明感がなくなって白いクリーム状になります。つまり、濃度七〇%のジャムを沸騰させてしまうと百六・五℃になっているので、透明感のあるジャムにはならないのです。糖度の高いジャムをつくるときには、温度計で正確に温度をはかり、百二~百四℃になったら直ちに火を止めるようにしましょう。

火を止めるタイミングで用心しなければならないのは、鍋の中のジャムの温度が百二~百四℃であっても、鍋底に接しているジャムの温度がそれよりも高くなっている場合があることです。炎が直接当たっている鍋底は部分的に温度が高くなっており、鍋底に接しているジャムの温度も高くなってしまいます。ジャムの一部でも百五℃を超えると、その部分で砂糖の再結晶化が起こります。透明感のあるジャムをつくろうと思えば、煮ている間はかき混ぜて温度むらをなくすことも重要です。

*1 仮にジャムに入れる砂糖の量を五〇%よりも減らしたとしても、加熱によって結果的に水分が蒸発して砂糖の濃度が上がり、沸点は上昇していく。たとえば、加えた砂糖の分量の多少にかかわらず、百二℃に達した糖液を火から下ろすと、その時点での糖度は必ず五〇%になっている。

表1　砂糖の加熱による状態の変化

目安温度	加熱中の状態	冷めた後の状態	攪拌してつくった結晶の状態	用途例
100℃	細かい泡立ち（直径1～10mm）	さらっとした液状。すぐに水に溶ける	結晶をつくらない	シロップ
105℃			つやがあり、なめらかな白いクリーム状	
110℃	泡が多くなる	少し冷めるとわずかに糸をひく。水飴状で水中に入れても固まらない		フォンダン
115℃	泡が鍋一面にできる	水飴状で、水の中に入れると沈み、しばらくすると溶ける	つやは若干劣る。表面がややざらつく	砂糖衣
120℃	粘りが出て、泡が立体的になる	固まるが、指で押すとへこむ	真っ白な細かい結晶。表面はザラザラ	ファッジ キャラメル
125℃		すぐに固まり、押すとへこむ	細かくかたい結晶で、ジャリッとする	
130℃	ゆっくりと大きく泡立つ		やや粗い結晶	ヌガー
140℃	泡の大きさは5～15mm	少し冷めると糸をひく	かたくて、粗い結晶で、ガリガリする	糸飴（銀糸） シュクル・フィレ ドロップ
150℃	粘りのある細かい泡。かすかに色づく	少し冷めると糸を長くひく。冷えると固まってもろくなる		
155℃	わずかに色づく		やや黄色い粗い結晶で、ガリガリする	糸飴（金糸） シュクル・フィレ
160℃	薄い黄色	少し冷めると非常に長い糸をひく。冷えると固まって、飴のようにもろくなる	うっすら黄色い粗い結晶	
170℃	黄色～黄褐色	水に入れると丸く固まる。香ばしい	ややなめらかな結晶。非常にかたい	カラメル
180℃	薄い褐色～濃い褐色	水に入れると広がって溶ける。香ばしい	結晶しない	
190℃				

松元文子,「家政学講座 調理学」, 光生館（1982）をもとに作成

Q.92

黒豆をきれいに煮上げるには、どの段階で味をつければいいいですか？

黒豆の煮豆に砂糖などの調味料を入れるタイミングは、加熱の途中で煮汁を取り替えるつくり方と煮汁を取り替えないつくり方で大きく違います。前者の昔ながらの方法では、一般に重曹を加えた水などに豆をつけて吸水させ、そのままつけた水(つけ水)でやわらかく煮てから煮汁を捨て、もう一度新しい水で煮直して、豆が十分やわらかくなったら砂糖を入れて煮上げます。後者の煮汁を取り替えないつくり方では、初めから分量の砂糖をすべて入れたつけ水に豆をつけ、そのまま煮上げます。

昔ながらの方法では、つけ水に重曹を入れることが多いようです。これは、重曹を入れてつけ水をアルカリ性にして、グリシニンと呼ばれる大豆タンパク質(黒豆は大豆の一種)の一部を溶かして組織をやわらかくし、味のしみ込みをよくするためです。途中でつけ水を捨てて新たな水で煮直すのは、つけ水に溶けている重曹や豆のアクが煮豆の味を損なうためです。砂糖は豆がやわらかく煮えた後に二、三回に分けて入れ、煮汁の糖濃度を徐々に上げていきます。徐々に上げれば豆の表面で急激な脱水が起こらないのでしわができにくくなり、さらに内部に味がしみ込みやすくなります。砂糖を一度に全量入れると、煮汁の糖濃度が一気に高くなって浸透圧が高まり、せっかく水を吸って膨らんでいた豆が脱水されて縮んでしまいます。豆自体は縮むのに、皮はそのままのびた状態なので表面にしわができます。また脱水が強く起こると、豆の表面付近の組織が緻密になり、砂糖が豆内部に入り込みにくくなります。

煮汁を取り替えない方法では、あらかじめつけ水に砂糖を入れておきます。豆をつける段階で、分量の砂糖を全部入れても、水が多いので糖濃度はそれほど高くなりません。煮ている間に水分は徐々に蒸発していき、それにともなって煮汁の糖濃度が高くなるため、豆にゆっくり砂糖をしみ込ませることができ、豆にしわができることもありません。

煮豆をきれいに煮上げるためには、表面のしわや豆全体のふっくら感だけではなく、皮の破れや煮崩れにも注意しなければなりません。豆の煮崩れは、砂糖を入れるタイミングによって大きく違うことが実験によって明らかにされており、昔ながらの砂糖を途中で入れる方法と、つけ水の段階で砂糖を加えて煮上げる方法をくらべると、途中で砂糖を加える方法では一五～二五％の豆が煮崩れ、つけ水の段階から砂糖を加える方法では煮崩れは七％強とかなり少ないことが確かめられています。つけ水に砂糖を入れると若干かために煮上がりますが、煮る時間を少し長くすればやわらかくなります。

Q.93

大豆を煮るときのびっくり水、「びっくり」って何にびっくりするのですか？

乾物の豆類を煮るときに、加熱の途中で加える差し水のことを「びっくり水」と呼ぶことがあります。煮立ってきたところに温度の低い冷水を入れることで、豆がびっくりして、外皮が縮んでしわがのびることから「しわのばし」ともいわれます。沸騰した煮汁の中に豆の約二分の一量の冷水を入れることが多いようですが、冷水を入れると急激に煮汁の温度が下がるので、外皮のしわがのびるのです。

びっくり水の効果は豆の種類によって違います。小豆は皮がとてもかたく、水をほとんど通さないので、煮汁は胚座の部分から内側に入り込みます。沸騰し始めたところに冷水を入れると、膨らみかけた皮がキュッと縮んで、胚座のところで皮が横方向に裂け、そこから水がどんどん吸い込まれるようになります。小豆の内部にある子葉の主成分はデンプンです。水を吸ったデンプンが加熱されるとα《アルファ》化するので、びっくり水を入れて水を子葉に送り込むと、早くやわらかくなるわけです。

一方、大豆は小豆と違って皮がやわらかいので、煮汁は直接皮から内部に浸透します。また大豆の子葉の主成分はタンパク質なので、小豆のデンプンとは違って、煮ている間にそれほど大きく膨らむわけではありません。つまり、皮は煮ることによってのびますが、内部の子葉はそれほど膨らまないので、この性質の違いがしわとなって現れます。びっくり水を入れるとのびていた皮が縮むのでしわがとれ、子葉の膨らみに歩調を合わせてふっくらと煮上がります。

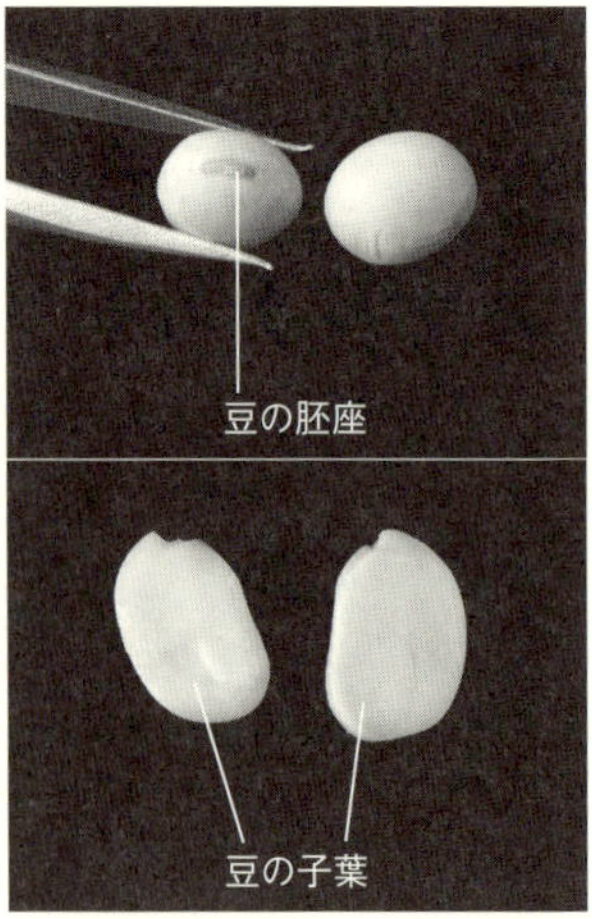

Q.94

煮物に甘みをつけるとき、砂糖とミリンでは効果が違いますか？

砂糖もミリンも「甘い」調味料ですが、甘みを示す糖の種類が違うので、食材へ浸透する早さが異なります。さらに、ミリンにはアルコールが含まれており、アルコールが糖の浸透状態にも影響をおよぼすため、仕上がりが変わってきます。

普段、私たちが調理に使っている砂糖は、ブドウ糖（グルコース）と果糖（フルクトース）が結合した二分子のショ糖（スクロース）です。一方のミリンには糖が四五％前後含まれていますが、このうち八〇〜九〇％がブドウ糖（グルコース）で、その他に麦芽糖などの二糖類、三糖類、オリゴ糖など、たくさんの種類の糖が含まれています。糖の濃度が同じでも、砂糖の方が純粋なブドウ糖よりも甘みが強いことがわかっています。砂糖とミリンでは、糖そのものの味の強さや質が違うため、仕上がった料理の甘みは基本的に異なるのです。

糖が食材に浸透する速度には、糖の分子量（分子の大きさ）が大きく影響します。砂糖はブドウ糖と果糖が結合したものなので、当然、ミリンに含まれるブドウ糖よりも分子は大きくなります。つまり、砂糖とミリンでは、糖の分子の大きさが小さいミリンの方が材料の内部まで早くしみ込むということになります。

また、ミリンにはアルコールが約一四％含まれており、アルコールには食品の組織を変化させる作用があります。肉を加熱すると、タンパク質が熱変性を起こして縮むため、糖は浸透しにくくなります。けれども、同じように加熱する場合でも、アルコールと一緒であれば糖は肉へ浸透しやすくなります。実際に、糖を水に溶かしただけの煮汁と、これにアルコール分三％（水百mℓに対しミリン二十九mℓを加えたときのアルコール分と同じ）を加えた煮汁で肉を加熱した実験で、アルコールを入れた方が肉は保水力が高くなるため、糖の浸透量が多くなることが確かめられています。ジャガイモでも同様な実験が行われ、アルコールが糖の浸透をよくすることがわかっていますが、ただしアルコール分が多くなりすぎると、たとえばアルコール分五％の煮汁（水百mℓに対しミリン五十六mℓ加えた状態に相当）では、ジャガイモの組織がかたくなり、糖の浸透はかえって遅くなるようです。

Q.95

味噌汁を温め直すと、どうして塩辛くなるのですか？

味噌汁を温め直すと、つくりたてのときよりも塩辛く感じます。これは、水分が蒸発して塩分が濃縮されるからではありません。味噌汁の液体中に分散しているコロイド粒子（肉眼では見えないほど微小な粒子）が加熱によって大きくなることが原因です。

味噌汁には、味噌の成分であるタンパク質やタンパク質が分解される途中でできるペプチド、脂質などがコロイド粒子として液体中に分散しています。また、塩やうま味成分も液体中に溶け込んでいます。味噌汁を再加熱すると、コロイド粒子として分散しているタンパク質が熱変性を起こし、寄り集まって大きな固まりになり、沈みます。コロイド粒子はうま味成分などを吸着する性質があり、液体中に溶け込んでいるうま味成分などを抱え込んで一緒に沈むため、液体中にはコロイド粒子に吸着されない塩分（ナトリウムイオン）だけが取り残されます（図1）。うま味成分があれば、塩味は実際の量よりも弱く感じられることが実験で確かめられています。また、ペプチドはコクなどの微妙な味にかかわる成分であることが研究レベルで明らかにされています。

味噌汁を再加熱したり、味噌を溶き入れた後に加熱し続けると、液体中のうま味成分やペプチドが沈んで塩分だけが残るので、塩辛く感じられるのです。

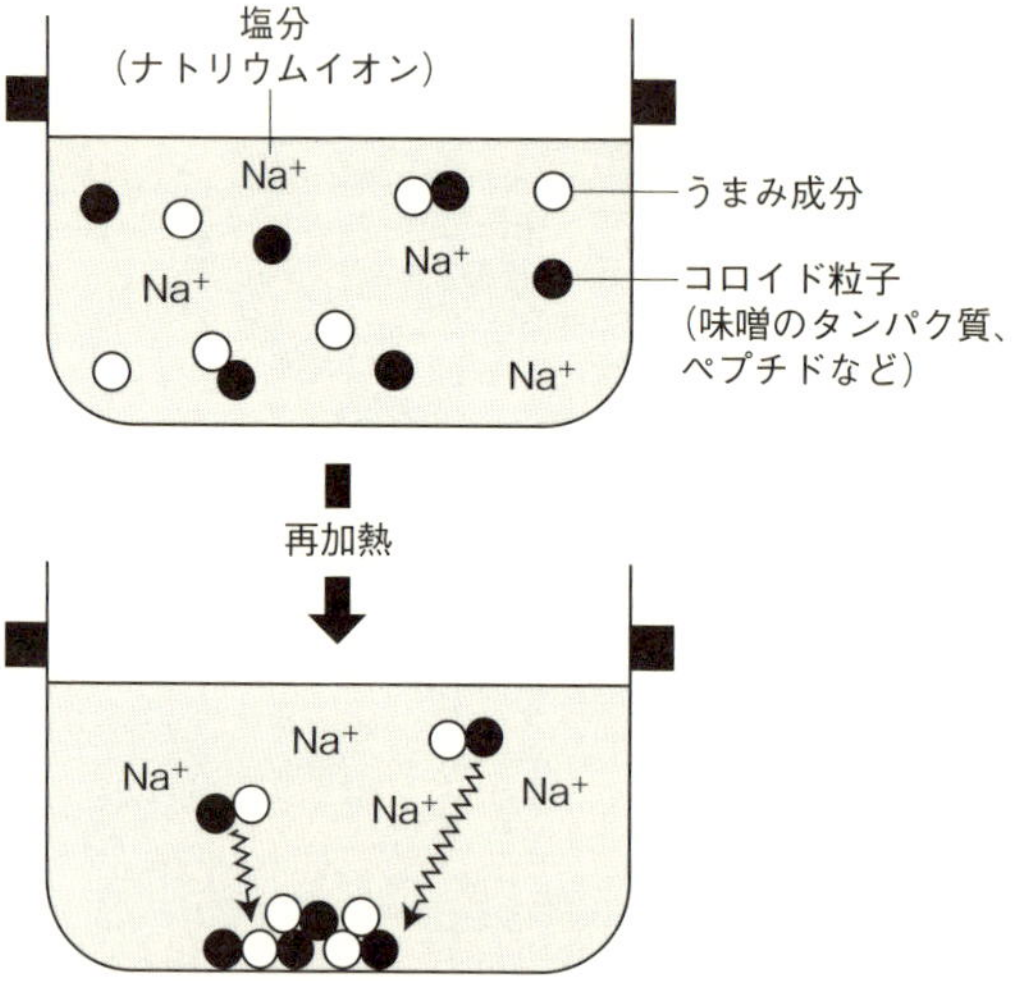

図1　味噌汁中のコロイド粒子、うまみ成分、塩分の様子

できたての味噌汁にはコロイド粒子、うまみ成分、塩分などが分散して溶け込んでいるが、再加熱するとコロイド粒子がうまみ成分を吸着して沈み、塩分だけが取り残されるために塩辛く感じる。

Q.96

炊き込みご飯はどうして普通のご飯よりも芯がかたために炊き上がるのでしょう?

炊き込みご飯は塩や醤油などで味をつけます。塩分があると米の吸水が悪くなり、米の内部にまで水がしっかりとは浸透していきません。水がなければデンプンのα《アルファ》化が進まないため、米の中心付近はやわらかくならないのです。加えて、米の内部に浸透するはずの水が表面にとどまるので、表面のデンプンが水でふやけた状態になります。こうしたことから、調味料を入れてご飯を炊くと、ご飯の表面はべたついているのに中心部がなんとなくかたい感じに炊き上がることが多いのです。

実際に、塩や醤油を加えた水に米をつけたときの吸水率を調べた実験があります(図1)。吸水時間が一時間ぐらいまでは、食塩水はただの水の場合にくらべて吸水率が低くなっており、また、醤油水は水にくらべて明らかに吸水率が低くなっています。

炊飯中も水は米の内部に浸透していきますが、調味料を加えた場合には浸透しにくくなります。醤油を加えた場合には、デンプンで粘った水がブクブク泡立つのが抑えられるため、炊飯中に蒸発する水の量は、塩を入れたときにくらべて少なくなります。蒸発しなかった水と吸水されずに残った水の影響で、醤油を加えた炊き込みご飯は、特に水っぽく炊き上がりやすいのです。このため、醤油を加える場合には、最初に入れる水の量を白飯の場合よりも一〇%程度減らすことが多いのです。

調味料を入れて米を炊く場合には、いきなり調味料の入った水につけずに、水で吸水させた後、炊く直前に調味料を加えれば、ふっくらと炊き上げられます。

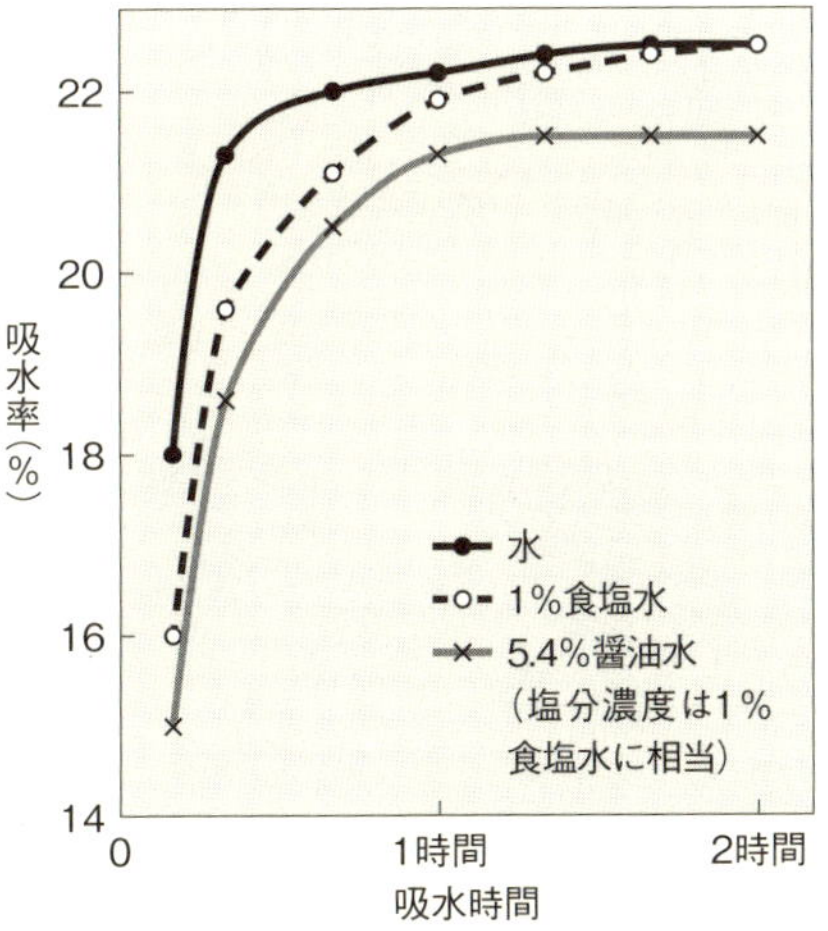

図1　つけ水に加える調味料が米粒の吸水状態におよぼす影響

塩や醤油を入れた水に米をつけると米の吸水が悪くなる。特に塩よりも醤油の方が水の吸水を抑える。

関千恵子ほか, 調理科学, 8, 191-200(1975)より

Q.97

リゾットの米は洗わない方がいいのでしょうか？

リゾットは、米の一粒一粒がアルデンテ、つまり中心に噛みごたえのある弾力が残っており、さらにリゾットを盛った皿の底をトントンと軽く叩くと波打つように流れて広がる程度のとろりとした状態で、口当たりがクリーミーに仕上がっているのが理想的です。

米の主成分であるデンプンは、水を加えて加熱するとα《アルファ》化し、粘りが出てきます。リゾットを適度にとろりとした状態に仕上げるには、米のデンプンをブロード（イタリア料理におけるだしの存在）の中に必要以上にたくさん溶け出させないようにすることがポイントです。そのためには米を洗わないことです。

米は研がなくても、さっと洗うだけで一〜三％ぐらいが砕けてしまいます（図1）。米の表面部分はタンパク質や脂質が多くてデンプンが溶け出しにくい構造になっていますが、内部はそのような構造になっておらず、デンプンが溶け出しやすいのです。このため米が砕けていると内部からデンプンが流れ出て、ブロードに粘りが出てしまいます。また米が砕けてしまえば、当然、米の粒々とした食感が失われます。リゾットは、口に入れたときに、クリーミーなソースやブロードの中で感じられる米の粒々とした食感や噛みごたえがおいしいものです。粒が崩れた米では、しまりのない食感のリゾットになってしまいます。

さらに、乾燥した米は洗うだけでも八％前後の水を吸います。デンプンは水を吸って加熱されるとα化が進みますが、水が少なければα化しにくいのです。つまり、洗って水を吸った米に熱を加えれば、米の中心部のα化が進んでやわらかくなるため、アルデンテの状態に仕上げるのが難しくなります。そうした意味でも、米を洗わずに使うことが重要なのです。

図1　洗った米

左：砕けた米　右：砕けなかった米

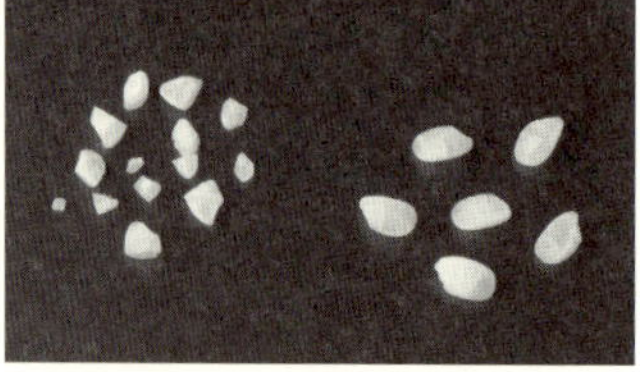

Q.98

リゾットをつくるとき、どうして米を炒めてから煮るのですか？

リゾットは米がアルデンテ、つまり噛みごたえのある状態で、しかもブロード（だし）やソースが適度にとろりとして米粒と一体感があるように仕上げたい料理です。リゾットをつくるときに米を炒める目的は、米粒を油の膜で覆うことです。油の膜で覆えば、米をアルデンテに仕上げやすくなり、ブロードに必要以上の粘りが出にくくなります。

米はカラカラに乾燥しているように見えますが、実は水分が約一五％含まれています。米を油で炒めると、表面の水分が蒸発し、水分が抜けたところに油が入り込みます。このときの米の表面部分は、デンプンと油に含まれる遊離脂肪酸が合体し、米の表面をガードしている状態です。こうなると、煮ている間に米の内部に水がなかなか入り込むことができません。水がなければデンプンはα化しにくいため、米の中心部はやわらかくなりにくく、アルデンテに仕上げやすくなります。また、表面がガードされていれば、煮ている間にデンプンがはがれ落ちにくくなり、ブロードにあまり溶け出さないので必要以上に粘りが出ません。

しかし、炒めすぎれば、米の内部にブロードが浸透していかずに米粒に芯が残ってしまうこともあり、炒め方が足りなければ、米の表面のデンプンがブロードに溶け出し、リゾットがぼてっと重く仕上がることもあります。炒め加減は、米の種類や粒の大小によっても違ってくるので、米に合わせて火加減や炒め時間を調節する必要があるでしょう。また、炒め加減が良好でも、煮ている最中にかき混ぜるとき、ヘラなどで米粒をつぶしたり表面を傷つけたりすると、米からデンプンが流れ出てブロードが粘ったり、米の内部にブロードが必要以上に浸透してやわらかくなりすぎて粒々した食感が損なわれてしまいます。煮ている間のかき混ぜ方にも、十分注意が必要でしょう。

Q.99

煮込み料理にローリエを入れるのは、どのタイミングがいいですか?

ローリエにはいろいろな香り成分が含まれています。ローリエを煮込み料理に入れるタイミングは、ローリエのどの香り成分を料理に取り入れたいかによって大きく違ってきます。

ローリエに限らず、ハーブやスパイスには特有の香りがあります。こうしたものを料理に使う目的は、食品に芳香を与えたり、肉や魚などの不快なにおいを消したり和らげたりするマスキング効果などが期待できるからです。香りのもととなる成分は精油(エッセンシャルオイル)と呼ばれていますが、香辛料にはいろいろな精油が含まれています。同じ香辛料を使っても、加熱時間が違えば揮発する精油の種類や量が異なってくるため、出てくる香りも微妙に変わってきます。

ローリエに含まれる代表的な精油は、ハッカのような香りを示すシネオールという物質で、これが精油全体の四五%を占めています。他に、クローブのような香りを示すメチルオイゲノールや、コショウのような香りを示すβ《ベータ》ピネンなどの物質も含まれています。ローリエを加熱し始めると、最初にβピネンが揮発し、次いでローリエの特徴的な香りを示すシネオールが揮発し、その後いろいろな精油が揮発していきます。ローリエの特徴的な香りは加熱を始めてから三十分までの間に現れ、四十分を超えるとメチルオイゲノールが出てくることがわかっています。また加熱開始から一時間に揮発する精油の量を一とすると、二時間後には五分の一に、三時間後には約二十分の一と、時間経過とともに減っていきます(図1)。

精油は植物の細胞などに蓄えられていて、細胞が壊れると外へ飛び出し、香るようになります。ローリエを料理に加えるときに、葉に切り込みを入れたり、ちぎったりすることでも細胞の壊れ方が変わるため、香りが出やすくなります。また、精油は油やアルコールに溶ける性質があります。煮込み時間の短い料理なら、材料を油で炒める段階からローリエを入れておけば、香り成分が早く、多く出てきます。

香辛料は、加熱時間やどんな香りをどの程度引き出したいかを考えて、入れるタイミングを決めましょう。

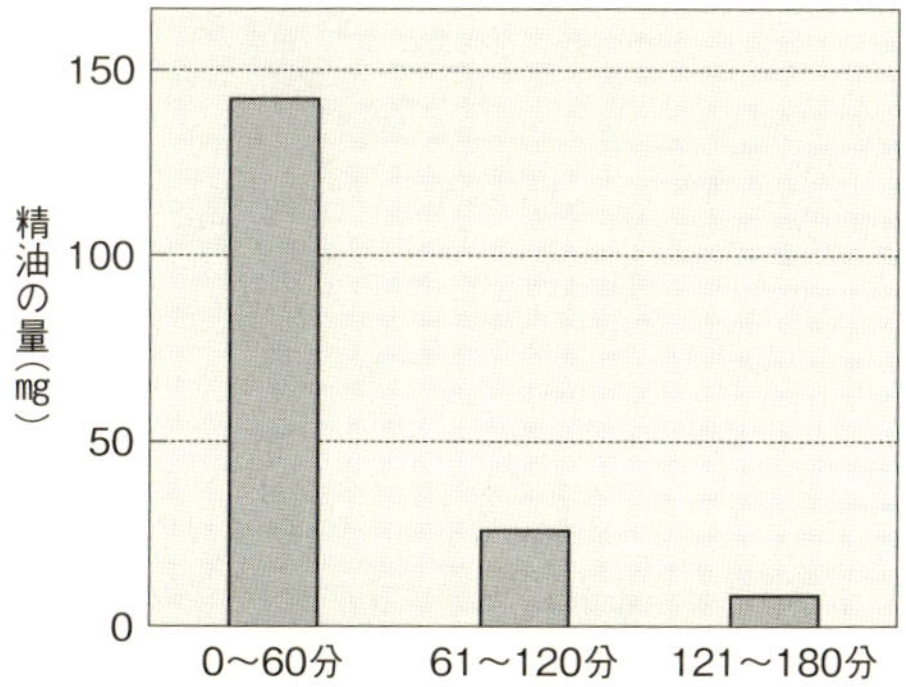

図1　鶏骨スープ中のローリエの香り成分量の変化

ローリエの香りは加えてから60分までに多く出て、以降は時間経過とともに著しく減っていく。

河村フジ子ほか, 家政学雑誌, 35, 681-686（1984）より作成

Q.100

シチューをつくるとき、なぜ牛乳や生クリームは最後に入れるのですか？

シチューに牛乳や生クリームを入れると、舌ざわりがなめらかになり、風味、コクが増します。けれども牛乳や生クリームを入れてから長く加熱し続けると、脂肪分が浮いてきたり、ざらついた舌ざわりになったり、また焦げたりすることもあり、料理の見た目、風味ともに悪くなります。それを避けるために、牛乳や生クリームは加熱をほぼ終えた仕上げの段階で入れるのです。

牛乳や生クリームの中には、カルシウムと結合したカゼインと呼ばれるタンパク質や脂肪球がコロイド粒子（肉眼では見えないほど微小な粒子）として分散しています。このコロイド粒子に光が当たって反射されるので、牛乳や生クリームは白色で不透明に見えるのです。また、コロイド粒子が分散しているために、舌ざわりがなめらかで、味がまろやかに感じられるのです。ところが、牛乳や生クリームを加熱するとタンパク質が変性し、寄り集まって大きな固まりになったり、脂肪球をつくるタンパク質の膜が変性して脂肪球どうしが融合して大きくなったりします。こうなると、タンパク質や脂肪はコロイド粒子として分散していられなくなり、牛乳ではモロモロした固まりができたり、生クリームでは淡黄色の脂肪分が浮いてくるようになります。これがいわゆる「分離」した状態で、料理の見た目も舌ざわりも損なわれてしまいます。また、牛乳と野菜を一緒に加熱すると、それほど長く加熱していないのに、モロモロした小さな固まりができることがあります。これは、野菜から溶け出した有機酸やタンニン、塩類などと、牛乳のタンパク質が結びついたためであるといわれています。

牛乳を長い時間加熱すると、特有の加熱臭が出てきます。これは、八十℃以上になると牛乳中のタンパク質が分解されて、硫化水素などの揮発性のにおい物質が生じるためです。加熱臭は、弱ければ好ましい香気として感じられますが、強すぎれば好ましくない風味になります。さらに九十℃以上になると、アミノ・カルボニル反応によりメラノイジンという褐色の物質ができます。メラノイジンは、グラタンなどの表面にできれば焦げ色として食欲をそそる色ですが、クリームシチューのように白く仕上げたい料理には避けたい物質です。

Q.101

ホットミルクをつくるとき、牛乳がプワッと膨らむのはなぜですか？

牛乳を加熱すると表面に膜ができます。プワッと膨らむのは、この膜の下で発生した水蒸気の圧力に押されて、膜が持ち上がるためです。牛乳に膜ができる現象は、発見者の名前をとって「ラムスデン現象」と呼ばれています。

牛乳の温度が高くなり、水分が蒸発し始めると、空気に触れている表面のタンパク質が部分的に濃縮され、さらに熱で変性して固まり、これに脂肪球やタンパク質がからみ合うようにして膜がつくられます。牛乳の表面が膜で覆われるようになると、蒸発した水分が表面から逃げられなくなります。水が水蒸気に変わる際には、多くの熱エネルギーが使われます。けれども、水蒸気の逃げ道がなく、水分が蒸発できなければ、蒸発に奪われるはずのエネルギーは牛乳の温度上昇に使われることになります。このため、膜ができると牛乳の温度は急激に上昇し、水分が盛んに蒸発するようになります。そして、水蒸気の圧力に耐え切れなくなったときに膜が持ち上げられます。この瞬間、牛乳が突然プワッと膨らむように感じるのです。

膜がつくられ始める温度は、脂肪分の多い牛乳ほど低くなります。脂肪分の多い濃厚牛乳では五十三・八℃、脂肪分の少ない脱脂乳では六十八・一℃で膜が形成されることが実験で明らかにされています。牛乳をかき混ぜながら温めれば膜がつくられにくくなり、かき混ぜている間に水蒸気が適度に逃げていくため、プワッと膨らむこともあまりありません。

牛乳を加熱したときにできる膜は、脂肪球やタンパク質がからみ合うようにしてつくられる。

Q.102

ゼラチンや寒天は何℃で煮溶かせばいいですか？

ゼラチンと寒天は、ともに液体をゼリー状に固めるために使われるため、煮溶かす温度も同じように思われがちですが、成分も煮溶かす温度もまったく異なります（表1）。

ゼラチンは動物の筋や皮、骨に含まれるコラーゲンを水中で加熱してとり出したもので、成分の約八八%がタンパク質です。一方の寒天は、テングサ、オゴノリなどの海藻からとり出したもので、ほとんど消化吸収されない水溶性の食物繊維の固まりです。ゼラチン、寒天ともに、水の中でふやかした後に煮溶かすとドロッとしたゾルになり、これを冷やすとゲル化してゼリーになります。ゼリーとは、ゼラチンや寒天の粒子が互いにからまってつくられた比較的安定した網目構造の中に液体が抱え込まれた状態を指します（図1）。

ゼラチンは二十℃付近で溶け始めますが、主成分であるコラーゲンはタンパク質なので、ゼラチン液が六十℃を超えると熱で変性してしまい、ゲル化しにくくなります。鍋に入れて直火で溶かす場合には、六十℃を超えないように十分気をつけましょう。ちなみに、六十℃の湯は「手引き湯」と呼ばれ、その言葉通り、手を入れると〝熱い〟と引っ込めてしまうくらいの温度です。加熱しすぎを防ぐ確実な方法は、五十℃ぐらいの湯で湯煎にし

表1　寒天とゼラチンの違い

		寒天	ゼラチン
原料		海藻（テングサ、オゴノリなど）	動物の骨・皮・結合組織
主成分		食物繊維（多糖類）	タンパク質（コラーゲン）
融解温度目安		78～97℃	20～30℃
凝固温度目安		17～41℃（常温で固まる）	3～19℃（常温では固まりにくいので冷蔵庫で冷やし固める）
エネルギー（100g当たり）		3kcal	344kcal
ゼリーにしたときの性質	消化吸収	ほとんど消化吸収されない	非常によく消化吸収される
	かたさ	かたくもろい	やわらかく粘着性がある
	保水性	保水性が低く、濃度が低いほど放水する	保水性が高く、放水しない
	口ざわり	口ざわりがかたく、口中で溶けない	なめらかで口中で溶ける
	透明度	濁りがある	透明

て溶かすことです。

寒天は八十℃付近で溶け始めますが、この温度で溶かすにはかなり時間がかかるため、沸騰させて煮溶かします。寒天はゼラチンと違って、冷えて固まった後、時間が経つにつれて網目構造が縮むため、抱え込まれていた水が押し出されてきます。煮溶かす時間を長めにすると、ゲル化した後に時間が経っても押し出される水の量は少なくなります。

表1で、寒天やゼラチンの凝固温度や融解温度に幅があるのは、これらの温度が寒天やゼラチンの濃度、砂糖などの添加量、pH、原料の違いなどの影響を受けるためです。凝固温度や融解温度は寒天やゼラチンの濃度、砂糖の濃度などが高くなるほど高くなります。

仕上がったゼリーは砂糖や塩の添加量が多いほどかたくなり、果汁や醤油などを加えてpHが低くなるとやわらかくなります。なお、寒天に醤油を加える場合には、初めから醤油を入れて加熱すると醤油の酸の影響でゼリーがやわらかくなりますが、寒天が溶けてから醤油を入れた場合には酸よりも塩分の影響が現れ、ゼリーがかたくなることが実験で確かめられています。

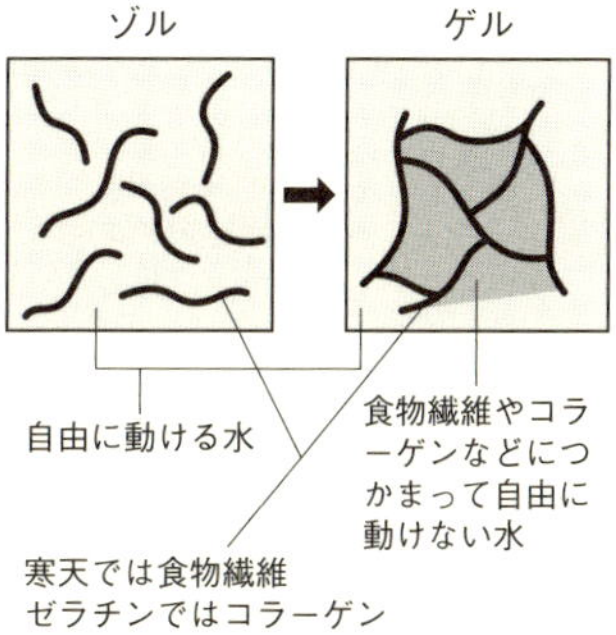

図1　ゲルとゾルの構造変化

Q.103

片栗粉でとろみをつけるときの火を止めるタイミングは？

あんかけやかき玉汁をつくるとき、水で溶いた片栗粉を加えます。このとき、とろみが出た時点で加熱を止めれば汁はとろみを保ち、加熱し続けると次第にとろみが失われ、汁はさらっとした状態に戻ってしまいます。

片栗粉の主原料はジャガイモデンプンです。ジャガイモデンプンに限らずデンプン粒は、水を加えて加熱すると膨らんで糊状になります。とろみは、デンプン粒が膨らみ、互いに接触し、網目のようにからみ合うことで生まれるのです。デンプン粒が最大に膨らんだ後も加熱を続けると、粒がつぶれたり、部分的に壊れたり、溶けたりするのでとろみが失われていきます。とろみが失われるこの現象をブレークダウンといいます。

ブレークダウンの状態は、デンプンの種類によって異なります。デンプンはジャガイモ、サツマイモ、葛のように地下の根茎からとれる地下デンプンと、米、小麦、トウモロコシなどのように地上にできる種実からとれる地上デンプンに分けられます。地下デンプンの特徴はデンプン粒が膨らみやすく、とろみが強い点で、とろみが出た後も加熱し続けると、とろみが失われていくのが欠点です。これに対して地上デンプンは膨らみにくく、同じ濃度にした場合には地下デンプンよりもとろみは弱いのですが、とろみが出た後に加熱し続けてもとろみがそれほど失われず、安定しているのが特徴です。

なお、あんかけやかき玉汁などに片栗粉のような地下デンプンを使うのは、とろみが強いことに加え、液の透明度が高く仕上がるためです。地上デンプンを使うと、透明度が低く、少し濁ったような仕上がりになります。これは、デンプンの形状や大きさが違うことに加え、わずかながら含まれているタンパク質や脂質などの不純物が影響していると考えられています。

Q.104

ミリンを煮切るとどんな効果があるのですか?

そもそも酒としてつくられたミリンには、アルコール分が日本酒とほぼ同じ約一四%含まれ、糖が約四五%、ほかにアミノ酸、有機酸、香り成分が含まれています。日本料理では、甘みやうまみを加える調味料として活用されています。

「煮切る」とは、加熱してアルコール分を飛ばし、アルコール臭をなくすことです。アルコールが料理の味を損なう場合にこの操作を行い、たとえば和え物や酢の物など、ミリンを加えてから加熱しない料理などで用いられる手法です。

煮切る方法は、鍋にミリンを入れ、沸騰させるのが一般的です。アルコールの沸点は七十八・三℃と低いので煮立てるだけでもアルコールは飛んでいきますが、場合によっては鍋内に火を入れる場合もあります。煮切ることで失われるのはアルコール分だけで、他の成分はほとんど変わらないことが実験で明らかにされています。

アルコールには、糖の食品への浸透をうながしたり、肉や野菜から成分が溶け出るのを抑えてうまみ成分の流出や煮崩れを防いだり、アルコールが蒸発する際に食品の臭みを一緒に飛ばすなどの働きがあります。煮物などの加熱調理にミリンを使う場合には、加熱中にアルコール分が飛んでいくので、前もって煮切っておく必要はありません。ミリンが一五%入った煮汁でジャガイモを煮た実験で、沸騰から三十分間加熱した後の煮汁のアルコール分は〇・三〜〇・四%と低く、でき上がった煮物を食べたときのアルコールによる影響は、ほとんどないことが明らかになっています。

Q.105

コンソメを澄ませるときに卵白を使うのはなぜですか？

コンソメは、脂肪の少ない肉と玉ネギなどの香味野菜を長時間かけて煮込む、手間のかかるスープです。コクのある深い味もさることながら、見た目にも美しく澄んでいることが特徴です。卵白を使うのは、加熱している間に材料から出てくる濁りの原因となるアクなどを取り除くためです。

細かく刻んだ肉や野菜などの材料をそのまま煮込むと、アクが出てきたり、肉や野菜からはがれ落ちた組織の一部が混じったりすることなどで、スープは漉しても濁っています。ところが、刻んだ材料に卵白をよく練り混ぜ、ブイヨンを加えて静かに加熱すると、卵白が濁りの原因となる成分を吸着したり包み込んだりしながら次第に固まり、液面に上がってきます。スープが沸騰してくる頃には卵白と材料が固まって、まるで蓋のようにスープの表面を覆うようになりますが、その下には濁りのない清澄なスープができあがっています。

なお、卵白を使っても、加熱中に煮立たせてしまうと卵白の一部が砕けて、それが濁りを誘います。煮るときには、液面がフツフツとゆらぐ程度の弱火にし、卵白と材料が一緒に浮かび上がって蓋のように液面を覆うようになったら、その中央にレードル（お玉）などで穴を開けて蒸気の逃げ道をつくります。蒸気の逃げ道があれば、スープが煮立ったり、卵白でできた蓋の一部が砕けたりするのを防ぐことができます。

Q.106

濁ってしまったスープでも卵白を使えば澄ませられますか？

濁ってしまったスープでも、卵白を使えば澄ませることができます。この方法は、日本料理でも昔から行われています。砂糖蜜や汁物などを澄ませたい場合に、冷たい液に卵白を入れてかき混ぜて火にかけ、凝固して浮き上がってきた卵白を取り除けば、液は澄みます。

場合によっては、卵白を入れてもうまく濁りがとれず、かえって濁ってしまうことがあります。この現象は、スープがアルカリ性に傾いているときに起こりやすいのです。実際に、鶏ガラと野菜を水で煮出して漉した白く濁ったスープ（pH六・二）を使って、卵白がスープを透明にする効果が調べられています。水は中性（pH七）ですが、卵白はpH約七・五のアルカリ性なので、卵白をスープに入れると、スープはアルカリ性になります。スープに卵白をそのまま入れると、図1に示すように、入れる前よりもスープの透明度は下がり、濁ってしまいます。これは、スープのpHが高くなり、卵白が固まらず、コロイド粒子（肉眼では見えないほど微小な粒子）として分散するためです。この実験でスープが最も澄んだ条件は、スープに酢を〇・三％（一ℓの水に対し酢三㎖）と卵白を三％（一ℓの水に対し卵白一個分弱）加えたときです。何も入れないときのスープのpHは六・二で、卵を三％加えるとpH六・九になりますが、そこへ酢を〇・三％加えるとpH六・二に戻ります。ちなみに、酢の濃度が三％以下なら、食べたときに酢の味を感じないことが

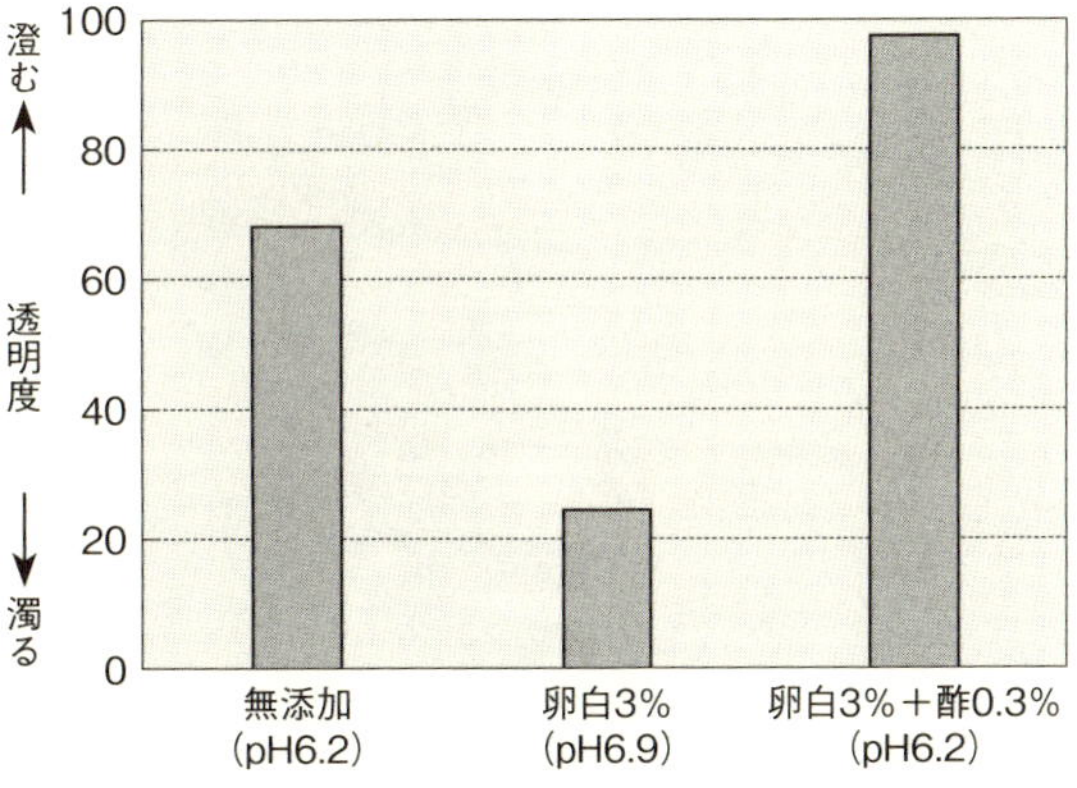

図1　スープの透明度におよぼす卵白の影響

卵白はアルカリ性なので卵白を入れるとスープはアルカリ性に傾いて濁る。そこに酸性食品である酢を入れると中和されるので、卵白のアクなどを包み込む効果が生き、スープが澄む。

河村フジ子ほか, 家政学雑誌, 31, 716-720（1980）より

わかっています。
濁ったスープを卵白で澄ませる際、スープの材料にトマトなどの野菜やワインなどのpHの低い食品（表1）が含まれていれば、すでにスープのpHがある程度低くなっているので、そのまま卵白だけで澄ませられます。また、使う卵白はできるだけ新鮮なものにします。産卵直後の卵白のpHは七・五ですが、日が経つにつれてpHは高くなり、産卵後四日経つとpHは九・五付近まで上昇するからです。

表1　さまざまな食品のpH*

肉・魚介類		調　味　料	
牛　　肉	5.3	ソース類	3.3〜3.4
豚　　肉	6.1	トマト加工品	3.9〜4.0
鶏　　肉	6.2	醤　　油	4.2〜4.5
エ　　ビ	7.2	味　　噌	4.6〜4.8
アルコール類		そ　の　他	
白ワイン	3.3	カツオだし	5.8
赤ワイン	3.4	昆布だし	5.8
日 本 酒	4.3	野 菜 類	5.5〜6.5
醸 造 酢	2.6	ト マ ト	4.4
ミ リ ン	5.9	レ モ ン	2.4

＊pH7が中性、それより低いと酸性、高いとアルカリ性。pHは同じ食品でも種類などで若干異なる。表中の数値は目安。

調理小話——その4

二日目のカレーがおいしい理由

カレーはつくりたてよりも、一日おいた二日目の方がおいしいとよくいわれます。カレーを一日(二十四時間)おくことで、何がどのように変化するのかを調べた研究によれば、煮汁はとろみが増して有機酸が増える一方で、塩分や糖、うまみを示すアミノ酸、油脂、香りや辛みを示す成分の量が減ります(表1)。煮汁に含まれる成分の量が増えたり減ったりするのは、一日おいている間に成分が煮汁から具材へ、あるいは具材から煮汁へ移動するからです。

表1　カレーを24時間放置したときの煮汁の成分の増減

	増減率(%)	変化
粘　度	120.9	↗
水　分	101.5	↗
脂　質	79.7	↘
食　塩	90.4	↘
糖	95.9	↘
酸	116.8	↗
アミノ酸	91.5	↘
香り成分	91.2	↘
辛み成分	88.0	↘

宮奥美行, 日本味と匂学会誌, 11, 157-164 (2004)より

煮汁に含まれる成分の量と食べたときに感じる味の濃さは、一致しているわけではありません。たとえば、「一日おいたカレーは甘みが増す」といわれますが、煮汁に含まれる糖の量は、実際には減っています。甘みが強くなったように感じるのは、とろみが増した影響で口中で甘みを感じる時間が長くなったからなのです。さらに、「一日おいたカレーはまろやかになる」ともいわれます。これには、煮汁の味の変化に加えて、香辛料の刺激的な香りが弱まることも大きく影響しています。カレーに使われる香辛料の成分は油に溶けやすい性質のものが多く、煮汁の中では油の粒、つまり油滴に溶け込んでいます。このため、煮汁に含まれる油自体の量が同じであっても、油滴の大きさの変化によって味の感じ方が変わってきます。油滴が大きければ口の中ではっきりと香味が感じられますが、小さければ香味を強くは感じないのです。煮汁の油滴の大きさにはとろみ加減が大きく影響します。煮汁にとろみがなければ油滴は自由に移動できるので、油を入れてかき混ぜても、やがて油滴どうしが合わさって大きな油滴になっていきます。ところが煮汁にとろみがあると、油滴は小さい状態のままです。

つまり、つくりたてのカレーは油滴が大きく香りを強く感じますが、一日おいたカレーは油滴が小さくなり、香味を感じにくくなるため、まろやかに感じられるのです。

つくりたてのカレーと一日おいたカレーのどちらがおいしいかは、人それぞれの好みです。もし、一日おいてもつくりたてに近い香味の強いカレーにしたければ、つくるときに、具材からジャガイモ(あるいはジャガイモのように煮崩れやすい具材)を除けばよいでしょう。ジャガイモがなければ、一日おいてもとろみがそれほど出ず、油滴が大きい状態のままなので、香り、味ともにつくりたてのときに近くなります。

第五章　焼くと熱の関係

Q.107

食品を焼くとなぜ焼き色がつくのですか？焼き色と焦げの違いはなんですか？

食品を焼くとき、食品表面の温度が高くなると、化学反応が起こって褐色物質がつくられます。食品表面に褐色物質が集まったこの状態を、私たちは「焼き色」と呼んでいるのです。

焼き色を生じる化学反応には、糖が百℃以上に加熱されると分解して褐色化するカラメル化反応（193ページ参照）と、食品に含まれる糖とアミノ酸やタンパク質が反応してメラノイジンと呼ばれる褐色物質をつくる**アミノ・カルボニル反応**（メイラード反応ともいう）があります。カラメル化反応は、カスタードプディングのカラメルソースに代表される反応であり、食品を焼いたときに生じる焼き色の多くはアミノ・カルボニル反応によるものです。ちなみに、アミノ・カルボニル反応は加熱しなくても起こります。たとえば、常温で貯蔵しているうちに生じる味噌や醤油の色の変化も、この反応によるものです。アミノ・カルボニル反応は温度が高いほど速やかに進行し、他の化学反応と同様に、温度が十℃高くなると反応速度はおよそ三〜五倍になるといわれています。

アミノ・カルボニル反応の進む速度は、食品に含まれる糖やアミノ酸の種類などで異なります。さらに、pH、温度、水分、酸素などのいろいろな要因が反応にかかわってくるため、一口に「何℃に達したら焼き色がつく」とはいえません。また、同じ食品でも、使う調味料の種類や量がほんの少しでも違えば、焼き色のつく早さは違ってきます。一般には、食品の表面温度が百五十〜二百℃付近の温度領域で焼き色がつくと考えられています。

一方、焦げについては、焼き色との間にはっきりとした一線が引かれているわけではありません。実際に、日本人とフランス人の女性を対象に、焼き色に対する嗜好が調べられています。この調査では、焼き色の違う五種類のムニエルの写真の中から最も好ましいと思う焼き色を選ばせていますが（表1）、日本人が好ましいと答えた焼き色はフランス人にとっては薄い場合が多く、日本人がほとんど選ばないような焦げたものでも、フランス人の中には好ましいと判断している人がいることがわかります。また日本人どうしをくらべてみても、最も好ましいと感じる焼き色に若干ずれがあることがわかります。人によって「焦げ」と「適度な焼き色」に対する感覚が違うのは、おいしさに対する食文化や個人の食経験などが大きく影響しているためなのでしょう。

表1　食品の焼き色に対する日本人・フランス人の感覚の比較

	加熱時間	最も好ましいとした人数（%）	
		日本人女性	フランス人女性
ニジマスのムニエル（160℃フライパン焼き）	1分	18.6	4.6
	1.5分	44.2	32.6
	2分	37.2	44.2
	3分	0	14.0
	5分	0	4.6

畑江敬子ほか, 日本家政学会誌, 50, 155-162（1999）より

Q.108

ステーキの表面を焼き固めると肉汁が閉じ込められるって本当ですか？

ステーキは、噛んだときに肉からジワッとしみ出てくる肉汁のうまみがなんともいえずおいしい料理です。焼くだけというシンプルな料理だけに、火の通し方がおいしさを左右します。一般にステーキを焼くときには、最初に強火で表面を焼き固めて肉汁が出るのを防いでから、好みの焼き加減になるように火を通していくのがコツだといわれています。強火で焼くと、内部に熱が入る前に表面のタンパク質が熱で変性して固まるので、内部に火が通ったときに肉汁が出てきても、外に流れ出にくくなります。

肉汁とは一般に、加熱した際に肉から出てくる、見た目に明らかな液体を指していますが、明確に定義された言葉ではありません。この液体は、水分にうまみ成分であるアミノ酸やペプチド、イノシン酸などの核酸関連物質などが溶け込んだもので、少量の脂肪も混じり込んでいます。脂肪はそれ自体に味はありませんが、肉汁の味の感じ方に影響することがわかっています。肉は生の状態では、細胞内のタンパク質に水を抱え込む性質があり、うまみ成分などは水と一緒にタンパク質に吸着されているので、噛んだくらいの力では肉汁は出てきません。人間がうまみを感じるのは、うまみが水に溶けた状態で舌などにある味蕾《みらい》に接したときなので、肉汁が細胞の外に出られない状態にある生の肉では、うまみがあまり感じられません。けれども、加熱するとタンパク質が熱で変性して水を抱え込めなくなるので、タンパク質に吸着されていた水は分離し、うまみ成分と一緒に肉汁として細胞の外に出てきます。加熱した肉のうまみが強く感じられるのは、このためです。

高温で加熱した肉の表面は、タンパク質が熱で固まり、コラーゲンの縮みにともなって表面積が小さくなり、さらに水分の蒸発で乾燥するので、組織が緻密になります。表面の組織が緻密であれば、肉の内部に熱が伝わって肉汁が分離して細胞の外に出てきても、肉の外にすんなりとは流れ出にくくなります。そのまま加熱を続けて肉の温度が六十五℃付近を超えると、コラーゲンが急激に縮みはじめ、肉の筋線維（Q80・図1参照）を締めつけて肉汁を搾り出すように作用します。表面の組織が最初の加熱で緻密になっていても、その後の加熱で筋線維の束どうしを結合しているコラーゲン組織が一部分解されたりするので、組織の一部がゆるんで隙間が生じています。肉汁が中からどんどん搾り出されてくれば、その勢いに負けて、結局、隙間から肉汁は外に出てしまいます。実際に、焼き上がったハンバーグの中に残っている肉汁の量を調べた実験では、ハンバーグの中心温度が六十六℃までは肉汁が多く残っているものの、七十五℃では肉汁がハンバーグの外に流れ出るため、残っている肉汁の量は六十六℃のときの約三分の一になってしまうことが確かめられています（図1）。

ステーキの場合、焼き加減がウェルダン（中心温度が七十℃付近）になると肉の中心部も含めて全体が六十五℃以上になるので、肉汁が肉全体から搾り出されるため、たとえ強火で表面を焼き固めても肉汁の流出はそれほど抑えられないでしょう。けれども、ミディアム（中心温度が六十五℃付近）までならば、六十五℃を超える部分が少なくなる分、搾り出される肉汁の量も少ないので、強火で表面を焼き固めることで肉汁の流出をある程度抑えることができます。

肉汁をできるだけ内部に閉じ込めようと思えば、強火で表面を焼き固めるだけでなく、肉の内部の温度管理も重要です。

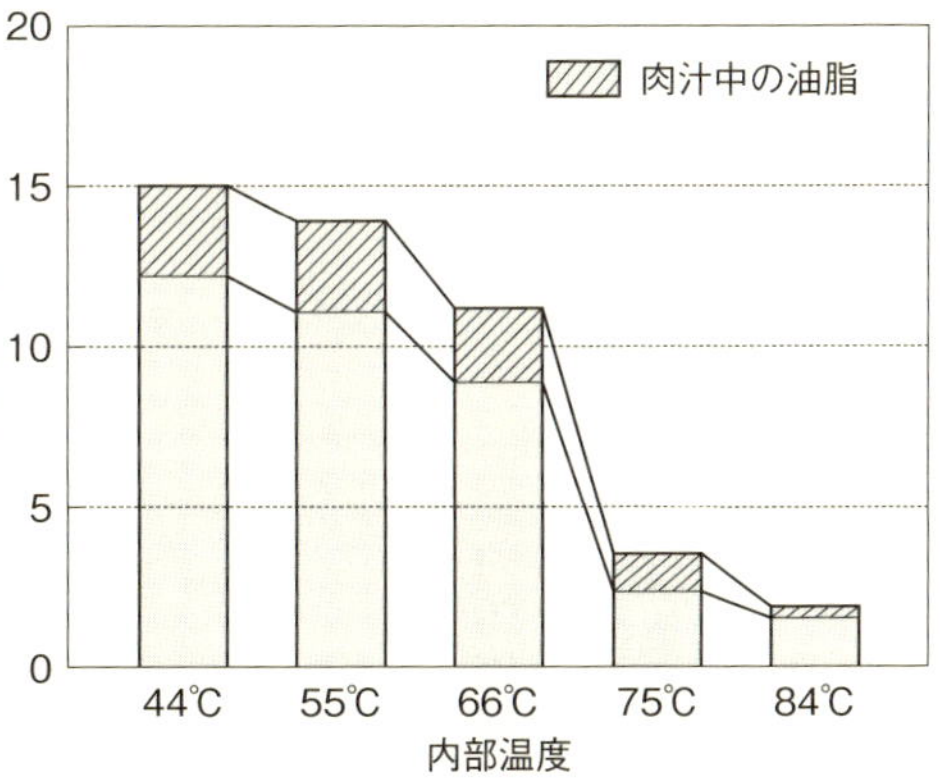

図1　ハンバーグの内部温度別の肉汁の量
（ハンバーグ100g/個・焼成温度230℃）

焼き上がったハンバーグに上から一定の圧力をかけたときに流れ出た肉汁を測定。

渡辺豊子ほか, 日本調理科学会誌, 32, 288-295（1999）より

Q.109

ローストチキンの皮をカリッと焼き上げるコツはありますか？

ローストチキンのおいしさには、肉の味はもちろんのこと、焼くことで生まれる皮のカリッとした食感と香ばしさも大きく貢献します。皮をカリッとさせるためには、①焼く前に皮全体に油をぬる、②オーブンに入れる前に、まずフライパンで皮に焼き色がつく程度に焼く、③オーブンで焼いている間もときどき天板にたまった脂をすくいかけながら焼く、などが大切です。この一連の操作で、皮の表面だけでなく皮の内側からも脂や水分が抜けるため、カリッとした食感に仕上がるでしょう。

皮には脂肪が多く含まれていますが、この脂肪はコラーゲンなどの膜に覆われた状態で存在します。ローストチキンを①や②の下処理をせずにオーブンに入れて焼き始めると、皮の温度が上昇して水分が蒸発していく一方で、コラーゲンが縮んでいきます。そのまま加熱を続けると、皮の表面部分のコラーゲンは乾燥と収縮によって組織が緻密になります。鶏肉の脂肪は三十～三十二℃付近で液状になるので、脂肪を包んでいるコラーゲンの膜が破れれば外への逃げ道ができ、脂肪はそこから皮の外へ流れ出ていきます。ところがコラーゲンの組織が緻密になっていると、その内側にある脂や水分は逃げ道をふさがれてしまい、外へ出にくくなります。ロースト後に、カリッとしていない皮の部分の断面をよく見ると、皮の表面部分にかたいコラーゲンの膜ができていて、その下に脂肪が閉じ込められている状態を観察できます。

これに対し、オーブンに入れる前に高温のフライパンで焼くと、皮の表面温度が急激に高くなって表面部分のコラーゲンだけが一気に収縮し、皮の細胞組織が一部破壊されることが予想されます。表面の組織が壊れていれば、その後のオーブン加熱で皮全体の温度が高くなり、皮全体のコラーゲンが縮むのと並行して皮の内側の脂が液状になり、脂は絞り出されるようにして脂肪組織を抜けて、皮の表面から流れ落ちます。皮の内部の脂が外に出た後も加熱し続けると、そこから水分も蒸発して逃げていくので、皮の温度が一段と高くなります。その結果、皮の組織を支えるコラーゲンは乾燥し、また熱で一部分解されるため、カリッとした食感が生まれるのだと思われます。

丸のままの鶏肉には凹凸があり、フライパンで焼き色がつけられない部分も出てきます。けれども、鶏肉全体に油をぬっておけば、オーブンでの加熱中、油の膜が水分の蒸発を抑え、焼き色がつかなった部分のコラーゲンが乾燥と収縮によって組織が緻密になるのを防ぎます。さらに、天板に落ちた脂をスプーンなどですくってそうした部分に重点的にかけながら焼くと、皮を高温の脂で揚げるのと同じような形になり、内側の脂肪や水分が抜けて、カリッと仕上げられるしょう。

Q.110

仔羊肉は繊細で焼くのに技術がいるといわれますが、なぜ繊細なのですか？

羊の脂は、他の動物の脂肪の融点よりもかなり高く、四十四〜五十五℃で溶けます（Q82・表1参照）。これは、羊の脂が四十四〜五十五℃より低い温度では白く固まった状態であることを意味します。この四十四〜五十五℃という温度は、人が肉を味わううえでも、肉を加熱するうえでも、温度の影響が大きく現れる温度なのです。肉を口に入れたときに、肉の温度が低めで脂が固まっていれば、それが舌ざわりに大きく影響します。肉を加熱すると、四十〜六十℃付近で肉のタンパク質が変性しますが、脂肪の融点がそれよりも低ければ、脂をそれほど意識せずに、肉のタンパク質の変性に焦点を当てて加熱できます。ところが、羊の肉の場合には、タンパク質が変性する温度と脂肪の融点が接近しているので、焼き上げた後、最終的に肉が口に入るまでにどのくらい温度が下がるかも計算に入れて焼かなければならず、温度管理がとても難しいのです。

人間が食べ物の味を感じられる温度は、体温を基準にプラス・マイナス二十五〜三十℃であるといわれています。つまり、肉を口に入れたときにおいしいと感じる温度の上限は六十〜六十五℃付近といえます。肉のおいしさには脂が大きく貢献しますが、脂がおいしさに貢献できるのは、脂が溶けた状態であることが大前提で、白く固まった脂を口に入れた場合にはかえって舌ざわりが悪くなり、肉のおいしさが損なわれます。人の体温は三十七℃付近ですから、羊の肉を噛んでいる間にも肉の温度が下がり、脂が固まってくることも考えなければなりません。

焼いた肉のかたさには、Q80で述べたように繊維状の筋原線維タンパク質と水溶性で球状の筋形質タンパク質、さらにコラーゲンなどの硬タンパク質の熱による変性が大きく影響し、加熱終了時の温度が高いほどかたく、ジューシーさが失われることがわかっています。

羊肉をやわらかく焼こうと思えば、肉の内部温度を脂肪の融点である四十四〜五十五℃以上に、けれども肉がかたくならない温度、六十℃以下にするのが理想的です。たとえば、脂肪の融点が五十五℃の羊肉を使った場合には、焼き上がった肉を皿に盛って、口に入れる時点の肉の中心温度が五十五～六十℃の狭い範囲で管理されていなければならないということです。これに対し、たとえば羊肉にくらべて脂肪の融点が三十三℃と低い豚肉であれば、口にする時点での肉の中心温度は三十三～六十℃の広い範囲で管理すればよいのです。つまり、羊肉は他の肉にくらべて焼き加減の適温帯が狭く、加熱調理に技術を要する肉だといえます。それが「繊細」と評される理由でしょう。

脂肪の融点は、同じ動物でも年齢や性別、飼料、育つ環境の温度などによって異なります。羊と同じ反芻動物である牛の月齢別の脂肪の融点をみると（表1）、月齢の低い、若い牛ほど融点が高いことがわかります。羊の場合も、ラム（仔羊の肉）の方がマトン（生育した羊の肉）よりも融点が高いことが予想されます。つまり、羊肉でも、仔羊肉はとりわけ焼き加減が難しいということです。

表1　黒毛和牛の発育にともなう脂肪の融点の変化

部位	月齢	
	14ヵ月	20ヵ月
皮下脂肪	35.6℃	25.9℃
筋間脂肪	40.7℃	35.5℃
腎脂肪	46.6℃	41.0℃

三橋忠由ほか, 農林水産省中国農業試験場研究報告書, 2, 43-51（1988）より

Q.111

肉や魚を焼くとき、塩のふり方で仕上がりが変わりますか？

タンパク質食品である肉や魚には、うまみ成分が多く含まれています。塩味はうまみを強く感じさせる働きがあるため、肉や魚に塩をふると、一段とおいしくなります。塩には浸透圧により水分を引き出す作用、タンパク質を凝固させる作用などがあります。これらの作用を肉や魚に求めるとき、肉と魚ではかたさや臭みが大きく違うため、塩のふり方が違ってくるのです。

塩をふると、その浸透圧で魚や肉から水分がしみ出します。ふり塩の量は一般に、肉では重さの約一%ですが、魚ではその倍の約二%と多くなります。一%以上の塩をふると、肉や魚の表面は濃い塩水で覆われた状態になります。塩は、浸透圧で肉や魚から水を引き出すと同時に、タンパク質を溶かして粘りのあるゾル[*1]にします。このゾルをそのまま放置すると弾力のあるゲル[*2]に変わります。このため、肉や魚に塩をふると、身が締まって弾力が生まれるのです。このような塩の働きは、身がやわらかく、水分が多い魚には好ましい作用ですが、肉質がかたく、比較的水分の少ない肉にとっては好ましくありません。さらに、魚の場合塩をふると、生臭さを示すトリメチルアミンという成分なども水分と一緒に溶け出してくるため、塩は生臭みを除く働きもします。だから焼き魚では塩を多めにふって二十～三十分間おいてから、しみ出てきた水分を取り除いて焼くのです。魚とは逆に、肉（ステーキなど）の場合には、塩の脱水作用がおいしさを損なうことにつながるため、塩をふったらすぐに焼くのです。

同じ魚でも、皮の上から塩をふるのと、身に直接塩をふるのでは、塩の浸透速度が違います。実際に、三枚におろしたニジマスに、皮の上から、あるいは身に直接ふり塩（重さの二%）をし、塩が魚に浸透する早さを調べた実験があり、身にふり塩をして十五分間おいたときに身に浸透する塩分量は、皮の上からふり塩をして三十分間おいたときとほぼ同じになることが確かめられています（図1）。切り身にふり塩をする場合には放置時間は短めでよく、姿焼きなど皮の上からふり塩をする場合には、放置時間を長めにするとよいでしょう。

＊1 ゾル　液体中に微粒子が分散している状態。
＊2 ゲル　ゾルがゼリー状に固まったもの。

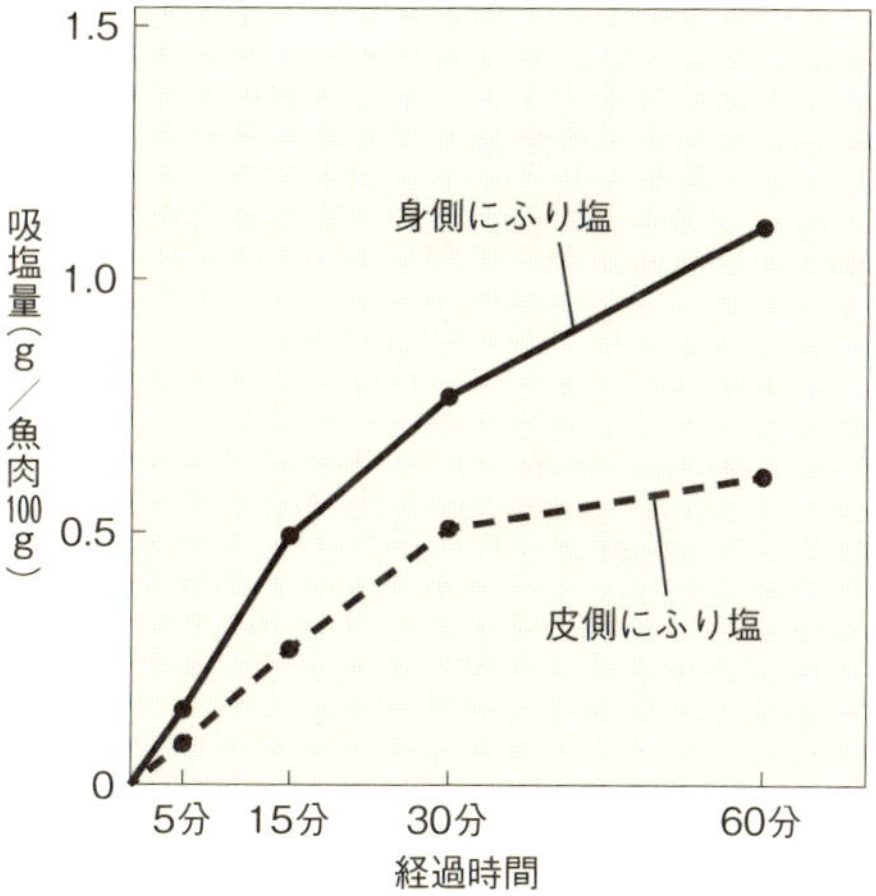

図1　魚（ニジマス）の時間による吸塩量の変化

上柳富美子, 日本家政学会誌, 41, 621-628（1990）

Q.112

澄ましバターを使って焼くと、どうして焼き色がつきにくいのですか？

肉、魚、野菜などをバター焼きにすると、香ばしい香りと独特のコクが生まれて、料理が格段においしくなります。ただし、揚げ油や炒め油などによく使われる植物油と違ってバターは焦げやすく、高温で加熱する料理には使いにくいことも事実です。

植物油の成分は一〇〇％が脂質ですが、バターは八一～八三％が脂質で、他に水が約一六％、タンパク質が約〇・六％、乳糖が約〇・二％程度含まれています。バターが植物油よりも焦げやすいのは、タンパク質や乳糖などの乳成分を含んでおり、加熱するとこれらの成分がアミノ・カルボニル反応（Q107参照）を起こし、褐色物質がつくられるためです。褐色物質が適度につくられていれば好ましい焼き色になりますが、つくられすぎると焦げになってしまいます。澄ましバターとは、バターからタンパク質や乳糖などを取り除いたもののことで、アミノ・カルボニル反応を起こす物質がなければ褐色物質がつくられないため、焼き色がつきにくいのです。

バターを四十℃前後の低い温度でゆっくり溶かすと、三つの層に分かれます（図1）。一番上の層は、カゼインと呼ばれる乳タンパク質が気泡などとともに表面に浮かび上がったもので、一番下の白い層には、タンパク質や乳糖などが溶け込んでいます。真ん中の澄んだ黄金色の層が乳脂肪、つまり脂質で、これが「澄ましバター」と呼ばれているものです。ムニエルなどで澄ましバターを使うのは、比較的長い時間高温で加熱しても焦げにくく、材料の中心に火が通る頃に適度な焼き色がつくためです。

肉類を焼くときなど、場合によってはバターと植物油を一緒に使うことがあります。これは、バターを植物油で薄めてアミノ・カルボニル反応を起こしにくくし、バターの焦げやすいという欠点を抑えるためです。

図1　三層に分かれた溶かしバター

バターを溶かすと三層に分かれ、真ん中の澄んだ黄金色の層が澄ましバター、下の白い層はタンパク質や乳糖が溶け込んでいる層、上の泡はカゼインが気泡などとともに浮き上がったもの。

Q.113

切り身の魚は皮目から焼く方がいいのでしょうか？

焼き魚のおいしさには、魚の持つうまみはもちろんのこと、皿にのせたときの見た目の美しさも大きく貢献しています。焼き魚は「盛り付けたとき表になる方を先に焼く」というのが基本です。切り身の魚を盛りつける場合には、皮目が表になり、身側が裏になるので、皮目から焼くのです。

まず、魚を焼いている間にどのような変化が起こっているのかをみていきましょう。焼き魚といえば、昔は炭火などで焼いていました。つまり、熱源は下にあり、魚に熱が入るのは下の面からです。魚を焼き網にのせて焼き始めると下の面が加熱されていき、タンパク質が熱で変性し凝固するとともに、下の表面部分は水分が蒸発するので乾燥します。この時点では、魚の上の面にはあまり火が通っていません。次いで、魚をひっくり返して火の通っていない面の加熱を始めると、先に焼いた面と同じように、身が熱で固まり、表面が乾燥してきます。ここで大きく違うのは、先に焼いた面の肉は、余熱と下から伝わってくる熱を受けて、タンパク質の熱変性が続いているという点です。肉の温度が高くなると、肉汁が出てきます。出てきた肉汁は脂肪などと一緒に、重力にしたがって下に流れ落ちます。こうなると、後で焼いている面には肉汁などが上から伝わり落ちてくるので、表面がぬれて乾燥しにくくなり、また肉汁などが熱源に落ちると燃えて煤《すす》になり、この煤が表面を汚したりします。つまり、後で焼く面は、先に焼いた面よりも見映えが悪くなるのです。このため、焼き魚は「盛り付けたときに表になる方を先に焼く」、あるいは「皮目から先に焼く」といわれるのでしょう。

上火式の魚焼きグリルで焼く場合には、熱源が上にあるので、盛り付けたときに裏になる面、つまり身側から先に焼くこともあります。皮目を先に焼くと、裏返して身を焼いている間に流れ出てくる肉汁などの影響で皮が汚れたり、パリッと乾燥しないことがあるからです。ただし、身を先に焼くと、焼いている間に、皮の成分であるコラーゲンが収縮するなどして皮が変形することもあります。変形した皮は焼き直してももう戻らず、見映えがあまりよくありません。

Q.114

魚を焼くには強火の遠火の炭火がいいといわれる理由はなんですか？

おいしい焼き魚は、皮がパリッと焼けて適度な焼き目がついており、中はぱさつかずジューシーでうまみを保った状態に焼き上がっているものです。このように焼き上げるためのポイントは、素早く表面のタンパク質を熱で固め、肉汁をできるだけ流出させないようにすることです。魚の皮に焼き色がつく温度は、魚の種類によっても違いますが、表面温度がだいたい百五十～二百℃くらいであり、また内部がジューシーで好ましく仕上がる温度は六十五～八十℃くらいだといわれています。このことから、魚をおいしく焼くためには、食品表面と内部の温度差が大きくなるような熱の伝え方、つまり輻射熱が適しているといえます。対流熱ではあまりおいしく焼くことができません。

炭火で焼いた魚がおいしいといわれるのは、炭火には高い輻射熱効果が期待できるからです。炭火の火力を大きくして魚を炭から遠ざける、つまり「強火の遠火」で焼くと輻射熱で焼くことができます。けれども、火力の小さな炭火に魚を近づけて焼く、つまり「弱火の近火」で焼くと、魚をそれほどおいしく焼くことはできません。弱火の近火の場合、魚には炭火からの輻射熱だけでなく、炭火の周囲で温まった空気からの対流熱も伝わることになるからです。

Q.115

肉に金串を刺して焼くと火の通りが早くなりますか？

金属は熱伝導率が大きく、熱をよく伝える物質です。食品を金串に通して焼くと、食品の外に出ている金串部分も一緒に加熱され、この熱が食品内部に伝えられます。金串を刺して焼くと、食品は表面からだけではなく内部からも加熱されることになるのです。このため、火の通りが早くなり、加熱時間を短くすることができます。

串焼き料理をフランスではブロシェット(Brochette)といいます。この言葉は、焼き串を意味するブロシュ(Broche)からきています。トルコをはじめ中近東にも、シシカバブ(Sis kebabi シシケバブともいう)があります。シシ(Sis)はトルコ語で串や剣を、カバブ(kebabi)は焼き肉を意味します。

肉をやわらかく加熱するためには、肉の温度を高くしすぎず、六十五℃付近までにとどめることがポイントです。肉を焼く場合、肉の表面には外部にある熱源から輻射熱、対流熱、伝導熱という三種類の熱が伝わりますが、肉の内部には表面からの伝導熱により熱が伝わります。表面から内部へ熱が伝わる速度は遅いので、大きな塊肉を焼く場合には、中心に火が通る頃には表面付近の温度は六十五℃をゆうに超えてしまい、その部分はかたくなってしまうのです。ところが、金串を通してあれば、中心には表面からの伝導熱だけでなく金串からの伝導熱も伝わるので、加熱時間が短くなり、その分、温度が高くなってかたくなる部分も少なくなり、全体的に肉がやわらかく仕上がります。

大きな肉の塊を焼くときだけでなく、比較的小さい肉を金串に刺してフライパンで焼く場合も、金串は単に肉がバラバラになるのを防ぐ「支持体」としての役割だけでなく、熱を伝える役割も果たします。金串はフライパンに直接触れてはいませんが、フライパンの底面からの輻射熱、あるいはフライパンの中で温まった空気からの対流熱を受けて熱くなり、その熱が肉の中心に伝わります。

焼き鳥などでは、金串ではなく竹串を使います。竹は熱の伝わりが非常に悪いので、この場合には、竹串は単に支持体としての役割しか果たしていません。

Q.116

アルミ箔や紙で材料を包んで焼く包み焼きにはどんな効果がありますか？

包み焼きは焼き物の一つで、和紙やアルミ箔、セロハン紙、硫酸紙などで食品を包み、網焼きにしたり、オーブンやフライパンで加熱するものです。奉書に包む奉書焼きや、フランス料理のパピヨット(Papillote)なども包み焼きの一つです。

包み焼きのメリットは、食品が本来持っている風味を逃がさずに加熱できる点にあります。また、ハーブなどのように香りの強いものと一緒に包み焼きにすれば、その香りが充満している中で材料が加熱されるため、新たな風味が加わることになります。

包み焼きでは、直火やオーブン、フライパンなどを介して、輻射熱、対流熱、伝導熱などいろいろな形で熱源から熱が伝わるものの、その熱が向かう先は食品を覆っている紙などで、食品には熱源から直接熱が伝えられるわけではありません。食品は、外部の熱源に関係なく、主に食品自体から出てくる水蒸気で穏やかに蒸し焼きされている状態です。このような状況は、食品にしてみれば、小さい蒸し器の中で、比較的低い温度で蒸されているのと同じことです。蒸し加熱で、肉や魚を肉汁が保たれた状態でやわらかく仕上げるためには、高温の水蒸気が直接肉や魚に触れないようにすることが大切です(Q142参照)。包み焼きではそのような心配をする必要がなく良好な状態で食品を加熱していることになるのです。

包み焼きにする食品には、くせのない魚介類や鶏肉、マツタケなどのように香りを生かしたいものが適しています。加熱している食品の香りが包みの中で混じり合うので、不快なにおいを持つ食品は避けましょう。

Q.117

石焼き料理はどういう点が優れているのでしょう？ どんな石が適していますか？

石焼きイモ、石焼き肉、石焼きビビンバなど、さまざまな石焼き料理があります。石焼きでは、食品は主に高温の石からの伝導熱で加熱されます。焼き加熱に石を使うことのメリットは、主として、石が高温に耐えられること、そして、一度温まったら高温のまま維持できる熱容量（熱を蓄える力）を持っていることです。焼き加熱に使用できる石は、熱容量の比較的小さい軽石や抗火石（多孔質の黒雲母流紋岩）、高温にあまり耐えられない大理石などを除けば、基本的にどんな石でもかまいません。

実際に、石に期待される役割を考えてみましょう。たとえば、石焼きイモの場合です。サツマイモの主成分はデンプンなので、石焼きイモではデンプンをα《アルファ》化させる必要があり、サツマイモを百℃前後の比較的高い温度帯に長い時間保たなければなりません。石焼きの石は、単に外部にある熱源の熱を食品に伝える道具であるだけでなく、一度加熱された後は基本的に蓄えた熱で食品を加熱し続けなければならないという、熱源と道具の二つの役割を果たします。このため、冷めにくい、つまり熱容量が大きいことが条件となり、重く、比熱[*1]が大きい石が適しているのです。

石焼き肉ではどうでしょう。肉をおいしく加熱するためには、高温で短時間に焼かなければならないので、三百℃付近の温度に耐える石でなければなりません。

石焼きビビンバの石器は、焼きイモの石と石焼き肉用の石の両方の役割を兼ね備えている必要があります。石器にご飯や野菜のナムルなどを盛って器ごと火にかけるのが石焼きビビンバのつくり方ですが、ご飯におこげができるくらいの高温に耐えられ、しかも食卓に出して食べ終わるまでの間、高温を保つことができるほどの熱容量を持つ器の材質といえば、やはり石が最適でしょう。

一口に石といっても、さまざまな種類の石がありますが、軽石、抗火石などの特殊な石を除けば、石は熱容量の大きい物質で、六百～千℃ぐらいまで耐えられる（大理石は四百五十五℃まで）、耐熱性が高い物質でもあります。

熱の面での特徴をみる限り、軽石、抗火石、大理石を除けばどんな石でも石焼き料理に使えますが、直接食品に接することや、落としたときの衝撃耐性、コストなどを考えると、適した石はある程度絞られてきます。石焼きイモ用の石は、イモの凹凸にそって表面に接触して均一に加熱できるように小さく、イモを傷つけないように丸く、そしてイモを取り出すときに欠けないようなかたさを持つ石であればよいわけです。小さい石を数多く使えば、総体としての熱容量は大きくなります。石焼き肉用の石は、肉を置けるような大きさで平たいもの、石焼きビビンバ用の石器は、ご飯や野菜が器の中で混ぜられるようなお碗形のもので、両者とも焼いている間に欠けないくらいかたい石であればよいのです。天然の石でなくても、人工的につくられたセラミックス（陶器）製のものでも使えます。

＊1 比熱 油一gを一℃上げるために必要な熱量。

Q.118

石窯焼きのピザはおいしいといわれる理由はなんですか？

　ピザのおいしさは、生地をはずしては語れません。ピザを焼く条件は、生地の材料や厚みによっても違いますが、一般に三百五十～四百℃で二～三分間ぐらいだといわれています。中には、薄くのばした生地を四百八十～五百℃のきわめて高い温度で四十五秒～一分間で焼き上げる場合もあるようです。石でつくられた窯の最大の特徴は、Q25で述べたように、石の断熱性が高いために窯内部の温度を四百℃以上の高温にすることができる点、また石の熱容量が大きいために温度を一定に保つことができる点です。断熱性が不十分なオーブンでは、庫内温度はせいぜい三百五十℃付近までしか上げることができません。また、熱容量が小さいので、生地を庫内に入れると庫内温度がいったん大きく下がるため、高温を維持できないのです。

　本場イタリアのナポリ風ピザは、表面がカリッとしていながら、膨らんだ端の部分にもっちりとした噛みごたえがあることがおいしさの条件といわれています。カリッとした食感は、生地から水分が蒸発して乾燥することにより得られ、もっちりした食感は、生地内部に水分が保たれることにより得られます。内部の水分は、表面にカリッとした皮が早くできるほど多くなることが実験で明らかにされています。ピザ生地の厚さはさまざまですが、いずれにしても焼き上げる時間は二～三分間程度と短く、その短時間のうちに生地の表面がカリッとするまで乾燥させ、焼き色をつけ、さらに内部に火を通そうと思えば、きわめて高い温度で焼かなければなりません。この高温を実現できるのが石窯であり、それが、石窯で焼いたピザがおいしいといわれるゆえんです。

Q.119

シュークリームのシュー皮はどうして中が空洞になって膨らむのですか？

シュー皮の材料は、小麦粉、水、卵、油脂（バターなど）です。シュー皮をつくる工程は二段階に分けることができます。第一段階は、材料を混ぜ合わせて鍋で加熱し、粘りのあるペースト状の生地をつくる工程です。続く第二段階は、この生地をオーブンで焼く工程です。シュー皮が膨らむのは、生地中の水分が加熱されて水蒸気になり、その蒸気圧で生地が引きのばされるためです。

皮の内側にできる空洞を大きくするには、第一段階での生地の粘りが鍵を握ってきます。第一段階で、小麦粉のデンプンが十分α《アルファ》化し、油脂が均一に分散すると、粘りが出ます。粘りがあると、第二段階の加熱時に水分の蒸発によって高まる蒸気圧に負けることなくよくのび、内部に水蒸気を抱え込んだまま膨れ、熱で固まります。また、粘りが適度であれば膨らむ過程で厚みを維持でき、外側が固まった後に蒸気圧に押されていったんひび割れても、内側のまだやわらかい部分が水蒸気を抱え込むといったくり返しに耐えられるため、シュー独特のムクムクと盛り上がった形がつくられます。もし粘りがなければ、膨らむ過程で蒸気圧に押されてどんどん薄く引きのばされるため、皮はより大きく膨れるものの、つるんと丸い饅頭のような形になってしまいます。逆に粘りが強すぎればあまり膨らまず、皮は厚く、中の空洞も小さくなってしまいます。

シュー皮の焼成過程を調べた研究によると、生地の中心部の温度が六十℃になると中央に空洞ができ、七十℃付近になるとその空洞は成長して大きくなります。これは、中心部が他にくらべて温度が上がりにくくてやわらかいので、内部で発生した水蒸気がそこに集まるためです。中心部の温度が七十℃、底部の温度がちょうど百℃を超える頃、底部で新たな空洞が発生します。最初に中心にできた空洞は、皮上部の膜の隙間から水蒸気が逃げてしまうので途中で消えてしまいます。一方、底部で発生した空洞は急激に成長していきます。つまり、シュー皮の大きな空洞は、皮の底部が百℃を超えた時点で発生する空洞が成長してできたものなのです。

Q.120

パイはどうして膨らむのですか？

パイは、口に入れると薄い層がホロホロと崩れ、サクサクした独特の食感を生み出します。パイ生地の主な材料は小麦粉、油脂（バターなど）、水で、小麦粉に水やバターを加えた流動性のない生地にバターを折り込んでいく方法（折り込み法）と、小麦粉とバターを切り混ぜてから水を加えて練り込む方法（練り込み法）の二通りがあります。いずれの方法も、最終的に数十から数百にものぼる薄い生地層の間に油脂層が挟まれた構造をした生地になります。これを加熱すると、油脂層が溶けるのと並行して生地に含まれる水分が蒸発し、その蒸気圧によって薄い生地層の一枚一枚が持ち上げられて膨らみます。なお生地層では、蒸発によって抜けた水の後に油脂が入り込むという、ちょうど揚げ物と同じような水と油の交代現象（Q122参照）が起こるので、サクサクした食感に焼き上がるのです。

生地の膨れ方や焼き上がったパイの食感は、材料の種類や配合比、折り込み法では折る回数によっても違ってきます。小麦粉は、タンパク質含量の多い強力粉を使う場合もあれば、強力粉と薄力粉を混ぜて使う場合もあります。強力粉でつくると、グルテンが多いために層の構造がしっかりし、よく膨らみますが、かたい食感に焼き上がります。強力粉と薄力粉を混ぜると、薄力粉の量が多くなるほど口当たりが軽くなりますが、層の膨らみが悪くなります。また、油脂の量が多いほど、水と油がより交代しやすくなり、軽くてもろい食感に焼き上がります。

生地を折る回数が少ないと層の数が少なくなり、その分、一層当たりの重量が重くなり、水蒸気が生地層を持ち上げにくくなります。さらに、生地に入り込めなかった油脂が外に流れ出るため、膨らみが悪く、ホロホロ、サクサクした食感には仕上がりにくくなります。また、折る回数が多すぎても、層が薄くなりすぎて層状構造が崩れ、膨らみが悪くなります。

Q.121

パンはどうして膨らむのですか?

パンづくりに欠かせない材料は、小麦粉、水、塩、イースト(酵母)、砂糖です。イーストの種類やパンのタイプによっては、砂糖を使わないこともあります。小麦粉と水、塩を混ぜ合わせるとパン生地ができますが、パンの膨らみを支えているのが、小麦粉と水を混ぜるとできるグルテンと呼ばれるタンパク質です。砂糖はイーストの餌のようなもので、イーストは砂糖を分解して炭酸ガス(二酸化炭素)を出します。また、塩はグルテンの網目構造を緻密にして生地のコシを強くする働きがあり、パン生地を炭酸ガスや水蒸気の圧力に負けないようにします。パン生地がこのようにつくられてこそ、イーストがつくり出す炭酸ガスや加熱中に生地内で発生する水蒸気などを逃がさないように抱え込むことができ、それらが熱で膨張するのに合わせてパンが膨らむのです。

パンの製法はいろいろありますが、大きく分けると、①材料を混ぜ合わせてグルテンを形成する工程、②生地を発酵させる工程、③焼き上げる工程、この三工程に分けられます。発酵の工程では、グルテンの膜はイーストがつくり出す炭酸ガスで押し広げられてのびます。炭酸ガスは、最初は水に溶けた状態ですが、生地をこねたときに生地中に取り込まれた空気などの小さな泡を核にしてガス状になります。この工程は一次発酵と呼ばれます。次いで、生地をパンチダウンして分割し、成形します。パンチダウンの主な目的は、生地中の大きな気泡を小さくつぶして分散させたり、余分なガスを抜くことです。成形した生地は再び発酵させます。この二回目の発酵をホイロ発酵、または二次発酵と呼びます。

最後は生地をオーブンで加熱します。生地の温度が五十五℃付近まではイーストが盛んに発酵して炭酸ガスが発生し、炭酸ガスはさらに熱で膨張します。と同時に、生地に含まれる水が水蒸気に変わります。この一連の変化によって生地が膨らみます。その後、生地の温度が七十℃を超えるとイーストの発酵は止まり、デンプンがα《アルファ》化し、タンパク質が熱凝固するためにそれ以上は膨らまなくなり、焼き色がついて完成します。ちなみに、焼き色がつくのはアミノ・カルボニル反応(Q107参照)という化学反応が起こるからです。

調理小話——その5

甘くて香ばしいカラメルソースの秘密

カラメルソースは、甘さの中に焦げた砂糖特有の香ばしさと苦みが混じり合う、カスタードプディングなどに欠かせない褐色のソースです。

糖や濃い糖液を加熱すると、糖が熱で分解され、複雑な反応を起こして褐色物質がつくられます。この物質がカラメルで、カラメルをつくり出す化学反応を**カラメル化反応**といいます。砂糖の主成分であるショ糖は、ブドウ糖一分子と果糖一分子が結合した二分子の糖ですが、これを加熱して百五十℃付近になると、ショ糖の一部が分解してブドウ糖と果糖になり、さらに加熱を続けると百七十℃付近からカラメルができてきます。そして、二百三十℃付近を超えてくると、カラメルは炭化してしまいます（砂糖の温度による変化はQ91・表1参照）。

褐色物質であるカラメルや、カラメル化反応で生まれる独特の香ばしい香り成分は、ブドウ糖、果糖、ショ糖がそれぞれ反応してできた物質の混合物です。糖の種類や割合が違ったり、加熱する速度、加熱終了時の温度が異なれば、反応によってできる物質が変わってくるため、カラメルの色や味が違ってきます。

実際に、強火、中火、弱火で加熱したカラメルの食味試験で好ましい味として評価されたのは、加熱終了時の温度が二百二十℃程度のカラメルであり、これまでに適温とされていた百八十℃では色や香りが薄く、甘みが強いことが報告されています。これは、製品としての上白糖に含まれる転化糖の量、つまりブドウ糖と果糖の混合物の量が、以前にくらべて若干少なくなっていることが原因の一つとしてあげられています。ブドウ糖や果糖の量が少なければ、それだけ反応速度が遅くなり、カラメルがつくられにくくなるのです。ちなみに、グラニュー糖はほぼ純粋なショ糖なので、転化糖が一〜三％程度加えられている上白糖にくらべてカラメル化が起こりにくいと思われます。

また、色については、加熱終了時の温度が同じでも、弱火で長い時間加熱したり、強火で短時間加熱した場合にくらべて、中火で加熱したものは赤みが強い色調になる傾向があるようです。それ以外にも、糖液にレモン汁などを入れて酸性にしたり、重曹を入れてアルカリ性にすると、カラメル化反応が早く進むこともわかっています。

第六章　揚げると熱の関係

Q.122
なぜ材料によって揚げ油の温度を変えるのでしょう？

揚げ物はその種類にかかわらず、表面に適度な揚げ色がつき、中心まで火が通っているのが基本です。食品の中心に火が通るのに要する時間は、食品の種類や厚みによって異なりますが、中心にほどよく火が通る頃に表面にも適度な揚げ色がついているのが理想です。このため、揚げる食品、衣の種類など、さまざまな条件によって揚げ油の適温は違ってくるのです。

●揚げるとは水と油を交代させること

食品を揚げている過程では、食品に含まれている水が食品表面から蒸発し、水が抜けた部分に油が入り込むという**水と油の交代現象**が起こっています。天ぷらのように表面に衣がある場合には、衣の部分で水と油の交代現象が起きています。水が十分に蒸発して油がしっかり入り込んだ揚げ物ほど、表面が乾燥してカリッ、サクッとした食感に仕上がります。一方、食品の内部へは表面からの伝導熱で熱が伝わるため、中心温度は比較的ゆるやかに上昇していきます。天ぷらやトンカツなど衣つきの揚げ物では、衣の中で蒸されているのと同じような形で加熱されていきます。

●低温・中温・高温——油温の使い分け方

揚げ油の温度は一般に、低温（百五十～百六十℃程度）、中温（百六十～百八十℃程度）、高温（百八十～二百℃程度）の三段階に大きく分けられています（表1）。

低温揚げに適しているのは、中心に火が通るまでに時間がかかる食品、たとえばイモやカボチャのようにデンプンの多い食品や、厚みのある食品などです。デンプンを多く含む食品はデンプンのα《アルファ》化に時間がかかるため、長く揚げなければなりません。また材料が厚ければ、それだけ中心の温度が上がるまでに時間がかかります。

高温揚げに適しているのは、低温の場合と逆であり、中心まで火が通るのに時間がかからない食品や、中心まで火を通す必要のない食品、たとえば天ぷらの魚介類やコロッケ、また薄い食品などです。生でも食べられるくらい鮮度のよい魚介類、しかも厚みのないものを天ぷらにするのなら、魚介類はデンプン性食品よりも水分が一

○%前後多いので熱の伝わりがよく、揚げ時間は短くてすみます。長く揚げるとかえってコラーゲンの収縮などによってうまみ成分を含む肉汁が流れ出てしまい、仕上がりが悪くなってしまいます。またコロッケなどは、すでに内部に火が通っており、基本的に衣に揚げ色がつけばよいので、揚げ時間は短くても十分です。

中温揚げに適しているのは、低温揚げと高温揚げの中間の要素の食品、つまり、中心に火が通るまでに要する時間が低温揚げと高温揚げのちょうど中間程度のものだということになります。

●衣の性質、厚み、種類で油温を変える

同じ材料を使っても、揚げ衣の種類が違うと揚げ油の適温も変わってきます。鶏のから揚げとチキンカツを例に考えてみましょう。から揚げでは鶏肉にまぶした粉が衣に相当しますが、衣がきわめて薄いため、油に入れればすぐに熱が肉の表面に伝わります。油の温度が高ければ表面だけ加熱が進み、中心に火が通る頃には表面が黒焦げになってしまうので、まず低温で揚げて中心まで火を通し、その後高温で揚げます。一方、チキンカツは衣

表1　揚げ油の温度の目安

低温	150～160℃	鶏のから揚げ（一度目）
	160℃	ドーナッツ、春巻き、フライドポテト（一度目）、イモや野菜の天ぷら
中温	160～170℃	フリッター、変わり揚げ（春雨揚げ、ゴマ揚げ、アーモンド揚げなど）
	170℃	野菜のかき揚げ、厚みのあるかき揚げ
	170～180℃	トンカツ、フライ、竜田揚げ、魚の丸揚げ、揚げ出し豆腐
高温	180℃	カキフライ
	180～190℃	魚介類の天ぷら、鶏のから揚げ（二度目）、魚介類のかき揚げ、コロッケ
	200℃	フライドポテト（二度目）

が小麦粉、溶き卵、パン粉と三重で厚いため、低温ではなかなか肉の内部まで火が通りません。かといって高温にすれば、水分含量の低いパン粉の温度がすぐに上昇して揚げ色がつき始め、肉の中心に火が通るころには揚げ色が濃くなりすぎてしまいます。このため、チキンカツは中温で揚げるのです。

また、衣に用いる材料の種類によっても、油温の適温は変わります。揚げ色は、アミノ・カルボニル反応（Q107参照）という化学反応が進むことで生じる色ですが、パン粉の場合、パンに含まれる糖分の量が増えるほどアミノ・カルボニル反応が早く起こり、揚げ色が早くつきます。こうした化学反応は、温度が十℃高くなると五〜六倍早く進むといわれています。揚げ物は高温の油を使うため、他の調理法よりもいっそう化学反応が早く進み、若干の油温の違いがすぐに揚げ色に現れるので注意が必要です。

Q.123

揚げ油は量が多いほどいいのですか？

揚げ物をおいしくつくる上で一番重要なポイントは、いかに油の温度を適温に保つかという点です。ところが、油は比熱[*1]が水の約半分と小さいため、熱しやすく、冷めやすいという性質を持っています。揚げ油の量を多くするといいといわれるのは、量が多いほど熱を蓄える力（熱容量）が大きくなり、食品を入れてもあまり温度が下がらず、油を適温に保ちやすくなるからです。適温よりも低い温度で食品を揚げると、食品に含まれる水と油の交代（Q122参照）がスムーズには行われないためにカラッと揚がらず、べたついた仕上がりになってしまいます。基本的に、揚げ油の量が多いほどカラッと揚がりやすくなります。

油を適温に保とうとすれば、食品の形や一回に入れる量などにも配慮する必要があります。油の量を多くしても、一回に入れる食品の量が多ければ、油の温度は急激に低下します。食品を入れると油温が下がるのは、食品の温度が低いからだけではなく、それ以上に、食品から水分が蒸発する際に蒸発熱[*2]の形で熱が多く奪われてしまうことが原因です。

食品は、同じ重さでも形を変えたり、小さく切ったりすることで表面積が違ってきます。たとえば、同じ重さの食品を一度に揚げるときに、ボール状一個で揚げた場合と、乱切り、拍子木切り、薄切りなどと切り分けて揚げた場合では、食品を入れた後の油温の下がり方が大きく異なります。食品の表面積が大きいほど、油温の下がり幅は大きくなるのです（図1）。特に、最も表面積が大きくなる薄切りの食品を入れたときには、油温が急激に

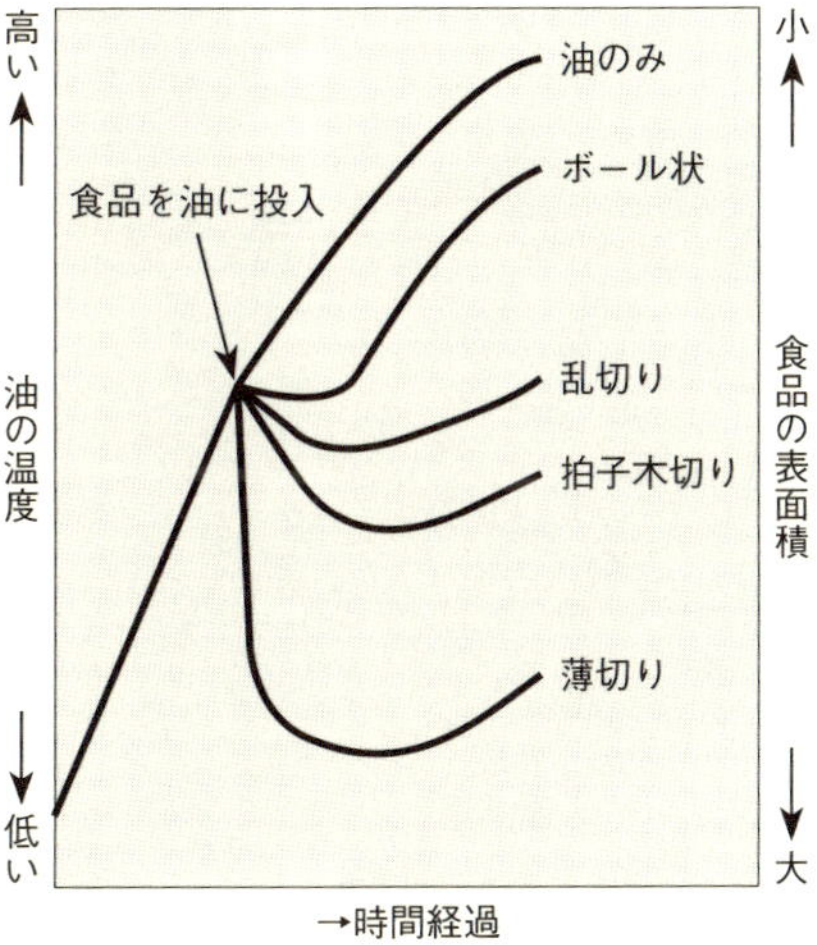

図1　食品の表面積の違いが揚げ油の温度におよぼす影響

下がります。表面積が大きいということは、それだけ水の蒸発面積が大きいということで、食品を入れたとたんに水分が蒸発し、多くの熱が奪われるのです。一度に入れる食品の量は、鍋に入れた油の表面積の二分の一以下を目安とします。とりわけ、表面積の大きいポテトチップスやかき揚げなどを揚げる場合には、さらに一回当たりの食品量を控えるとよいでしょう。

＊1　比熱　油一gを一℃上げるために必要な熱量。

＊2　蒸発熱　水が水蒸気になる際に奪う熱。奪う熱量は水一g当たり五百三十九カロリー。

Q.124

たっぷりの油で揚げるのと油をすくいかけながら焼くのとでは、どう違いますか？

たっぷりの油で揚げる方法も、油をすくいかけながら焼く方法も、加熱の過程で熱が移動する形は同じです。両者とも、食品の表面には主に高温の油から対流熱が伝わり、食品内部には表面からの伝導熱によってゆっくり熱が伝わります。この二つの調理方法で大きく違うのは、表面温度の上昇する早さです。

たっぷりの油の中に食品を入れると、表面温度は急速に上昇します。けれども、表面温度が高くなっても、内部の温度はそれほど早くは上昇しません。特に、食品が大きく、表面と中心までの距離が長いと、表面は焦げているのに中はまだ生、というようなことが起こります。

一方、表面に油をすくいかけながら焼く方法では、表面温度がずっと高温に保たれるわけではなく、高温の油がすっと流れ落ちた後は温度が下がります。表面温度が多少下がっても、内部には熱くなった表面から熱が伝わり続けているため、内部の温度は徐々に高くなっていきます。つまり、油をすくいかけながら焼く方法では、たっぷりの油の中で揚げる方法よりも、食品の表面と内部の温度差が小さくなるのです。油をかける回数を変えることで、表面の焼き色の濃さを調節することもできます。

鶏一羽を丸ごと揚げる、あるいは大きな魚一匹を丸ごと揚げる、といったように大きな食品を揚げる場合には、たっぷりの油の中で揚げるよりも油をすくいかけながら焼いた方が、表面にはきれいな焼き色がつき、内部にもほどよく火が通ります。油をすくいかけながら焼く場合でも、食品表面では水と油の交代現象（Q122参照）が起こっているため、揚げ物独特のカラッとした食感に仕上がります。

Q.125

揚げ鍋に適した鍋はどんな鍋ですか？

揚げ物は、他の加熱法にくらべて短時間で加熱が終了します。この短い間に食品に均一に熱を伝えられるかどうかが揚げ物の仕上がりを左右します。また、油は高温で加熱され続けるだけでも劣化しますが（Q132参照）、鍋の形や材質によってはいっそう劣化が進みます。これらのことから、揚げ鍋に適しているのは、食品に均一に熱を伝えられ、また油の劣化を起こしにくい鍋だということになります。その条件を満たすのが、深さと厚みのあるアルミニウム製鍋、あるいはステンレス製の中華鍋や平鍋です。

食品に熱を均一に伝えるためには、まず食品が高温の油の中にすっかり浸っていなければなりません。そのためには、油の深さが必要です。同じ油の量であれば、丸底の方が平底よりも、中央付近の油の深さは深くなります。揚げ鍋に中華鍋がよく使われるのはこのためです。一方、油の深さが同じなら、平底の方が油の量が多く入るので油の熱容量が大きくなり、温度を一定に保ちやすくなります。熱容量の大きさは、油だけでなく鍋にも求められます。食品を入れたときに油の温度を下がりにくくするには、熱容量の大きい鍋、つまり、厚くて重い鍋が適しています（Q27参照）。

一方、油の劣化には、鍋の材質も影響をおよぼします。銅や鉄などは油を酸化させる触媒として働き、油の劣化を著しくうながします。特に、銅の触媒としての作用は強く、揚げ鍋の材質として適切ではないことが実験で確かめられています。アルミニウム、ステンレス、鉄でつくられた揚げ鍋で油を加熱したときの酸化程度と粘りなどを調べた研究では、アルミニウムが最も油の劣化が進行しにくく、次いでステンレスが進行しにくいことが確かめられています。ただし、アルミニウムの揚げ鍋は、強度が低いことが難点です。

さらに、鍋の形状も油の劣化に影響をおよぼします。油は空気と接触する面積が大きいほど劣化しやすく、粘りが強くなります。劣化を抑えるためには、空気との接触面積ができるだけ小さくなるような形が望ましいのです。たっぷりの油を使った場合、油の量が同じであれば、中華鍋のような丸底の方が、平底の鍋よりも空気と接触する面積が大きくなり、油の劣化が進みます。でも、もし油の量がそれほど多くなければ、丸底よりも平底の方が接触面積が大きくなる場合も出てきます。また、一回に揚げられる食品量の目安が油面の面積の二分の一以下であることを考えると、口径が小さい平底鍋では不便です。

以上のことを考え合わせると、丸底鍋の特徴は、油の量が少ない場合、平底鍋にくらべて①油の深さを確保できるので食品に均一に熱を伝えられる、②空気に触れる油の面積が大きいため、油の劣化が進みやすい、③一回に揚げられる量が多い、といったことになります。

いずれにしても、揚げ鍋に適した鍋は、厚みがあって深さのある鍋であることは確かですが、鍋の形は、使う油の量や一回に揚げる食品の量などを考えて丸底か平底を選び、材質は油の劣化を抑えたいならアルミニウムかステンレスを選ぶとよいでしょう。

Q.126

揚げ油の温度を衣を落として確かめますが、どうしてそれでわかるのでしょう？

熱した油の中に水で溶いてつくった衣を一滴落とし、それが浮き上がってくる様子を見て油の温度を判断する方法があります。水は油よりも重いため、衣は入れた直後は下に沈みますが、加熱されて衣から水分が蒸発するにつれて軽くなり、浮き上がってきます。この方法では、油の温度が高いほど衣に伝わる熱量が大きくなり、衣に含まれる水分が早く蒸発することを利用して温度を判断しています。

油の温度が百五十℃以下の場合、衣は沈み、なかなか浮き上がってきません。百五十～百六十℃では、衣は一度底に沈んでからゆっくり浮き上がってきます。百七十～百八十℃になると、衣は底に到達する前に、途中で浮き上がってきます。二百℃以上と非常に高温になると、衣が油の中に落ちた瞬間に、水がパッと蒸発するので下に沈むことはありません。

この他に、木製の揚げ箸を油の中に入れたときの泡の出方で判断する方法や、塩を一つまみ入れてそのときに出る音で判断する方法などがあります。これらの方法も、木箸や塩に含まれる水分が蒸発することを利用したものです。いずれにしても、水分があることがポイントなので、水分を含まない金属製箸や、よく精製された食卓塩を入れても、油の温度は判断できません。

しかしながら、いずれの方法も単なる油の目安温度にすぎません。たとえば深い揚げ鍋に油がたっぷり入っていれば、油温が百五十～百六十℃であっても、衣が底に到達する前に水分が蒸発し、浮き上がってくることもあります。正確に油の温度を知ろうと思えば、やはり温度計を使うのが一番です。

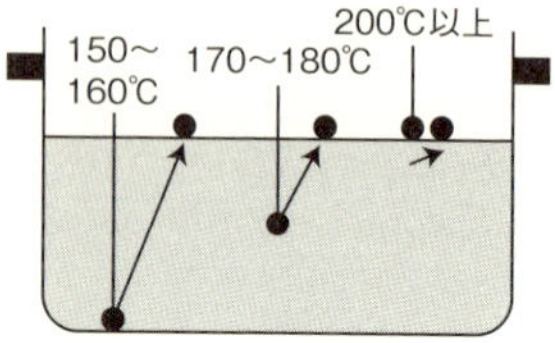

揚げ衣を利用した油の温度の見分け方

150～160℃　衣はいったん底まで沈み、ゆっくり浮き上がってくる
170～180℃　衣は途中まで沈み、浮き上がってくる
200℃以上　衣はまったく沈まず、表面に散る

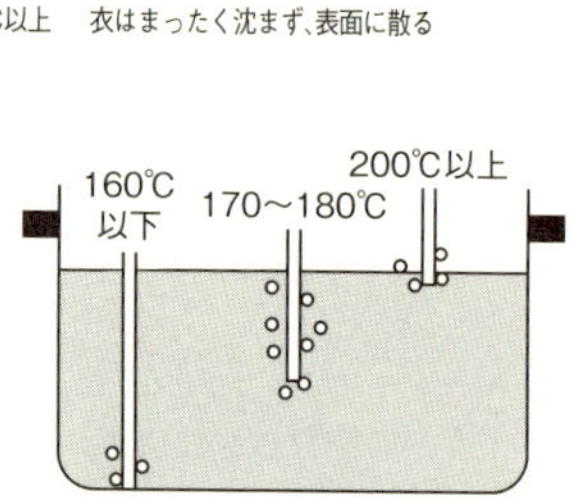

ぬらした木箸を利用した油の温度の見分け方

160℃以下　箸を底につけると先端からわずかに泡が出る
170～180℃　箸を油の深さの中程に入れると全体から細かい泡が出る
200℃以上　箸を入れたとたんに表面で油がはねる

Q.127

揚げ油はベトベトしているのに、なぜ天ぷらやフライはカラッと揚がるのですか？

揚げ油を口に含むとベトベトした感じがします。ところが、上手に揚げられた天ぷらやトンカツ、から揚げなどを口に入れるとカラッと感じます。これは、油が直接舌や口の粘膜などに触れたときの感覚と、油を含んだ衣が触れたときの感覚に違いがあるためです。

天ぷらやフライは、衣と揚げ油の間で水と油を交代させる加熱方法です。適した温度の油で揚げると、衣に含まれる水分がしっかり蒸発し、その水分が抜けた後に油がしっかりと入り込むため、カラッとした食感に仕上がるのです。

もし、油の温度が低すぎるなどの理由で衣の水分が蒸発せずに残り、油の吸い込まれる量が少なくなると、その揚げ物はべたついたような重い感じの揚げ上がりになってしまいます。衣に油が多く含まれている状態でも、衣の表面に油がベタッと付着しているのではなく衣の中に入り込んでいる状態なら、口の粘膜に油が直接まとわりつくことがなく、衣が脱水されて乾燥したことによって生まれるカリッとした食感があり、カラッと揚がっているという感覚を引き起こすのでしょう。

なお、適温の油で揚げた場合でも、劣化してベトベトと粘った油を使えば、衣の水分が抜けた後に油がすんなり入り込むことができず、衣の表面に粘った油が付着した状態に揚がるため、カラッとした食感にはなりません。

二度揚げするとどうしてカリッと揚がるのですか？

二度揚げとは、まず低めの温度で食品を揚げていったん取り出した後、油の温度を上げて高温になったところに食品を再度入れて揚げる方法です。

揚げ物は、高温の油で揚げると食品表面の水分がしっかり抜けて、そこへ油が入り込むという水と油の交代が行われるのでカリッと揚がります。けれども、油の温度が高すぎると、表面に適度な揚げ色がついていても中心にはまだ火が通っていないといった状態になることがあります。これを避けるには、最初は低めの温度で揚げて中心まで火を通しておき、二度目は表面をカリッとさせることだけを考えて高温で揚げるという二段階の揚げ方が効果的なのです。

一度目の揚げ加熱の目的は、食品の中心部まである程度火を通すこと、そして食品表面の水分量をある程度下げることですから、低めの温度で少し時間をかけて揚げます。特に、肉をやわらかく肉汁を保った状態に揚げようとするなら、コラーゲンの収縮を防ぐために、肉の中心温度を六十五℃付近までにとどめることが大切です。揚げている間、そして取り出した後に余熱で火が通っていく間にも表面からは水分が蒸発していくので、表面付近の水分量は低下します。

二度目の揚げ加熱の目的は、とにかく表面の水分をしっかり蒸発させて、カリッとさせることです。一度目の加熱で表面の水分は減っており、内部にもほぼ火が通っているので、二度目は表面の水分をしっかり蒸発させることだけに照準を当てればよく、油を高温にすることができます。こうすると表面がカリッとかたくなり、適度な揚げ色もつけられます。なお、二度揚げでカリッとしない場合には、三回、四回と揚げ直すこともあります。

Q.129

揚げ物は使う油の種類によって仕上がりが変わりますか?

「軽い感じに揚がった」あるいは「この油は重い」というように、揚げ物や油には、「軽い」「重い」という表現が使われます。「軽い」「重い」と聞くと、油の比重、つまり、同じ体積の油の重さの比が油の種類によって違うように思うかもしれませんが、油の種類が違っても比重はほとんど違わず、また、揚がりぐあいが変わるわけでもありません。揚げ油の種類によって変わるのは、主に食感です。揚がりぐあいの違いに影響をおよぼすのは、油が劣化してくると現れる粘りであるといわれています。

●油の種類と冷めた揚げ物の食感の関係

揚げ物は、揚げたての熱々と冷めたものとでは食感が変わり、さらに油の種類によっても、冷めたときの揚げ衣の食感がずいぶん違います。揚げ物に使われる油脂には、ラード(豚脂)、ヘット(牛脂)などの動物性の油脂や、ゴマ油、大豆油、綿実油、コーン油、菜種油、キャノーラ油、ピーナッツ油、パーム油などの植物性の油脂があります。このうち、動物性の油脂と植物性のパーム油などは、室温では固体の状態です。ちなみに、「油」とは常温で液状の油脂を、「脂」とは常温で固体の油脂を指しますが、パーム油の場合には「脂」ではあるものの、習慣的に「油」の字が使われているようです。

脂と油では融点が大きく違うため、冷めた衣の食感がずいぶん違います。ラードやヘットは四十℃前後になると固まりますが、植物油は0℃付近まで固まりません。このため、脂で揚げたものは少しおくと衣の部分で脂が固まり、衣にしっとりと重い食感が生まれます。天ぷらはサクッと軽い衣が身上なので脂ではなく油で揚げますが、フライの場合には、冷めてしっとり重くなった衣と揚げダネとの調和がとれるため、脂で揚げることもあるのです。

●油の劣化と揚がりぐあいの関係

揚げ物の揚がりぐあいに大きく影響するのは、油の劣化です。同じ油で何度も揚げ物をくり返すうちに、高温に熱せられた油はどんどん劣化していき、着色、粘り、発煙、不快臭などを生じます。油に粘りが出てくると、揚げるという調理操作の本来の働きである水と油の交代がスムーズには行われません。

実際に、劣化した油を使って揚げ物をした実験で、油が劣化していると衣に油が十分には入り込まず、衣に水分が多く残ることが確かめられています。水分が多く残っているとカリッ、サクッとした食感にならず、全体としてカラリと揚がった感じがしないのです。

また、新鮮な油に、油の加熱中に生じるアルデヒドという香気成分を少量加えると、揚げ物にこの成分が付着して、新鮮でさらっとした油を使ってカラッと揚げたにもかかわらず、粘りの強い油で揚げたようなベタベタした食感を感じさせることも実験で確かめられています。

Q.130

揚げ物が食べたい、でもカロリーは控えたい、そんなことができるのでしょうか?

油のエネルギー量は百g当たり九百二十一キロカロリーで、他の食品にくらべて格段に多いものです。カラッとした揚げ物ほど衣の水分が抜けてそこに油がしっかり入り込んでおり、吸油量が多いのでカロリーが高くなります。けれども、衣の種類や衣の厚みなどを工夫することで、ある程度カロリーを抑えることはできます。

揚げ物のカロリーを抑えるには、とにかく吸油量を抑えなければなりません。揚げ物で主に油を吸収する部分は衣で、衣の種類によって吸油量が変わります。吸油量は、材料の表面に何もつけない「素揚げ」が最も少なく、次いで片栗粉などをつけた「から揚げ」→「天ぷら」→「フリッター」→「フライ」の順に、衣が厚くなるほど増えます。特に、春雨をつけて揚げる「変わり揚げ」では、春雨が熱で膨らみ、その隙間に油が入り込むので、普通の衣よりも格段に吸油量は多くなります。

同じ種類の衣でも、衣の厚みを薄くすると吸油量が減ります。実際にジャガイモを使って調べた実験で、小麦粉に加える水の量が多くなるほど衣が薄まってジャガイモに付着する量が少なくなり、吸油量が減ることが確かめられています。また、衣に重曹を加えると、衣の付着量は変わらなくても、揚げている間に衣が膨らむため、吸油量が多くなります。重曹を加えた場合には、吸油量は一六%程度多くなることが実験で確かめられています。

衣の状態によってカロリーがどれくらい変わるかを試算してみましょう。食品の切り方によって表面積が変わり、それによって衣のつき方や吸油量が違うので、正確な値ではありませんが、目安にはなります。カボチャの薄切り一枚(十五g)を素揚げにすると吸油率は約七%なので、吸油量が一gとなり、この分が約九キロカロリーです。これに小麦粉、卵、水を混ぜ合わせた衣を薄くつけると、約二十三キロカロリーに、粘りのある衣を使って付着量が二割増えたとすると約二十七キロカロリーに、衣に重曹を入れた場合には三十一キロカロリーになります。

フライの場合にも、衣の厚みを抑えるようにすれば、天ぷらの衣と同様に吸油量が減り、カロリーが抑えられます。パン粉は粗いものよりも細かいものの方が衣は薄くなるので、その分、吸油量が少なくなります。また、生のパン粉よりも乾燥パン粉の方が薄くつき、さらに乾燥パン粉をすり鉢などですって細かくすれば、もっと薄くつきます。

さらに、食品の表面積を小さくすると、吸油量は減ります。揚げ物は表面の衣が油を吸うので、同じ重量の食品でも、表面積が小さい方が吸油量は少なくなるのです。たとえば、コロッケを揚げる場合、同じ重さなら、平たい円盤形よりも丸みをおびた俵形の方が、また俵形よりも球形の方が表面積は小さくなるので、カロリーが抑えられます。また、同じ重さの食品なら、小さく切らずに固まりのまま揚げた方が、表面積は小さくなり、カロリーが抑えられます。

Q.131

「体に脂肪がつきにくい」油で揚げ物はできますか？

「体に脂肪がつきにくい」といった表示のある、健康に役立つ成分を含む油が市販されています。揚げるという操作は、水と油を交代させることなので（Q122参照）、どんな油でも揚げ物はできます。

「体に脂肪がつきにくい」油として、ジアシルグリセロール（以下、DG）を主成分とした油や、一般の食用油に中鎖脂肪酸を混ぜ合わせた油が出まわっています。一般の食用油の原料の主成分は、トリアシルグリセロール（TG）という、グリセロール（グリセリン）に三分子の脂肪酸がついた構造を持つ脂質ですが、DGはTGから脂肪酸一分子を取り除いた脂質です（図1）。DGは、一般の食用油にもわずかに含まれている成分で、小腸で吸収された後、体内で中性脂肪に再合成されにくく、体に脂肪として蓄積されにくい特性を持つことがわかっています。中鎖脂肪酸は、牛乳、乳製品の脂肪分や、ヤシ油、パーム油などにわずかに含まれる成分で、直接肝臓に運ばれて素早く分解されてエネルギーになるため、体に脂肪として蓄積されにくい特徴を持つことがわかっています。

DGとTGをそれぞれ主成分とする油の特徴が調べられています。油の粘度はDGの方がTGよりも高く、粘りがあります。実際に、この二種類の油で揚げ物をした比較研究では、両者の熱の伝わり方はまったく同じで、食品の温度が同じように上昇していき、油と水の交代もスムーズに行われていることが確認されています。

DGを主成分とした油や中鎖脂肪酸を混ぜた油を使った揚げ物は、「体に脂肪が蓄積しにくい」といった生理的な特徴が高く評価されていますが、栄養面からいえば、健康に役立つ成分を含む油といえども、油としてのエネルギー量は他の油とまったく同じなので、食べた分だけカロリーを摂ることになります。このような油を揚げ物に使うかどうかは、その点も含めて考える必要がありそうです。

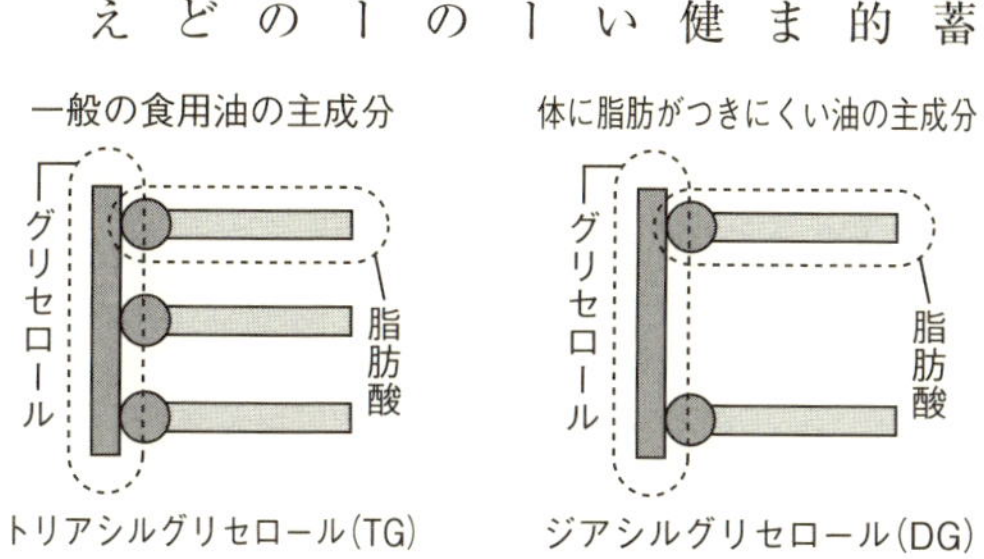

図1　油の構造

Q.132

「油が疲れる」とはどういう状態ですか？その疲れはとれますか？

「油が疲れる」というのは、油の劣化を指す表現です。揚げ物をするときの油の温度は百八十℃前後ですが、このような高温で長い時間、空気にさらして加熱すると、油は空気中の酸素と反応するなどさまざまな化学反応を起こし、劣化していきます。劣化した油は色がついて粘りがあり、揚げる際に「持続性の泡立ち」を起こし、発煙、不快臭を生じます。持続性の泡立ちとは、食品を入れたときに小さな泡がモクモクと盛り上がり（図1）、揚げ物を取り出した後もその泡がしばらく消えない状態を指します。この状態になると食品は十分には揚がりません。油の劣化は、温度が高いほど、また加熱時間が長いほど進行します。

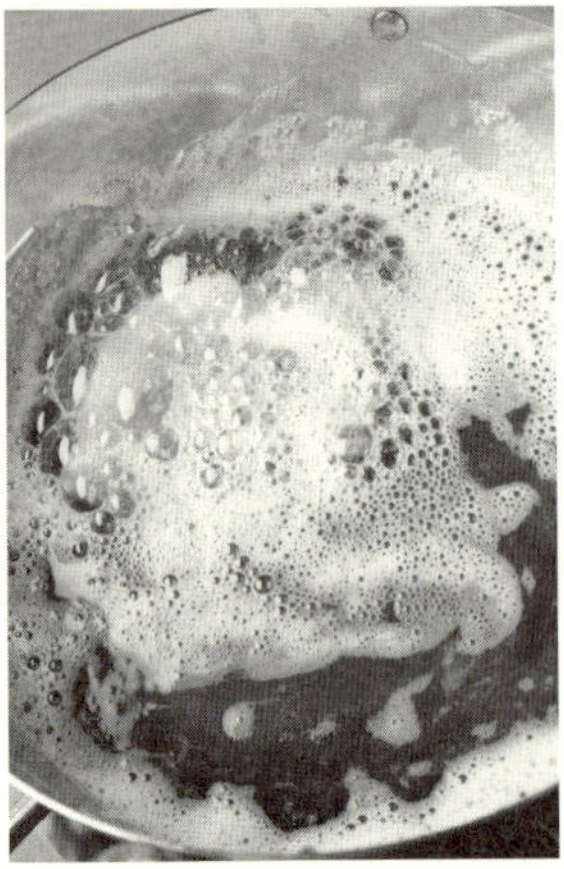

図1　揚げ油の持続性の泡立ち

劣化した油で揚げると、小さな泡がモクモクと盛り上がる「持続性の泡立ち」が起こる。

油の劣化を抑える手段として、いろいろな方法が語り伝えられています。たとえば、梅干しを焦げるまで揚げる方法、多量の水を加えて一時的に激しく泡立てる方法、天ぷらの衣を大量に入れて、できた揚げ玉をすくい取る方法、白土と活性炭の混合物で処理する方法などです。実際にこれらの方法で油の劣化を抑えられるのか、あるいは改善できるのかが調べられていますが、いずれの方法も効果がないことが確認されています。

一方、揚げ物をするたびに減った分量だけ新鮮な油をつぎ足す「差し油」が、油の劣化の進行をくい止める効果があることが、実験によって確かめられています。その実験によれば、差し油の効果は、揚げ回数が六回までは現れないものの、七回目以降は油の粘りや酸化が抑えられており（図2）、そのときの揚げ物と新鮮な油で揚げたものを食べくらべても、その差がほとんどわからないことも確かめられています。

差し油をくり返すと、劣化した油がそのつど新鮮な油で薄められていくため、同じ油を使い続けるよりも油が劣化しにくいのです。差し油で油の疲れをとることはできませんが、油を捨てることなく使い続けられることにはなります。

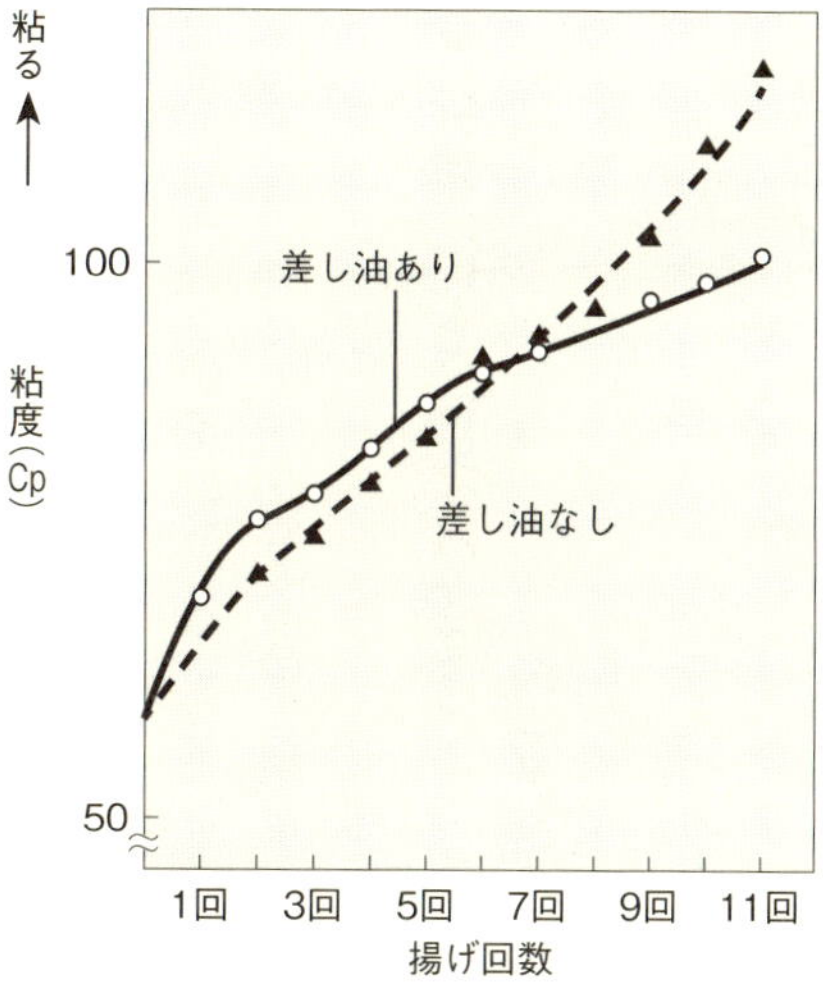

図2　差し油の効果

差し油が油の疲れを抑える効果は、揚げ回数が7回目を超える頃から現れる。

島田淳子, 家政学雑誌, 25, 120-124(1974)より

Q.133

揚げダネによって油の泡立ちは違いますか?

どんな揚げダネでも、揚げ油に入れると大きな泡ができ、その泡は揚げダネを取り出すとすぐに消えます。これの泡は、揚げダネに含まれる水分の蒸発によるものです。一方、揚げダネを取り出した後もしばらく泡が消えず、泡立ちが続くことがあります。このような泡は、Q132で述べたように「持続性の泡立ち」と呼ばれます。持続性の泡立ちを起こす原因として、油の劣化、そしてリン脂質という脂肪の一種の作用、この二つが知られています。揚げダネの種類によって油の劣化の進みぐあいやリン脂質の有無が異なるため、油の泡立ちも違ってくるのです。

●油の劣化におよぼす揚げダネの影響

魚や肉などの脂肪分を含む食品を揚げると、野菜などの脂肪分を含まない食品を揚げるよりも油の風味は早く低下します。また、油が褐色に変色してくるのは、魚や肉に含まれるリン脂質やタンパク質が溶け出すことが原因の一つです。

油の劣化には揚げダネの種類が大きく影響するという研究結果が報告されている一方で、泡立ちに関係する油の粘りや酸化の程度には、揚げダネの種類の違いは直接は影響しないとも報告されています。油の泡立ちはいろいろな原因が複雑にからみ合って現れる現象なので、その原因は一言では語れないというのが本当のところのようです。

油の劣化に対して揚げダネが影響するのは、揚げダネから食品中の成分が油に溶け出すためですが、この溶け出す量は、衣の種類によって大きく異なります。素揚げよりも粉をまぶしたから揚げの方が、から揚げよりもパン粉のついたフライや衣のついた天ぷらの方が、食品から油に溶け出す成分の量は少なくなります。

●卵の成分による持続性の泡立ち

新鮮な揚げ油を使っても、衣に卵を使った天ぷらやトンカツ、カキフライなどを揚げると、持続性の泡立ちが起こります。これは、卵黄にレシチンと呼ばれるリン脂質が含まれているためです。

実際に、カキフライを卵を使った衣と使わない衣でつくり、それぞれの場合について一回に五個揚げる操作を十回ずつくり返し、一回揚げるごとに泡立ちの様子を観察した実験があります(表1)。卵を使わない方は十回揚げても泡立ちませんが、卵を使うと三回目くらいから細かい「カニ泡」が出始め、五回を超えるとカニ泡がどんどん増えていきます。卵のレシチンは、揚げ始めてから数分程度で揚げ油に溶け出てきて、界面活性剤[*1]として作用するので油が泡立つのです。

レシチンが原因で泡立ちが激しくなったときには、揚げ物を一度取り出して油の温度を二百二十℃くらいまで上げ、その温度のまま五分ほど保った後に任意の温度に戻し、それから揚げ物を再開すれば泡立ちが起こらなくなります。これは、油を高温にすることで、油中のレシチンが分解されるためです。なお、油の引火温度は二百～二百五十℃前後といわれており、温度を高くするときには鍋の中に火が入らないよう十分な注意が必要です。

＊1 界面活性剤 界面張力(表面張力)を著しく低下させる働きのある物質。この物質を少量溶かした液体は、気泡を取り込みやすくなるために泡立ち、その泡は安定化してしばらく消えない。

表1 卵を使用した衣と使用しない衣を揚げたときの油の泡立ち

衣の種類	＊	揚げ回数				
		1～2回	3～4回	5～6回	7～8回	9～10回
卵を使用しない衣	A	○	○	○	○	○
	B	○	○	○	○	○
卵を使用した衣	A	○	∘∘∘	▩	▩	▩
	B	○	○	∘∘∘	▩	▩
	C	○	▩	▩	▩	▩
	D	○	○	∘∘∘	▩	▩
	E	○	∘∘∘	▩	▩	▩

○ 泡が正常　∘∘∘ カニ泡が出始める　▩ カニ泡が多くなる
＊A～Eの5社の大豆天ぷら油を使用。
岩田年雄ほか, 調理科学, 4, 51-53(1971)より

Q.134

から揚げの粉は片栗粉がいいですか？ 小麦粉がいいですか？ 違いはあるのでしょうか？

片栗粉は純粋なデンプンですが、小麦粉にはデンプンのほかにタンパク質が八～一二％前後含まれています。「小麦粉の性質はタンパク質の性質に支配される」といわれるほど、小麦粉はタンパク質を含むゆえの特殊な性質を示します。両者の成分に違いがあるということは、仕上がりも違ってくるということです。

小麦粉にはグリアジンという粘りを示すタンパク質とグルテニンという強い弾性を示すタンパク質が含まれており、ここに水が加わるとグリアジンとグルテニンがからみ合い、網目構造を持つグルテンと呼ばれるタンパク質になります。グルテンは、噛みごたえのある食感を生み出し、パンの弾力や麺類のコシなどを出すのに欠かせない存在です。

下味をつけた肉や魚に粉をまぶすと、粉は魚や肉や調味料から出てくる水分を吸います。片栗粉の場合は単にデンプンが水を吸うだけですが、小麦粉の場合は、デンプンだけでなくタンパク質も水を吸い、グルテンがつくられます。片栗粉をまぶして揚げると、デンプンがα化《アルファ》してゆるい網目構造がつくられ、そこから水分が抜けていきます。ゆるんだ網目構造から水が抜けた状態になった衣はもろく、サクッと軽い、やわらかい口当たりになります。一方、小麦粉をまぶして揚げると、タンパク質であるグルテンが熱で凝固し、網目構造を保ったまま固まります。グルテンは粘りと弾力があるので緻密で頑丈な網目構造となり、この網目構造から水が抜けると、衣はカリッとした歯ごたえのある食感になります。

揚げてからしばらく経つと、材料から衣に水分が移動してきます。片栗粉をまぶしたから揚げは、α化したデンプンが水を吸うため衣に水分が移動しやすく、比較的早い段階でべたついてきます。一方、小麦粉をまぶしたから揚げは、デンプンが水を吸うものの、熱凝固したタンパク質は水を吸わないため、衣に水分が移動しにくく、片栗粉のから揚げほどはべたつきません。

Q.135

フリッターの衣に重曹やビールを入れるのはなぜですか？

重曹に水を加えて加熱すると、すぐに炭酸ガス（二酸化炭素）が発生します。ビールの泡も、実は重曹で発生する気体と同じ炭酸ガスです。ビールの中には炭酸ガスがたくさん溶け込んでいるので、グラスにつぐと泡があふれ出てくるのです。フリッターの衣に重曹やビールを入れるのは、衣を炭酸ガスで膨らませて、ふっくらさせるためです。

フリッターの衣は、卵黄、油脂（植物油やバターなど）、水分（水、牛乳など）、塩を混ぜ、そこに小麦粉と泡立てた卵白を加えてつくります。泡立てた卵白中の空気の泡は揚げている間に熱で膨張するので、衣は膨らんでスポンジ状になり、フワフワした軽い食感となります。重曹やビールを加えると、衣の中に卵白中の空気の泡以外に炭酸ガスの泡が発生するので、衣はいっそう膨らみます。泡の分だけ隙間の多くなった衣からは水分が蒸発して抜けやすく、その分吸油量も多くなります。つまり、しっかり脱水されて水の抜けたところに油が入り込んでいるので、サクッとした軽い状態に仕上がるのです。天ぷらの衣は揚げてからしばらくおくと、材料から出てきた水分が衣に移動するため、湿気を吸ってやわらかくなり、べたつきますが、重曹やビール入りの衣は、衣の中の泡や油滴にじゃまをされて衣に水分が移動しにくくなるため、ある程度サクッとした状態が保てます（図1）。

さらに、重曹やビールを入れると、衣の色が変わります。小麦粉の白い色を示すのはフラボノイド系の色素ですが、この色素は酸性では白に、アルカリ性では黄色に変化します。重曹はアルカリ性、ビールは酸性なので、重曹を入れた場合には黄色っぽくなり、ビールを入れた場合にはいっそう白っぽくなります。

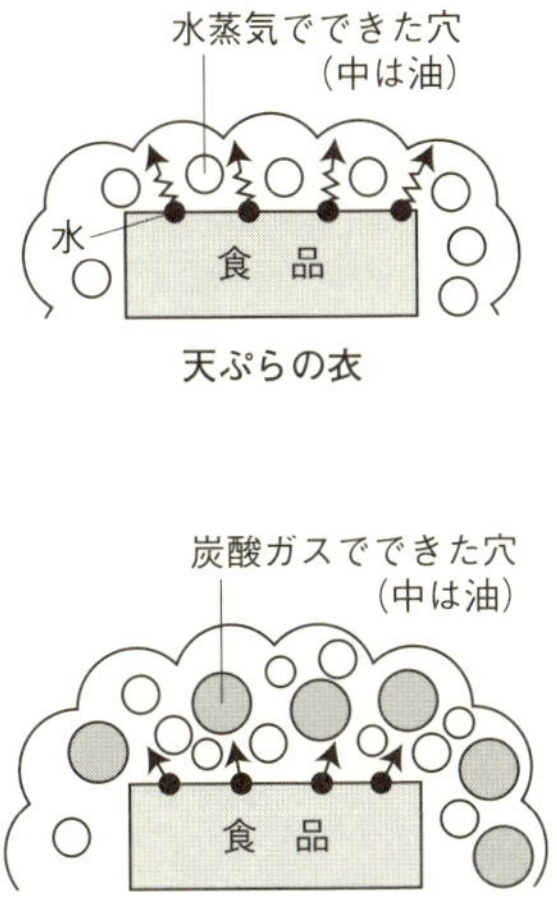

図1　天ぷら衣、重曹またはビール入り衣へと移動する食品水分の様子

Q.136

ナスを揚げるとどうして紫色が鮮やかになるのでしょう？

ナスは、食品の中でも数少ない深い紫色で、この美しい色合いも含めて味わいたい野菜です。

ナスの紫色は、アントシアン系のナスニンという色素です。この色素は水に溶けやすいうえ、熱にとても不安定で、百℃以下の温度で加熱すると変色します。ナスを油ではなく水で加熱すると、煮汁の温度は沸騰している状態でも百℃以下なので、変色するうえ、色素が煮汁に溶け出してしまいます。ナスの味噌汁を例にとると、ナスを煮すぎると色が抜けて、溶け出したナスニンが原因で味噌汁が青紫色になることがあります。けれども、ナスを百℃以上の油で揚げると、ナスニンは安定し、鮮やかな紫色が保てます。また、揚げることで表面が油でコーティングされ、色素が溶け出しにくくなります。

ナスの組織はスポンジ状で油を吸収しやすいため、油で揚げれば独特の揚げ風味と油のなめらかさが加わり、こってりとして食べごたえも出てくるなど、ナスと油はとても相性がよいのです。

Q.137

なぜトンカツはラードで揚げるのですか？

トンカツは、豚のロース肉やヒレ肉に小麦粉、溶き卵、パン粉をつけて揚げる料理です。トンカツの揚げ油にはラード(豚脂)を使うことが多く、ラードで揚げると豚脂の持つコクとこってりした独特の風味が加わり、さらにパン粉にしっとりとした重い食感が加わって肉のボリューム感との調和がとれるため、おいしく感じられるのでしょう。もちろん、豚肉とラードの組み合わせは出所《でどころ》が同じだけに相性がよいことも、トンカツはラードで、といわれるゆえんです。

もともとパン粉は乾燥していますが、油で揚げることでさらに脱水されるため、カサカサした口当たりになります。けれども、揚げ油にラードを使うとパン粉がしっとりとし、重い食感が加わります。これはQ129で述べたように、ラードの融点(溶ける温度)が植物油よりも高いためです。ラードの融点は三十三〜四十六℃で、それはラードがこの温度で固まるということです。揚げ油から取り出した直後のパン粉の温度は高いものの、皿に盛って食べる段階になると、中の肉は熱くても、パン粉の表面温度は徐々に室温近くまで下がってきます。つまり、口に入れたとき、パン粉表面のラードは液状から固体状に変わり、乾いたかさつきをあまり感じず、脂独特のなめらかでしっとりした口当たりになっている場合もあります。衣が完全に室温に冷めれば、パン粉に吸収されたラードのほとんどが固体状になるため、さらに全体がしっとりと重くなります。トンカツを植物油で揚げた場合には、植物油の融点はマイナス二十〜0℃とラードよりもはるかに低いため、口に入れたときにも液状のままであり、パン粉がカサついて感じられるのです。

Q.138

「江戸前天ぷらはゴマ油で」とよくいわれますが、こだわりの理由はなんですか?

天ぷらをゴマ油で揚げると、ゴマの香りが衣に加わり、風味よく仕上がります。実際に、八種類の油で揚げた天かすを食べて、香り(よい↕悪い)、口当たり(サクサク↕かたい)、油の味(軽い↕重い)、総合的な好ましさ(よい↕悪い)を評価した実験があり、ゴマ油の持つ香りが他の油にくらべて高く評価されていることが報告されています(図1)。また、揚げ物によく使われる大豆油やコーン油も、香り、口当たり、味のすべての項目でバランスよく高く評価されています。さらに、他の油にゴマ油を混ぜる場合、その割合は三〇~五〇%が好ましいという実験結果もあります。

江戸前とは、東京湾付近でとれた海産物のことです。明治三十三年の農商務省水産局の報告によれば、東京湾では、ハゼ、カレイ、キス、タイなどの他、アジ、サバ、ブリなどの背の青い魚が多くとれていたようです。Q60で述べたように、青背魚には特有のくせがあり、鮮度が落ちると急激に不快なにおいが出てきます。江戸前天ぷらにゴマ油が使われる理由の一つとして、ゴマ油の香りで青背魚の不快なにおいを感じさせにくくすることがあげられています。

さらに、魚に衣をつけて揚げると、油の中に魚肉や衣からリン脂質などが溶け出し、油の劣化が進みます(Q133参照)。油の劣化には空気中の酸素も大きく影響しますが、ゴマ油には強い抗酸化作用を示すリグナン類が多く含まれているため、油の劣化を抑える働きがあります。ゴマ油を他の油に混ぜて使うことでも、劣化が抑えられることが実験で確かめられています。実際に、全国の老舗を中心とする天ぷら専門店百二十店を対象に行ったアンケート調査によると、二種類以上の油を混ぜている店が全体の七割を占め、油の種類ではゴマ油が好んで使われています。ゴマ油を使う理由はもちろんゴマの香りにありますが、劣化が進みにくいことも意識されているようです。

なお、天ぷらの揚げ油には地域性があり、関東風はゴマ油を使ってキツネ色に揚げますが、関西風は綿実油で白く揚げます。

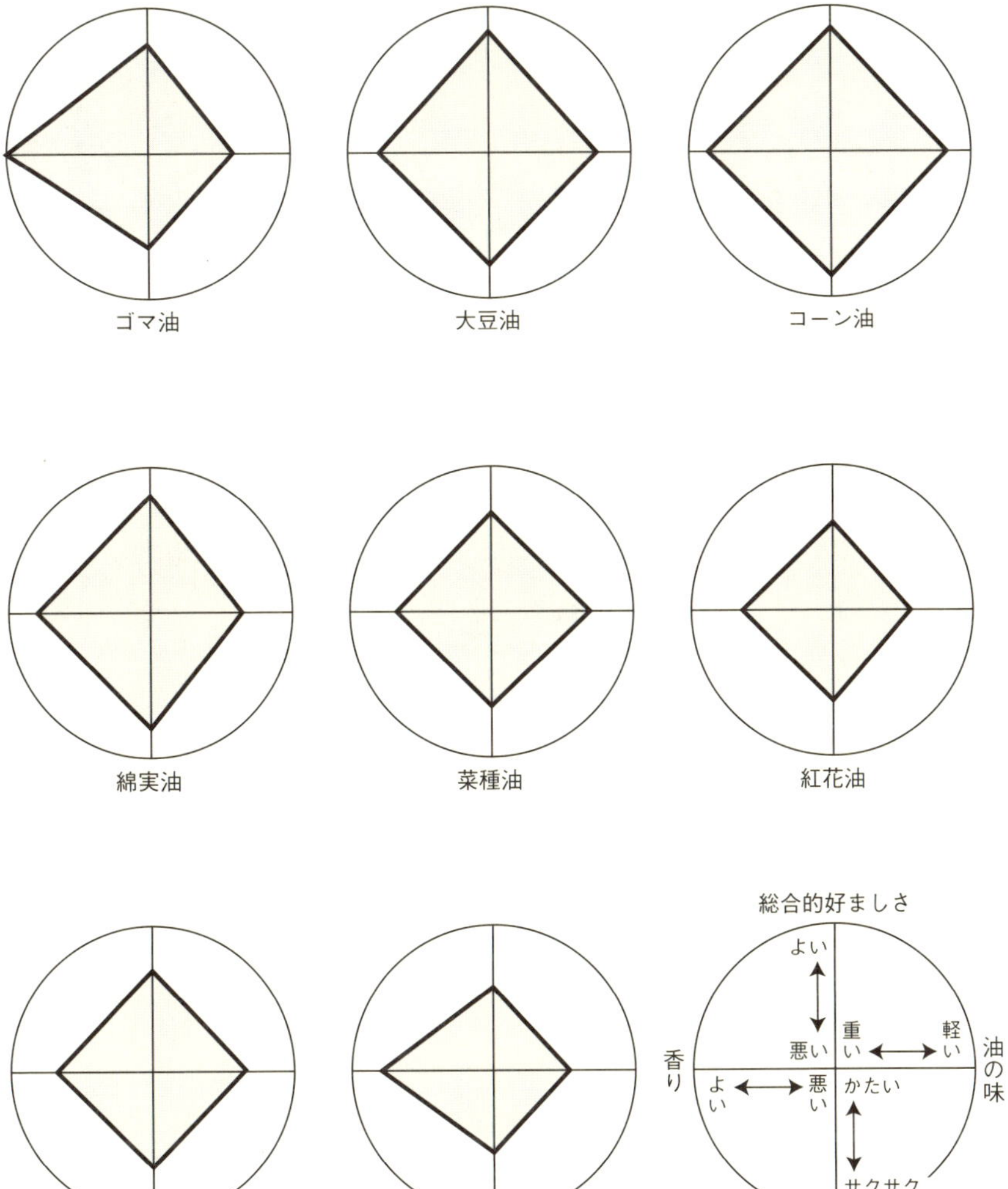

図1　8種類の油で揚げた天かすの評価

川染節江ほか, 調理科学, 25, 201-206(1992)より

Q.139

熱い油に水を入れるとどうして炎が上がるのでしょう？

天ぷらなどを揚げるときの油の温度は百八十℃前後です。油の温度をそのままどんどん上げていくと、油が分解されて揮発性の物質がつくられるため、油から白い煙が立ち始めます。白い煙が立ち始める温度を発煙点といいますが、この発煙点は油の種類や精製程度によって異なり、大豆油なら百九十五～二百三十六℃ぐらい、菜種油なら百八十六～二百二十七℃ぐらい、ゴマ油なら百七十二～百八十四℃ぐらい、綿実油なら二百十六～二百二十九℃ぐらいです。白い煙が出た後さらに加熱を続けると、煙は激しく立ち上るようになり、火種がある場合には引火します。油の温度が三百六十℃以上になると、まわりに火種がなくても自然に発火します。

油の引火温度は油の種類によっても違いますが、二百～二百五十℃前後だといわれています。このような熱い油に水が入れば、その瞬間に水が蒸発して飛び散り、それと一緒に細かい油滴が飛び散ります。揚げ鍋を火にかけた状態であれば、飛び散った油滴に火が移り、これが揚げ鍋の中に入って炎が上がるのです。

第七章　蒸すと熱の関係

Q.140

蒸気の温度は何℃まで上がりますか？ 蒸すのとゆでるのとではどちらが早く火が通りますか？

　調理の分野で蒸気といえば、たいてい水蒸気を指します。一気圧(大気圧)のとき、水は百℃で沸騰して水蒸気になりますが、水蒸気をたとえばオーブンなどの高温加熱できる機器で加熱すれば、さらに温度は上がります。水蒸気の温度は空気と同じように、基本的に何℃まででも上げることができるのです。なお、百℃以上に熱せられた水蒸気は、過熱蒸気と呼ばれます。

　ゆで加熱と水蒸気による蒸し加熱とで、どちらが早く火が通るかは、加熱時の状況によって違ってくるので、一概にどちらとはいえません。

　ゆで加熱と蒸し加熱では、食品への熱の伝わり方が違います。ゆで加熱では、百℃近い湯からの対流熱で食品に熱が伝わります。蒸し加熱では、水蒸気が百℃以下の食品に触れて水に変わる際に放出する凝縮熱という形で食品に熱が伝わります。水一gを一℃上げるために必要な熱量は一カロリー（水温十五℃のとき）ですが、水蒸気一gが水に変わるときに放出する熱量は五百三十九カロリーです。つまり、蒸し加熱は食品にとても大きい熱を伝えることができるのです。

　早く火が通るということは、それだけ食品に伝わる熱量が大きいということです。たとえば、ゆでるという操作一つをとっても、液面が静かにゆらぐ程度の湯でゆでるより、ボコボコ沸騰している湯でゆでる方が、食品に伝わる熱量は百倍以上も大きくなります。同様に、蒸すという操作でも、食品にどのくらいの量の水蒸気が触れるかで伝わる熱量が大きく違ってくるため、単純に両者を比較することはできません。あえてくらべるなら、蒸し器の中にたっぷりの水蒸気がモワモワと充満している状態で蒸す熱量と、ボコボコ沸騰している湯でゆでる熱量をざっと見積もると、蒸す方が食品に伝わる熱量が若干多くなるので、その分だけ早く火が通ります。

Q.141

湯煎にしてオーブンで加熱するのと蒸し器で蒸すのとでは何が違いますか？

湯煎にしてオーブンで加熱するのと蒸し器で蒸すのとでは、まったく違うように感じるかもしれませんが、閉じられた空間の中で水蒸気を発生させ、その蒸気を利用して食品を加熱するという点では同じことです。ただし、蒸気の量はかなり違い、蒸し器内に充満する蒸気量は、オーブン庫内で発生する蒸気量よりもずっと多いのです（図1）。つまり、蒸し器の方が食品の温度が早く上がり、オーブンではゆっくり加熱されていくので時間がかかります。

実際に、カスタードプディングを湯煎にしてオーブンで加熱した場合と、蒸し器を使って強火と中火で蒸した場合の中心温度を調べた実験があります（図2）。この実験によると、強火で蒸すと六分後にカスタードプディングの温度が二十℃上昇していますが、湯煎にしたオーブン加熱では、六分後にたった九℃しか上がっておらず、強火の蒸し加熱にくらべて温度の上昇がゆるやかであることがわかります。なお、湯煎にしてオーブンで加熱したときの上昇速度は、中火で蓋をずらして蒸したときよりも、さらにゆるやかです。

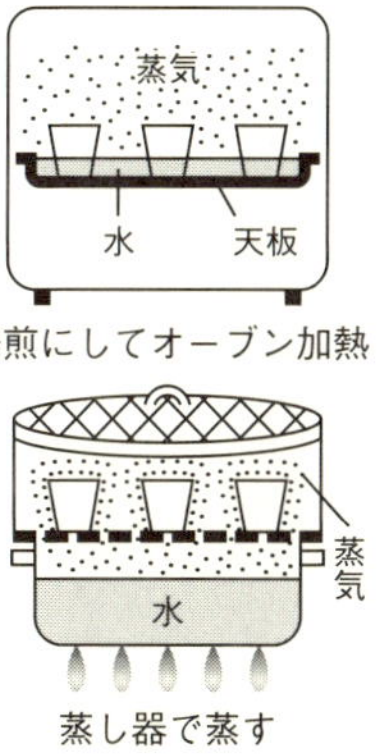

図1　湯煎にしたオーブンと蒸し器の加熱状態

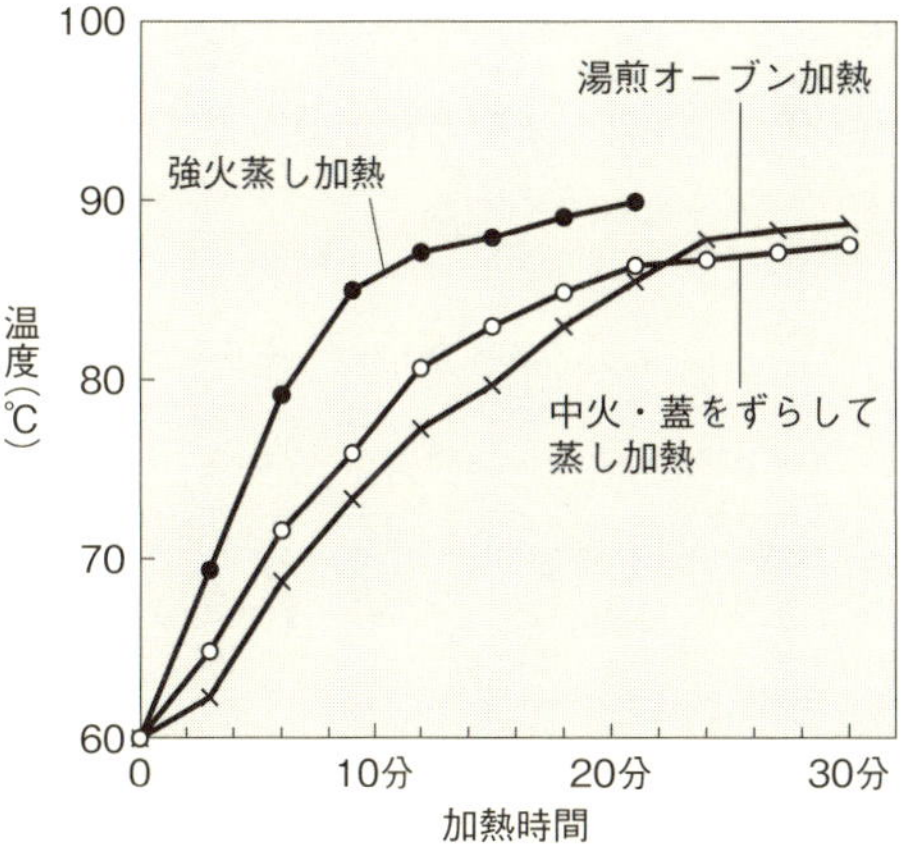

図2　カスタードプディング中央部の温度の変化

山崎芙美子ほか, 調理科学, 14, 155-160（1963）より

Q.142

肉、魚、野菜——材料によって蒸し方を変えた方がいいのでしょうか？

肉、魚、野菜では、それぞれ成分が異なるうえ、料理として期待される仕上がりもそれぞれ違ってくるため、適した蒸し温度も違ってきます。

肉や魚を蒸す時にうまみ成分を含んだ肉汁を流出させないためには、表面をできるだけ早く熱で凝固させることが大切です。蒸し加熱では、Q140で述べたように、水蒸気の凝縮熱で熱が食品表面に伝わるため、肉や魚の表面を素早く熱で固めることができます。もう一つ、肉汁の流出を抑えるためのポイントは、肉や魚の中心温度をコラーゲンが収縮しない温度までにとどめることです。この収縮温度は、肉では六十五℃付近、魚では肉よりも低いことがわかっています。コラーゲンが急激に縮むと肉汁が搾り出されるようにして出てきます。逆からみれば、肉では六十五℃付近まで、魚ではそれよりも十℃前後低い温度までに加熱をとどめればコラーゲンが収縮せず、肉汁を保ったやわらかい状態に仕上げることができるのです。ちなみに、この温度を利用したのが真空調理法（Q5参照）です。

とはいえ、実際の調理で蒸し温度を低く保つのはきわめて難しく、また蒸し温度を低くできたとしても、水蒸気が当たれば凝縮熱が伝わるため、肉や魚の温度はすぐに高くなってしまいます。それなら、肉や魚を高温で短時間で蒸し、取り出して余熱を利用する方が現実的です。また、蒸し加熱中に肉や魚に水蒸気が直接触れないように、器に入れて上に野菜をのせたり、ラップフィルムをかけるなどして蒸す方法もあります。

野菜についていえば、野菜はペクチンの構造変化が原因で五十～六十℃付近で一度かたくなり、八十～九十℃になるとやわらかくなります（Q46参照）。野菜を歯ごたえが残るように蒸し上げたいなら、肉や魚の場合と同じように高温でさっと蒸し終え、野菜の温度が六十℃を超えないようにします。反対に、やわらかく仕上げたい場合には、蒸す時間を長くするほどやわらかくなります。

Q.143

蒸し器は木製と金属製のどちらがいいですか？

蒸し器の仕組みをおおまかにいえば、下に水を入れて加熱し、上にある蒸し器の中に水蒸気を充満させて、水蒸気の凝縮熱で食品を加熱するというものです。中国料理に使われる蒸籠は木製ですが、金属製のものも各種あります。木製と金属製のどちらがいいかは、目的によって違ってきます。

木製蒸し器は、水をはった鍋などの上にのせて使います。高すぎない温度でゆるやかに加熱したい場合や、気密性がそれほど要求されない場合に適しています。中国蒸籠のように蓋が竹で編まれたものなら、適度に蒸気が抜けるため、金属製蒸し器とは違って、食品の上に水滴が落ちる心配がありません。ただし蒸気が抜ける分、湯の減りが早いので、蒸している途中で湯が少なくなったら、温度が下がらないように熱湯を注ぎ足しましょう。また、蒸籠本体枠の木は、熱が外に逃げるのを防ぐ断熱材のような役目と、余分な水分を吸収する吸湿材のような役目を果たしています。このため、枠に食品が触れても、触れた部分が金属製蒸し器のように水っぽくなることはないという利点があります。

一方、金属製蒸し器は気密性が高く、水蒸気が逃げにくいことが特徴で、高温で長い時間蒸したい場合に適しています。ただし、蒸している最中に水蒸気が蓋に当たって水滴になり、食品の上に落ちてくるのが欠点です。これは、気密性が高いことに加えて金属は熱の伝わりやすい材質なので、蓋が外気で冷やされるために起こる現象です。乾いた布巾などを蓋に挟んで蒸せば、この欠点は防げます。

中国蒸籠は格子状に編まれた蓋から適度に蒸気が抜けるため、食品に水滴が落ちない。高すぎない温度でゆるやかに蒸したい場合に適している。

Q.144

蒸し魚と焼き魚をくらべると、蒸し魚の身の方がふっくらしているのはなぜですか？

蒸し魚の身が焼き魚の身にくらべてふっくらしているのは、蒸し加熱では魚から水分が逃げず、乾燥しないからです。まわりに水蒸気があると魚の水分は蒸発しにくく、さらに、水蒸気が魚に触れると水に変わるため、魚には水分が与えられた状態になります。

焼き魚では、焼いている間に水分が蒸発するため、魚の重量は焼く前より減ります。焼き魚の皮のパリッとした食感は、皮の水分が少なく乾燥しているために生じるものです。ところが蒸し魚では、蒸している間に水蒸気が付着するので、魚の重量は蒸す前よりも付着した水蒸気の量だけ重くなることが実験で確かめられています。

一般に、食品は加熱によって乾燥して水分が失われると組織が緻密になり、かたくなりますが、水分が保たれた状態、つまり組織の間に水分が満たされた状態ならやわらかいのです。

蒸し魚には、たいてい白身の魚が使われます。白身魚の場合、特に水分の含みぐあいがかたさやふっくら感に影響をおよぼします。Q80で述べたように、肉や魚の筋肉を構成する筋線維の細胞の中は、長い繊維状の筋原線維タンパク質と水溶性で球状の筋形質タンパク質で満たされています。加熱すると、最初に筋原線維タンパク質が熱凝固し、次いで筋原線維タンパク質どうしを糊ではりつけるような状態で筋形質タンパク質が固まります。このような状態になると、一般に肉はかたく締まった食感になりますが、白身魚の肉は加熱されると、そぼろのように身がほぐれやすくなります。これは、白身魚は筋形質タンパク質の量が他の魚に比べて少ないため、筋原線維タンパク質をはりつける糊としての力が弱いからです。その証拠に、蒸した白身魚を噛み続けると繊維のような舌ざわりになります。このような魚肉では、組織中の水分が少ないとぱさついたかたい食感になりますが、水分が加わる蒸し加熱では、繊維状の肉が水に浸ったような状態でしっとりとし、やわらかくなります。また、蒸した直後の肉の温度は高いので、組織に含まれる水分の一部が水蒸気になって体積が膨張しているため、全体にふっくらしているということもあります。

Q.145

蒸かしイモと焼きイモではどちらが甘いですか？

サツマイモは加熱すると甘みが増しますが、蒸すよりも焼いた方が甘みが強くなることが経験的に知られています。加熱によってサツマイモの甘みが増すのは、β《ベータ》アミラーゼと呼ばれるデンプン分解酵素がサツマイモに多く含まれているためです。この酵素が加熱中に作用し、サツマイモのデンプンを分解して麦芽糖（マルトース）に変えるため、甘みが増えるのです。焼く方が蒸すよりも酵素の働く時間が長いこと、さらに水分蒸発によって糖が濃縮されるため、甘みが強くなります。

βアミラーゼが盛んに働く温度は五十～五十五℃ですが、八十℃付近まで働くことが研究で明らかにされています。デンプンを分解して麦芽糖をたくさんつくり出すためには、サツマイモの加熱時に、酵素の働く温度帯をできるだけ長く保つことがポイントになります。実際に、サツマイモ（三百～四百g）を六等分に切ったものを使って、蒸したときと焼いたときのイモの中心温度の変化を調べた実験があり、焼く方が中心温度の上昇がゆるやかで、酵素の働く温度に長く保たれることが確かめられています。また、加熱後の糖量（麦芽糖量）は、焼いたものの方が蒸したものよりも一・五倍多くなることが確かめられています。ただし、太いサツマイモを切らずに、丸ごと一本を長い時間かけて加熱すれば、蒸しても焼いてもイモの中心温度の上がり方はあまり変わらず、加熱後の糖量もそれほど大きく変わらないでしょう。

焼きイモが甘いのは、単に麦芽糖の量が増えるだけでなく、焼く過程で水分が蒸発して甘みが濃縮されることも一因です。蒸すとサツマイモに水分が加わるため、それだけ糖が薄められ、甘みが弱まります。蒸す場合には、大きめのサツマイモを丸ごと、弱めの火力で長い時間かけて蒸した方が甘みが強くなるでしょう。

なお、電子レンジ加熱では加熱時間が非常に短いために、酵素の働く温度帯をあっという間に通過してしまい、太いサツマイモを丸ごと加熱したとしても、加熱後の糖量は焼いたり蒸したりしたものの半分程度しかないことが実験で確かめられています。

Q.146

アクの少ない野菜はゆでるよりも蒸した方がおいしいのでしょうか？

アクの少ない野菜はゆでるよりも蒸した方が、野菜の味や香りなどを損なわずに仕上げることができます。

野菜をゆでると細胞が壊れて中からアク成分が水に溶け出しますが、細胞中の栄養成分や香り成分なども一緒に溶け出してしまいます。さらに、食品に水が付着したり、中に水が入り込んだりして仕上がりが水っぽくなります。これに対して蒸し加熱では、食品に付着する水の量はゆで加熱ほど多くないので、水っぽくならず、また野菜の成分が流れ出る量もそれほど多くありません。つまり、アクのない野菜は、蒸した方が持ち味を損なうことなく加熱できることになります。

野菜ではありませんが、ジャガイモ（厚さ五㎜の輪切り）をゆでたときと蒸したときのビタミンCの残存率が調べられています。ビタミンCは、蒸した場合には七八％残りますが、ゆでると五四％しか残りません。ビタミンCは水溶性なので特に水に溶け出しやすい成分ではありますが、水に溶けない香り成分でも、ボコボコ沸騰した湯の中でゆでれば、破壊された細胞から抜けて逃げていきます。

なお、野菜を電子レンジで加熱しても、蒸すのと似たような仕上がりになります。電子レンジ加熱と蒸し加熱では、電子レンジの方が野菜の成分は多く残ります。ただし、電子レンジでは加熱むらが起こりやすく、野菜を均一に加熱できないこともあります。その点、蒸し加熱はほぼ均一に加熱できます。また、電子レンジは少量の野菜を加熱する場合には短時間で行えますが、大量の野菜を加熱するには、蒸すよりもかえって時間がかかることがあります。

Q.147

茶碗蒸しを「す」をたてずにつくるコツを教えてください。

茶碗蒸しは、だしで溶いた卵液を容器に流し、卵のタンパク質が熱で固まる性質を利用してつくる料理です。この料理のおいしさは、口の中で溶けるようなやわらかさや、つるんとなめらかな舌ざわりにあります。「す」とは、加熱によって食品内部にできる穴や隙間を指し、これは卵液中の水分が水蒸気になってできる泡や、固まった卵液から水蒸気が外に逃げようとするときにできる通り道です。「す」があると、茶碗蒸し特有のなめらかさが損なわれてしまいます。

だしで溶いた卵液が固まり始める温度は、材料の種類や割合、使用する蒸し器や火力など、条件によってさまざまに異なりますが、だいたい七十五～八十℃付近です。卵液の温度が高くなると、卵液中に溶け込んでいた空気が熱で膨張して泡になったり、水分が蒸発して水蒸気の泡ができたりします。この泡が熱で固まりかけた卵液の中で逃げ場を失い、そのまま固まると穴、つまり「す」になるのです。卵液が固まった後にさらに熱が加わり続ければ、水蒸気はますます膨張していき、外に逃げようとして、固まった卵液の間を強引に抜けていきます。この水蒸気の通り抜けた隙間もまた、「す」なのです。

「す」をたたせないためには、とにかく卵液の温度を上げすぎないようにすることが大切です。一般に茶碗蒸しの加熱には蒸し器を使いますが、蒸し器の内部では温度むらが生じています。下から吹き上がってくる蒸気が直撃する蒸気穴部分やすのこ部分の温度が最も高いのです。この温度むらによって、卵液の入っている茶碗内にも温度むらが生じ、すのこに接している茶碗底部付近の卵液の温度は、他の部分よりも早く上昇します。つまり、底部には「す」がたちやすいのです。もし、底部に「す」がたたないように火力を弱めれば、発生する水蒸気の量が少なくなって茶碗に伝わる熱量が減るので加熱時間が長くなります。こうなると、かえって底部に「す」がたつこともあります。

茶碗内の温度むらを抑えて底部に「す」がたたないようにするためには、余熱の利用が効果的であることが実験で確かめられています。茶碗の大きさや数にもよりますが、強めの火力で三～四分ぐらい蒸した後、火を止めてそのまま五～六分ほどおきます。こうすると、底部の温度は高くなりすぎず、茶碗中央部分の卵液が余熱で固まるので、「す」のない口当たりのよい茶碗蒸しに仕上がるでしょう。

索　引

索　引

[よ]

[ら]

[り]

[れ]

[ろ]

[わ]

伝導熱

伝導熱は、静止した物体中に温度差がある場合に、高温側から低温側に熱が移動する方式である。たとえば、食品の表面から内部に伝わる熱、フライパンの鍋底から食品に伝わる熱、対流を起こしていない水から水に浸っている食品に伝わる熱など、接触した隣の物体に伝わる熱が伝導熱である。伝導熱の伝わる早さは熱伝導率という値で表され、この値は物質によって異なる。

対流熱

対流熱は、動いている液体や気体と、これに接している固体などの間で熱が移動する方式である。動いている液体や気体の温度が固体の温度よりも高ければ、熱は液体や気体から固体に移動し、固体の方が温度が高ければ、固体から動いている液体や気体に熱が移動することになる。たとえば、野菜をゆでるときに湯から野菜へ伝わる熱や、オーブン庫内で温まった空気から食品に伝わる熱が対流熱である。対流熱では、対流が激しいほど伝わる熱量が大きくなる。

輻射熱

輻射熱(放射熱)は、物体を介さずに赤外線という形で温度の高い方から低い方へ熱が移動する方式である。高温の物体から放射された赤外線は低温の物体表面に到達すると、そこで吸収されて熱に変換される。たとえば、オーブントースターのヒーターから食パンに伝わる熱、炭火から魚に伝わる熱などが輻射熱である。赤外線は波長によって物体への浸透深度が異なり、遠赤外線のように波長の長い赤外線は物体内部へはあまり入り込まず、表面でほとんど吸収されて熱に変わる。

乳化、エマルジョン

水と油のように、互いに溶け合うことのない二種類の液体などが均質に混じり合った状態をエマルジョンといい、エマルジョンをつくる操作を乳化という。

二種類の溶け合わない液体が均質に混じり合うためには、一方の液体が小さい粒になって相手の液体の中で散らばって存在するしかない。たとえば、ドレッシングはそのままでは酢と油が分離しているが、よく振ると酢と油が混ざり合う。この混ざり合った状態がエマルジョンで、よく振るという行為が乳化という操作にあたる。マヨネーズは酢の中に小さな油の粒が分散しているエマルジョンである。ドレッシングをしばらく放置すると酢と油が分離するが、マヨネーズは卵黄がエマルジョンを安定させる乳化剤の働きをするため、分離せずにエマルジョンが保たれる。

水の中に小さな油の粒が分散している生クリームや、油の中に小さな水の粒が分散しているバターなどもエマルジョンである。

2つのエマルジョン

水の中に油（例・生クリーム）　油の中に水（例・バター）

α化(アルファ化)

デンプンに水を加えて加熱すると、デンプンの種類により差はあるが、58～68℃付近で徐々に粘りが増し、70～80℃付近で半透明の糊状になる。この糊状になる現象をα化または糊化《こか》と呼ぶ。α化はデンプンの分子構造が水と熱の作用により変化することで起こる。

α化したデンプンは、放置すると再びα化する前の状態に戻る。この現象を老化と呼ぶ。冷蔵庫で保存したご飯がかたくなるのはデンプンが老化したためである。

pH(ピーエイチ、ペーハー)

pHとは水素イオン指数のこと。水溶液の酸性またはアルカリ性の強さを表す単位で、最小値は0、最大値は14、中性が7。

水溶液の酸性・アルカリ性は、水溶液に含まれる水素イオン(H^+)濃度と水酸化物イオン(OH^-)濃度のバランスによって決まる。1気圧下、25℃の純水に含まれる水素イオンと水酸化物イオンの数は同数で、このときが中性でpH7。水素イオンが水酸化物イオンよりも多くなりpH7より低くなると酸性と呼ばれ、数値が小さいほど酸性が強い。逆に、水素イオンよりも水酸化物イオンの数が多くなりpH7より高くなるとアルカリ性と呼ばれ、数値が大きいほどアルカリ性が強い。

酸性の水溶液はなめると酸味を感じるが、酸味の強さはpHとは必ずしも一致せず、酸の種類によって異なる。

なお、ピーエイチと英語読みするのが正式だが、日本ではペーハーとドイツ語読みされることが多い。

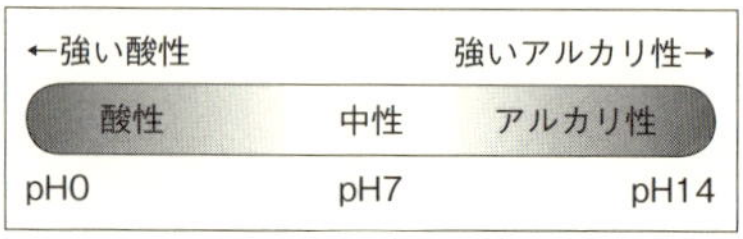

ペクチン

ペクチンは植物細胞の細胞壁の構成成分の一つで、多糖類の一種であるガラクツロン酸が長い鎖状につながった物質。野菜や果物に多く含まれ、細胞と細胞を接着して組織を適度にかたくし、一定の形を保つ働きをする。

野菜を中性またはアルカリ性の水溶液で加熱すると分解が起こってペクチンの長い鎖が切れる。鎖が切れて短くなると、ペクチンが細胞壁から外に溶け出やすくなり、細胞どうしが離れやすくなるため野菜はやわらかくなる。一方、酸性の水溶液で加熱すると分解が起こりにくくなるため、やわらかくなりにくい(しかし、加熱し続ければ加水分解が起こってペクチンの鎖が切れるため、最終的にはやわらかくなる)。

ペクチンは糖と酸を適量混ぜて加熱するとゲル化する性質があり、この性質がジャムなどの加工に利用される。

ゲル、ゾル

液体中に微小な粒子が分散しているものをゾルと呼ぶ。たとえば、牛乳やマヨネーズのように液体(水)中に液体(油脂)が分散しているものや、寒天液やゼラチン液のように液体(水)中に固体(多糖類やタンパク質)が分散しているものがゾル。ゾルでは液体中の微小な粒子が自由に動くことができるため、流動性がある。

液体中の微小な粒子の数が増えると、粒子どうしが互いに結びついて液体全体が立体的な網目構造となり、粒子が自由に動けなくなってゼリー状に固まる。この固まったものをゲルと呼び、固まる現象をゲル化という。寒天やゼラチンは、加熱して液体に溶けるとゾルになり、冷やすとゲルになり、再び加熱するとゾルになる。豆腐のように一度ゲル化すると条件を変えてもゾルに戻らないものもある。

グルテン

小麦粉に含まれるタンパク質の約85%は、グルテニンと呼ばれるタンパク質とグリアジンと呼ばれるタンパク質である。グルテニンはややかためで弾力があるものの引きのばしにくい性質があり、一方のグリアジンは弾力が弱いものの水を吸うと強い粘着性を生じ、引きのばしやすい性質を持つ。小麦粉に水を加えてこねると、グリアジンとグルテニンが水を仲立ちとして手をつなぎ、互いに絡み合って網目構造を持つグルテンになる。グルテンは、グルテニンの弾性とグリアジンの粘着性の両方の性質を適度に兼ね備え、噛みごたえのある食感を生み出す。グルテンは小

麦特有の物質で、他の穀類にはみられない。

過熱蒸気

水蒸気は水が蒸発してできる無色透明の気体で、一般には100℃以下のものを指し、100℃を超えたものを過熱蒸気(過熱水蒸気)と呼ぶ。過熱蒸気の温度は空気と同様に、加熱し続けることで上昇させることができ、1000℃以上に上げることもできる。

水蒸気、過熱蒸気とも、食品の表面温度が100℃より低い場合には、食品表面で凝縮して液体の水に戻る。このとき、水蒸気、過熱蒸気は、凝縮熱と呼ばれる大きな熱(水1g当たり539cal)を放出する。水蒸気や過熱蒸気で加熱した食品は、表面温度が100℃以下では主にこの凝縮熱を受けて温度が上昇する。

水蒸気では食品の表面温度を100℃付近までしか上げられないため焼き色がつかないが、過熱蒸気では表面温度を100℃以上に上げられるため焼き色がつく。

蒸発熱、凝縮熱

蒸発熱(蒸発潜熱)とは水が加熱されて水蒸気に変わる際の熱を指し、たとえば100℃の水が蒸発するときには水1g当たり539calの熱量が必要となる。逆に、水蒸気が水に変わるときの熱を凝縮熱(凝縮潜熱)といい、冷たい食品などに接した水蒸気が凝縮する際には蒸発熱と同じ熱量、すなわち水1g当たり539calの熱量が食品に与えられることになる。水1gを1℃上昇させるために必要な熱量が1calであることを考えると、蒸発熱や凝縮熱で移動する熱量がいかに大きいかがわかる。

著者略歴

佐藤秀美

学術博士。栄養士。日本獣医生命科学大学客員教授。横浜国立大学を卒業後、九年間電機メーカーで調理機器の研究開発に従事。その後、お茶の水女子大学大学院修士・博士課程を修了。専門は食物学。複数の大学で教鞭をとるかたわら、専門学校を卒業し、栄養士免許を取得。著書に、「栄養〝こつ〟の科学」（柴田書店）、「おいしい料理が科学でわかる～日本型健康食のすすめ～」（講談社）、「食品学Ⅰ」（共著、同文書院）、など、監修書に、「すしのサイエンス」（誠文堂新光社）、「転んでもおれない！強い骨をつくる本」（宝島社）、「超快腸！ドライマンゴーをヨーグルトでもどすだけ」（主婦の友社）、「塩ひかえめでもきちんとおいしい料理の本」（オレンジページ）、「イキイキ食材事典」（日本文芸社）などがある。

おいしさをつくる「熱」の科学
料理の加熱の「なぜ?」に答えるQ&A

初版発行　二〇〇七年八月一五日
十版発行　二〇二四年九月一〇日

著者©　佐藤秀美（さとうひでみ）

発行者　丸山兼一
発行所　株式会社 柴田書店
〒一一三-八四七七
東京都文京区湯島三-二六-九　イヤサカビル
電話　営業部　〇三-五八一六-八二八二（注文・問合せ）
書籍編集部　〇三-五八一六-八二六〇
ホームページ　https://www.shibatashoten.co.jp

印刷所　株式会社文化カラー印刷
製本所　協栄製本株式会社

本書収録内容の無断掲載・複写（コピー）・引用・データ配信等の行為はかたく禁じます。
落丁、乱丁本はお取り替えいたします。

ISBN 978-4-388-25113-1
Printed in Japan